张传昌 著

中国排球超级联赛运营风险管理研究

RESEARCH ON
THE OPERATION RISK MANAGEMENT OF
CHINA VOLLEYBALL
SUPER LEAGUE

社会科学文献出版社
SOCIAL SCIENCES ACADEMIC PRESS (CHINA)

目 录

绪　论 / 001

第一章　理论基础 / 028
  第一节　核心概念 / 028
  第二节　相关理论 / 032
  本章小结 / 034

第二章　中国排球联赛运营概况 / 035
  第一节　中国排球联赛的发展历程 / 035
  第二节　历届排球联赛各俱乐部冠名情况 / 043
  第三节　中国排球联赛的组织概况 / 044
  第四节　现阶段排球俱乐部商务运营状况 / 047
  本章小结 / 050

第三章　排球联赛运营风险识别 / 051
  第一节　排球联赛运营风险识别的理论 / 051
  第二节　排球联赛运营风险源分析 / 056
  本章小结 / 063

第四章　排球联赛运营风险评估指标体系构建　/ 064

第一节　排球联赛运营风险评估指标体系的构建理论　/ 064

第二节　排球联赛运营风险评估指标体系的构建方法　/ 067

第三节　排球联赛运营风险评估指标的权重确定　/ 088

本章小结　/ 105

第五章　排球联赛运营风险评估　/ 106

第一节　风险评估的理论　/ 106

第二节　排球联赛运营风险评估　/ 110

本章小结　/ 114

第六章　排球联赛运营风险应对策略　/ 116

第一节　排球联赛运营风险应对策略选择　/ 116

第二节　排球联赛运营风险的宏观层面应对策略　/ 119

第三节　排球联赛运营风险的中观层面应对策略　/ 127

本章小结　/ 137

第七章　排球联赛运营微观风险分析　/ 139

第一节　排球俱乐部商务运营风险　/ 139

第二节　排球联赛高水平后备人才培养风险　/ 149

第三节　排球联赛竞争失衡风险　/ 168

本章小结　/ 190

第八章　结论与展望　/ 191

附　录　/ 195

参考文献　/ 226

绪 论

一 选题背景与意义

（一）选题背景

1. 体育强国梦需要女排精神凝聚力量

习近平总书记在党的十九大报告中明确提出："经过长期努力，中国特色社会主义进入了新时代。"我国经济社会发展进入了新的历史时期，同时，伴随新中国一起发展的中国体育也迎来了新的发展机遇。"体育强则中国强，国运兴则体育兴"是习近平总书记在新时代首次提出的关于体育重要性的论点，从这一论点我们可以发现，体育强国梦与中国梦是息息相通的，体育运动激发出来的社会正能量一直以来都是推动中华民族奋发图强的重要力量。进入新时代，中国社会的主要矛盾已经转化为人民日益增长的美好生活需要和不平衡不充分的发展之间的矛盾，我国体育事业发展的战略重点要逐步聚焦于服务于人民的美好生活需要、服务于健康中国的国家战略、服务于中华民族的伟大复兴（何星亮，2017）。

排球运动在国人心中具有特殊的地位和意义，中国排球运动的发展与新中国的改革和建设同步。建设体育强国，中国排球要全面协调发展，从2016年开始排球运动管理中心就提出要提高我国排球事业向市场化和职业化迈进的程度，加快推进我国体育事业和体育产业的高质量发展。国家体育总局排球运动管理中心主任李全强多次强调："要充分做好排球联赛的改革各项工作，提高政策质量，要敢作为。"众所周知，中国女排为中国争得了无数的荣誉，她们顽强拼搏、团结协作的精神被国人亲切地称为

"女排精神"。2019年中国女排获得世界杯冠军后，习近平总书记在人民大会堂会见中国女排全体成员，《人民日报》称女排精神是中华崛起拼搏的时代最强音。女排精神激励着一代又一代国人顽强拼搏、奋发图强，已经成为中华民族精神的重要组成部分，是中国体育史上最为闪亮的名片，是中华民族拼搏精神的直接体现。它已经远远超出了排球这一运动项目，甚至超出了体育运动的范畴，是中华民族精神财富中的一颗璀璨的明珠。女排精神的形成和升华具有丰富的内涵，如爱国主义、奉献精神、团结合作、勤奋创新、追求卓越。它是极具象征性的体育历史文化遗产，也是我国民族精神的体现（赵麓，2017）。

全球经济社会处在快速发展时期，尤其是新冠肺炎疫情发生以来，全球政治格局正在发生变化，随着中国特色社会主义发展进入新时代，全体国民要凝聚力量攻坚克难，要以习近平新时代中国特色社会主义思想为引领，以具体任务为抓手，科学发展，全面改革，提升体育核心竞争力，让女排精神再次成为鼓舞国民奋进、推动社会发展、实现中国梦的巨大精神力量，力争在新时代打造体育事业的新气象。

2. 体育强国的建设需要高水平排球联赛的支撑

2019年，国务院办公厅印发的《体育强国建设纲要》提出到2050年，要把我国全面建设成为社会主义现代化体育强国；2021年，国家体育总局印发的《"十四五"体育发展规划》也提出到2035年把我国建成社会主义现代化体育强国，它们均提出要充分发挥体育在建设社会主义现代化强国中的作用。体育产业的龙头是体育竞赛表演业，目前，体育产业的本体发展基础不够稳固，以三大球（即足球、篮球、排球）为龙头的体育竞赛表演业的职业化、市场化程度提升缓慢。体育强国建设离不开体育产业的良好发展，成熟稳定繁荣的市场体系也是体育强国的一大重要标志。政府提议发展以三大球为代表的集体球类项目，稳步发展职业体育，并培养和打造一批具有世界影响力的体育明星和体育品牌赛事。除此之外，竞技体育成绩是衡量体育强国的一项重要指标，排球运动尤其是中国女排在国际赛场上具有超强竞技能力。充足的高水平后备人才是我国保持和提高竞技体育成绩的根本保障，是从体育大国向体育强国迈进的重要前提，然而高水平人才的培养有其特定的成长规律，通俗地讲就是排球运动员要想登上更高水平的竞赛场，需要经历大量高水平比赛的磨炼。中国排球运动员参加国际大型比赛的机会相对较少，如果想提高排球竞技水平就必须办好国内排球联赛，以保证运动员参加比赛的数量和质量。2017年9月，中国排球联赛正式更名为"中国排球超级联赛"（视情况简称为"排球联赛"），为排球运动培养明星和打造赛事品牌增加了动力。中国女排主教练郎平在接受采访时曾表示，国内排球联赛是培养排球竞技人才的熔炉，可以为国家队选拔后备人才，大量的新人都是通过联赛锻炼和培养的。因此，对排球联赛存在的风险进行研究对保持我国排球项目的优势、培养竞技人才有重要作用，全面管控排球联赛风险，可助力体育强国建设。

3. 体育产业的快速发展需要竞赛表演业的引领

我国体育产业一直被誉为经济发展的"朝阳产业"，是经济发展新常态下引燃经济转型发展的星星之火。2014年10月，国务院发布了《关于加快发展体育产业促进体育消费的若干意见》，党中央、国务院高度重视我国体育产业的发展，将其看作我国经济转型升级的一股重要力量。体育产业是目前为数不多的需求还远大于供给的领域，近年来增长势头迅猛，必将对拉动总体供给发挥巨大作用。我国《"十四五"体育发展规划》以专栏的形式明确提出了"竞赛表演产业升级工程"，要加快构建自主品牌体育赛事活动体系，打造100个具有自主知识产权的体育竞赛表演品牌。职业排球竞技表演在国内最直接的表现形式就是中国最高水平的排球联赛——中国排球超级联赛。目前，排球在职业化水平、观众数量、品牌影响力、市场接受度等方面与足球和篮球项目相比仍有较大差距，但排球项目在国际赛事中的竞技水平却是三大球中最高的，尤其是中国女排，其在国际排坛拥有辉煌的战绩，至2019年已取得过10次世界冠军，在国内拥有一大批忠实的球迷。排球联赛既是竞技排球的蓄水池又是体育产业的金字招牌，联赛运营者要在充分认识联赛潜在风险的情况下，充分利用这些资源优势，拓宽排球发展道路，吸引社会资本，把排球联赛打造成国内顶级的职业联赛，甚至打造成国际职业排球的天堂，为我国体育产业的蓬勃发展增资添彩。

4. 排球联赛职业化发展需要风险管理保驾护航

习近平总书记多次在重要场合提出要加强各行业的风险防控，要求切实提高我们防范化解各种风险的意识和能力。2018 年，习近平总书记"1·5"重要讲话提出要"坚持底线思维，从最坏处着眼，做最充分的准备，朝好的方向努力，争取最好的结果，一以贯之增强忧患意识、防范风险挑战"。排球联赛从 1996 年开始市场化改革，起初名为排球联赛，迄今已有 20 多年的发展历史，自 2017 年正式更名为中国排球超级联赛以来，其在竞赛质量、运营管理、转播力度、企业赞助等方面均有大幅度提高，但也暴露出了很多问题，如联赛主赞助商撤资、球迷骚乱、俱乐部退赛、球队解散、教练离队、技术统计频频错误、赛场硬件落后、俱乐部商务运营困难重重等，这些风险源对排球联赛的职业化发展构成了巨大的威胁。因此，对排球联赛存在的风险进行管理不但有必要而且非常迫切。

风险管理起源于保险业，其不仅适用于金融保险等，也是任何社会组织或个人用来降低风险的技术。风险管理主要包括风险的识别、风险的评估以及风险的管控和应对策略等环节，通过这些环节来处理风险并达到有效控制风险的目的，最理想的状态就是以最少的成本投入获得最大的安全保障。风险管理的对象是风险，风险管理的主体可以是任何组织或个人。体育赛事的运营管理是指相关的体育组织运用各种资源，通过计划和组织等步骤向大众提供赛事产品的全过程。风险管理已经在金融、医疗等众多领域得到广泛的应用，将其运用到排球联赛的管理中可以提高联赛运营质量，降低运营风险，有利于中国排球协会、排球联赛组委会、各省市体育局做出正确的决策，有利于保护各排球俱乐部、运动队的资产安全，有利于运营商、赞助商等赛事参与各方实现其经营活动的目标，对排球联赛乃至我国体育产业的发展都具有重要的实践价值。

（二）选题意义

1. 理论意义

（1）为体育赛事的风险管理提供理论依据

体育赛事组织管理的单位或组织都想尽可能科学合理地解决赛事组织过程中遇到的问题，并且降低组织决策过程中发生错误的可能性。风险管理就是一种解决这一问题的系统工具，风险管理可以大大提高体育组织决策的科学合理性。体育赛事风险管理采用系统的方法来分析赛事风险，减少和消除各种经济损失和决策失误，对体育赛事组织者的正常经营具有重大理论意义。国内关于某一项目的职业联赛运作风险的研究较少，本书在梳理我国排球联赛发展历程以及当下运营风险的基础上，从赛事的全局出发对排球联赛存在的风险进行识别、评估，并且在提出宏观应对策略的同时对重要风险进行案例研究，并提出针对性的应对策略，研究结果可以为我国排球联赛的科学管理提供理论依据。

（2）丰富风险管理理论在职业体育领域中的应用

目前，风险评估模型多应用于金融风险、企业管理、工程项目、自然灾害等领域，关于职业体育联赛的风险评估模型少有研究，体育赛事风险管理研究是风险管理、项目管理和体育赛事管理研究的交叉点，是风险在体育比赛中的另一个表现形式，是风险管理理论在体育竞赛管理中的深化。各领域对风险管理的研究已相对成熟，但国内对以排球、足球等某一单项职业联赛为研究对象的风险管理的系统深入研究较少，有关我国职业体育赛事运营风险评估模型的研究更是匮乏，因此，对排球联赛风险管理进行研究有助于丰富风险管理理论体系，并且在一定程度上拓宽了风险管理理论的应用范畴。

2. 现实意义

（1）提升排球联赛运营风险管理水平

排球联赛作为国内最高水平的职业赛事，担负着市场开发运营、高水平运动员培育等重要职责，但至今没有一个专门的赛事风险管理流程，风险管理水平较低。笔者在对国外某些职业俱乐部负责人进行访谈时，发现国外联赛或俱乐部会有一个专门负责管理赛事运营风险的团队，而目前我国排球联赛缺少这样一个风险管理团队，从而造成当风险事件发生时难以快速准确找出问题的根源，当风险正在发生时找不到可以缓解或者彻底解决的对策。本书从排球联赛的风险识别、评估和应对三个方面对排球联赛的风险管理进行研究，旨在提高赛事组委会对当前排球联赛运营中面临风险的防范意识，并通过提出风险应对策略提高排球联赛风险管理水平。

(2) 为其他大型体育赛事的风险管理提供借鉴

排球联赛历经 20 多年的发展已取得瞩目的成就，伴随我国经济社会发展进入新时代，排球联赛的职业化发展也进入了一个崭新的阶段，排球运动管理者在看到其发展成就的同时更要关注其存在的问题。排球联赛在发展过程中暴露出较多风险，如排球联赛的主赞助商撤资、俱乐部没有冠名商、赛场观众数量少等，作为赛事管理者在面对众多运营风险时，如何进行全面的识别、有效的评估以及该采取何种策略进行风险防控就显得尤为重要，这直接关系到联赛能否正常运营。这些风险不仅仅只出现在排球联赛中，其他项目的职业联赛甚至大型体育赛事也会出现类似的问题。本书的研究范式也可为其他体育项目职业联赛甚至其他大型体育赛事的风险管理提供借鉴。

二 文献综述

(一) 国内相关研究综述

1. 关于赛事风险管理的研究

从研究对象来看，前人以大型体育赛事为调查对象的风险管理研究居多，主要的研究对象有奥运会、全运会、世锦赛等。毛旭艳和霍德利 (2019) 基于大数据理论和系统文献回顾法对北京冬奥会的社会风险进行了识别研究。蒲毕文和贾宏 (2018) 以金砖国家运动会为研究对象，采用了专家调查法、列表排序法并且构建了结构方程模型，通过构建大型体育赛事风险评估指标体系对金砖国家运动会进行案例研究。丁辉和高小发 (2011) 采用文献综述法、资料法和逻辑分析法等研究方法，对我国全运会的赛事风险管理进行了分析与对策研究，并从理论上分析了各类风险管理策略。周旺成 (2008) 以北京奥运会为分析对象，在追踪大型比赛发展过程的基础上，分析了大型比赛的社会性、经济性、身体性和对抗性及相关特征，揭示了大型比赛特征与风险的联系，从理论上解释了赛事活动的风险管理特征。苏荣海等 (2017) 以田径世锦赛为例，通过构建田径赛事的安全事故风险评估模型对大型体育赛事的特征进行风险评估。孙庆祝等 (2010) 使用综合集成法建立大型体育赛事风险综合管理模型，包括风险综合识别模型、风险综合评估模型和以方法集成为特征的风险综合控制模型，最后以第十一届全运会的某项目赛事为分析对象，举例说明了综合集成法在大型体育赛事风险管理中的应用。国内学者除了关注奥运会、全运会等大型综合性赛事的风险管理外，也有较多学者以短期的商业性赛事为研究对象进行赛事风险管理的研究，如对越野比赛"八百流沙极限赛"、2022年北京冬奥会短道速滑赛、中国网球公开赛等赛事的风险管理体系进行了构建（杨成等，2012）。潘好（2015）、徐卫华和谢军（2010）、石磊和时广彬（2017）、张淼和王家宏（2017）均以马拉松赛事为分析对象，对其进行了风险管理研究。

从研究方法来看，因为风险管理主要分为三个部分，所以本书从识别、评估和应对三个层面进行研究方法的分析。风险识别是风险管理的第一步，风险识别的方法是否全面科学直接决定着风险管理的各类风险是否全面，风险识别的方法主要包括文献资料法、逻辑分析法和问卷调查法。如丁辉和高小发（2011）运用文献综述法、资料法和逻辑分析法等研究方法对我国全运会赛事风险管理的现状和对策进行了研究，并对有关风险进行了识别。董杰和刘新立（2007）从宏观角度探讨了体育赛事举办存在的主要风险，并针对这些风险的管理策略进行了研究。除了以上的常规方法外，也有学者选择采用德尔菲法进行风险识别，如蒲华文和贾宏（2018）以金砖国家运动会为研究对象，通过运用德尔菲法对风险进行识别。风险评估是风险识别后的一个步骤，其方法是否准确决定着风险管理的成败，关于赛事风险的评估前人主要运用了层次分析法、列表排序法和风险矩阵法等。如石岩和牛娜娜（2014）对风险评估的理论与方法进行了比较研究。杨成等（2012）运用模糊层次分析法对大型体育赛事的风险评估进行了研究。张淼和王家宏（2017）运用列表排列法对马拉松竞赛组织风险指标进行了评估。苏荣海等（2017）采用风险指数评价法对体育赛事面临的各类风险进行分级分类，并对风险指数评价的可行性与科学性进行了实证检验。

从研究层次来看，较多学者从理论层面对赛事风险管理进行了宏观的探讨，如卢文云和熊晓正（2005）就赛事风险的分类及管理模式展开了探讨，从理论层面梳理了风险管理的流程与意义。任天平（2015）从风险的类型以及风险识别的三个主要环节切入,通过文献调查法制作出风险损失清单表并构建出我国大型体育赛事风险识别的指标体系。霍德利(2011)根据大型体育赛事的实际情况建立多层次风险评估指标体系,接着确定了风险评估指标体系中各个指标的权重,然后根据体育赛事所面临的风险等级状况提出了针对性的风险应对策略。龙苏江(2010)主要运用文献资料法对前人关于大型体育赛事风险的内涵、特征等进行了综合研究,着重提出了建立赛事风险管理体系的重要性及紧迫性。刘东波(2010)对赛事风险影响因素、风险类型进行了分析,对国内外差异进行了比较,并归纳了我国大型体育赛事风险管理的特点,从我国体育赛事风险管理的具体国情出发,提出建立和完善我国大型体育赛事风险管理体系构想。张大超和李敏(2009)从7个方面对国外体育风险管理理论体系的内容进行了建构,对6个领域的风险管理进行了系统研究。

还有部分学者从其他角度对赛事的风险管理进行了研究,如刘晓丽(2019)对体育赛事在全媒体时代的危机传播管理进行了研究,从协同治理的角度研究体育赛事危机沟通管理中体育组织、新闻媒体和公众之间的关系,并从全媒体视角切入,分析体育赛事危机沟通中的管理理念和行动策略。王璐(2009)以职业体育赛事赞助中的风险管理为主要研究对象,对参与赞助活动的赞助方和被赞助方所存在的纯粹风险进行识别,结合案例分析对适用于职业体育赛事赞助的风险管理的措施和方法进行总结。温阳(2012)对大型体育赛事场馆运营风险进行研究,首先通过风险识别,确定了现有的风险,建立了风险评估指标体系和评估规则;然后通过风险评估分析了发生风险和潜在损失的可能性及危害程度;最后在全面把握风险的基础上提出了应对和监控大型体育场馆运营风险的措施,以期达到降低运营风险的目的。龚江泳和常生(2013)根据民商法中的6类关系,尝试建立了我国体育赛事风险防控体系,目的是提高我国大型体育赛事的风险防控能力。

2. 关于体育赛事风险定义及分类的研究

风险是不随着人的意志而转移的,它一旦发生,轻则损害各利益相关方的利益,重则可以中止甚至毁灭正在进行的项目或计划,体育赛事的举办无时无刻不在面临着各种各样的风险。风险事故的发生,不仅会造成体育赛事形象的损害,而且会使体育赛事的利益相关者蒙受资金损失(杨铁黎等,2010)。

(1) 关于体育赛事风险定义的研究

到底什么是体育赛事风险?学术界关于体育赛事风险还没有一个权威统一的概念,关于体育赛事风险的定义,较多学者从不同视角进行了研究,如刘清早(2006)、范明志和陈锡尧(2005)、董杰和刘新立(2007)、王子朴等(2007)从赛事风险的不确定性视角对其概念进行了分析,李国胜和张文鹏(2005)、龙苏江(2010)、赵峰和孙庆祝(2017)从赛事风险造成的损失视角进行了探讨,刘建和高岩(2011)、徐成立等(2005)、周旺成(2008)、张大超和李敏(2009)、卢文云和熊晓正(2005)从赛事风险目标和实际结果之间的偏差视角进行了分析,具体定义如表 0-1 所示。

表 0-1 前人从不同角度对体育赛事风险的定义汇总

类别	学者	定义
赛事风险的不确定性视角	刘清早(2006)	"那些一旦发生会延误体育赛事或者导致损失,甚至失败的不确定事件"被称为体育赛事风险
	范明志和陈锡尧(2005)	赛事风险是体育赛事组织机构在向社会提供有形、无形赛事产品的过程中所面临的种种不确定性和可能发生的危险
	董杰和刘新立(2007)	体育赛事的风险指的是体育赛事在筹备和举办过程中,赛事主办方所面临的不确定性。这种不确定性是客观存在的,不以人的意志为转移
	王子朴等(2007)	体育赛事风险是举办这类特殊社会活动所面临的损失的不确定性
赛事风险造成的损失视角	李国胜和张文鹏(2005)	体育赛事的风险可以认为是在举办体育赛事过程中所表现的特定危害性事件发生的可能性与后果的综合
	龙苏江(2010)	体育赛事风险是指在筹备、举办大型体育赛事的过程中,所面临某些客观存在的、不以人的主观意志为转移的随机事件,且这些随机事件的发生将会给人们造成经济利益的损失
	赵峰和孙庆祝(2017)	体育赛事风险指的是体育赛事在筹备和举办过程中,不幸事件发生的可能性及其将要造成的损害

续表

类别	学者	定义
赛事风险目标和实际结果之间的偏差视角	刘建和高岩（2011）	体育赛事风险是指"由于体育赛事项目举办所处环境的不确定性以及不稳定性，加上管理者不能准确预见或控制的因素影响，体育赛事的最终实施结果与赛事组织者的期望值产生偏离，并可能造成的损失"
	徐成立等（2005）	体育赛事在运作过程中受种种不确定因素的影响，从而使得赛事组织者的主观预测与客观实际之间存在偏差，导致体育赛事受到损失，将之定义为体育赛事风险
	周旺成（2008）	大型赛事风险是指在赛事组织和举办过程中，由意外事故而导致的超出赛事组织者预期，并造成财务、财产损失损害的潜在的可能性
	张大超和李敏（2009）	体育赛事风险是指一切使体育赛事顺利开展可能遭受损害的不利事件，这些事件的发生会带来不同程度的影响，并有可能引发灾难性的后果
	卢文云和熊晓正（2005）	大型体育赛事由于涉及面广，影响因素多，在组织和筹办过程中会面临许多不确定性因素或事件，可能导致赛事不能顺利举办、不能达到预期的经济社会目标、举办过程中发生人员伤亡等，所有的这些不确定性因素或事件就是大型体育赛事的风险

从表0-1列出的前人对体育赛事风险的定义可以发现，对赛事风险进行定义的方式众多，主要是根据学者自身研究的侧重点进行的，以赛事风险的属性（即不确定性），以及由风险事件的发生导致损失或者引起实际结果与预期结果存在的差距为出发点进行定义的居多。

（2）关于体育赛事风险分类的研究

关于体育赛事风险的分类前人已经做了大量的研究，从21世纪初就对体育赛事风险的分类进行讨论，但目前关于体育赛事风险的分类仍然没有统一的标准，学者大都根据自己的研究需要进行分类，有的学者按风险发生的时间阶段进行分类，如段菊芳（2004）、孙星等（2005）、黄海峰（2009）；有的按赛事组成要素进行分类，如张翠梅等（2016）、肖林鹏和叶庆晖（2005）、董杰和刘新立（2007）、张大超和李敏（2009）、石磊和时广彬（2017）；还有的按风险属性进行分类，如肖锋和沈建华（2004）、徐成立等（2005）、霍德利（2011）、朱华桂和吴超（2013）、刘东波（2010）、孙庆祝等（2010）、吴勇和张波（2012），详细分类见表0-2。

表 0-2　前人关于体育赛事风险分类的研究汇总

类别	学者	内容
按风险发生的时间阶段分类	段菊芳（2004）	按赛事组织阶段将其分为赛事组织时的风险和赛事运营时的风险两类
	孙星等（2005）	按照比赛的阶段，赛事风险可以分为赛前风险（社会风险、经济风险、政治风险、赛前组织风险、财务风险、经营风险和责任风险）和赛时风险（比赛组织风险、设施运作风险、人员风险和灾害风险）
	黄海峰（2009）	按整个赛事的阶段划分为赛事申办、筹备、实施、结束四阶段风险
按赛事组成要素分类	张翠梅等（2016）	从物理、事理和人理三个层面进行分类，物理维度包含自然灾害、场地场馆设施风险等，事理维度包含比赛时间安排、运动员退赛等，人理维度包含赛事内部管理者风险、赛事外部合作者风险等
	肖林鹏和叶庆晖（2005）	依据体育赛事组成要素，把赛事风险划分为人员、财务、场地器材、时间、信息等五类风险
	董杰和刘新立（2007）	将赛事风险分成财产风险、人身风险、责任风险、赛事取消风险及财务风险
	张大超和李敏（2009）	体育赛事面临的风险可分为财务风险、运作风险、与人为环境相关的风险、经营风险、工作失误、管理层的责任风险、组委会遭受的经营损失风险和影响周围环境的风险
	石磊和时广彬（2017）	将其分为选手组织风险、场地设施风险、人员管理风险、自然气候风险、安全保卫风险、后勤保障风险六大类
按风险属性分类	肖锋和沈建华（2004）	将其分为自然风险、政治风险、商业风险、组织管理风险
	徐成立等（2005）	将其分为自然风险、社会风险、经济风险、政治风险、技术风险、信息风险
	霍德利（2011）	赛事风险主要包含自然环境风险、赛事管理风险、社会环境风险等
	朱华桂和吴超（2013）	大型体育赛事风险评估体系内在表现具体为人事风险、运营风险、设施风险、技术风险、政治风险、经济风险、外在环境风险等
	刘东波（2010）	将赛事风险分为"政治类风险、经济类风险、灾害类风险、人员类风险、赛事运行类风险、场地器材类风险、技术类风险、竞赛项目类风险"八大类
	孙庆祝等（2010）	将赛事风险分为"赛事组织管理风险、场馆（地）设备风险、赛事运作风险、信息风险、经济风险、环境风险和人员风险"
	吴勇和张波（2012）	从气候条件、场地选址、赛事投资、管理质量、赛事举办时间、赛事安全、社会环境、人文风险8个方面进行风险分类

总之，不同的研究视角、研究目的和研究立场会形成不同的风险分类

标准，按照不同的分类标准其结果也不一样。通过梳理前人的分类，笔者认为，对于某一项目的职业联赛赛事风险评价指标体系的构建应该在包含最基本的赛事构成元素人、财、物后，还要包括项目自身特征和赛事的运行环境。

3. 关于排球职业联赛的研究

国内关于排球职业联赛的研究数量与篮球和足球相比整体较少，且高质量深层次研究论文数量呈现一定的下降趋势，国内学者关于排球联赛的研究主要从赛事理论分析、现状与对策、俱乐部发展、队伍技战术运用效果以及新技术运用和运动员流动等维度展开。

在排球联赛的理论分析方面，国内学者主要从改革动力、联赛内涵、发展困境与对策及相关影响因素等方面展开了研究。付群等（2017）对我国排球联赛所进行的一系列改革措施进行了纵向梳理并展望了联赛的未来发展，剖析了中国排球联赛职业改革的历史动因和发展动力。孟春雷和吴宁（2010）对我国职业排球的发展内涵和外部特征进行了分析，重新审视了中国特色社会主义市场经济背景下职业排球的发展过程。宋韬和周建辉（2015）通过对我国排球职业化改革发展的现状进行梳理，对发展过程中所暴露出来的问题进行了总结，认为我国排球市场化发展的必经之路是：持续加强排球俱乐部的核心竞争力、构建符合社会主义市场经济的俱乐部经营和投资模式。杜宁和李毅钧（2016）对我国排球联赛改革举措进行了梳理。古松（2012）的研究发现，中国排球竞技水平的提高离不开联赛的改革探索，如采用主客场的竞赛赛制为排球联赛的商业化、职业化发展提供了空间，也为后续的联赛改革积累了经验。李国东（2005）在其博士学位论文中对排球联赛的运作模式进行了系统的研究，对政策、经济以及自身环境等进行深入分析，并重点研究了排球联赛赛事品牌的打造问题。

在排球联赛的现状与对策方面，前人进行了大量的研究，如惠若琪和储志东（2019）对中国女排联赛的现状进行考察，并提出了我国女子排球联赛的升级策略。汪作朋和张波（2019）运用文献资料法和专家访谈法等就排球联赛近年来取得的成绩和存在的不足进行了剖析，并提出了改革发展路径。潘迎旭和陈建杰（2002）的研究发现，联赛整体运动水平不高、比赛不精彩、经营管理体制不健全等，使得对市场的分析、预测不准和定位不当,提出了要理顺各部门之间责、权、利关系,不断完善转会制度和相关法规。康军和陆阳(2011)对我国职业排球联赛的可持续发展战略和当前的运行机制进行了分析。鲍明晓(2010)在《中国职业体育评述》一书中对中国排球职业化改革目前的尴尬现状进行了反思,提出了排球项目推进职业化改革必须科学论证、系统设计,按照职业体育发展的规律协调好职业化发展和国家队建设之间的关系,并且要重视与新媒体的密切合作的建议。李民桂(2016)的研究认为,我国职业排球联赛存在政府参与力度过大、社会及市场参与比例和力度过小,以及联赛竞技表演水平和专业化程度低、俱乐部水平参差不齐等问题,并提出了关于建立科学合理的现代排球联赛专业管理体系、正确处理社会与政府的关系、营造良好内外部营商环境的建议。

在俱乐部发展方面,前人也进行了大量的探讨,如廖彦罡(2015)对北京汽车排球俱乐部在中国排球职业联赛中的成功经验进行了总结,认为北汽排球模式是地方政府重视的新俱乐部模式的代表之一,并由体育主管部门牵头,得到了资金雄厚的大型企业的支持。北汽排球模式的成功经验可为中国职业体育的深入发展提供参考。李国东(2010)通过"恒大现象",分析了全国排球联赛的现状,发现我国排球联赛存在市场开拓不足、缺乏包装、品牌建设乏力、俱乐部专业化分工缺失和俱乐部建设严重落后等问题。贺英(2017)对排球联赛俱乐部主场选择进行了研究,研究表明,地方政府部门的支持是最为核心的要素,赞助商和企业的持续投资是可持续发展的关键,俱乐部自身竞技水平及在联赛中的名次等条件,以及城市发展水平、社会资源、人际关系等都是主要因素,当然,最基础的还是要有足够多热爱排球运动的群众。马亚红(2018)在耗散结构理论视域下对全国女子排球联赛发展模式进行分析,从各俱乐部的运营、训练和竞赛三大体系切入,对我国女排联赛职业化发展面临的困境进行阐释。白光(2014)对曾在我国风靡一时的恒大女排进行了研究,从恒大女排的兴衰探究我国排球联赛职业化发展面临的困境及其产生的原因,从多个维度提出了改革策略。

在排球联赛队伍技战术运用效果方面,我国也有大量的研究,如陈贞祥等(2019)对2017—2018赛季排球联赛男排总决赛的所有比赛数据进行了整理和分析，分析了北京男排和上海男排不同位置运动员的主动得分能力和技术表现。隋盛胜（2016）对辽宁男子排球运动员的身体形态和素质进行了研究，并分析了攻手的进攻效果，分别对不同位置上的强攻效果、快攻水平以及战术攻运用效果等内容展开了研究。印琳（2013）通过录像分析法对江苏女排的有关技术指标进行了统计，研究了江苏女排的防守反击系统。郑圣杰（2018）对 2016－2017 赛季排球联赛湖北男排一攻效果进行了研究。

在排球联赛新技术运用方面，相关研究以鹰眼、新媒体技术的引入居多。如楚振国（2018）对国产鹰眼挑战系统在联赛中的应用情况进行了研究，分析了其优势和现存问题。岳富军（2016）对我国排球联赛使用鹰眼技术的前景进行了分析，从引入的必要性、紧迫性以及可行性上进行了分析，增加了鹰眼技术在我国排球联赛使用必要性方面的理论依据。刘江和魏琳洁（2016）通过对多场高水平排球比赛的技战术统计和实地调研，研究了排球比赛中高科技的运用对裁判员执裁效果的影响。

在排球联赛运动员流动方面，侯帅（2011）对引进外籍球员时要考虑的因素、方式、目的以及影响等方面进行了研究，研究认为，引进外籍球员可以提升俱乐部参加联赛的成绩以及提高俱乐部的商业运作能力和水平，不仅能够加快提高我国排球联赛的国际化水平，更能学习欧美先进的排球理念。范莉莉和钟秉枢（2016）对我国职业排球运动员的转会问题进行了分析，对我国专业排球运动员的流动策略进行了剖析，揭示了我国职业排球运动员流动的内在规律。孙宏伟（2016）分析了中国排球竞技人才流动的基本状况，认为我国竞技排球运动员流动仍处在起步阶段，主要表现在运动员转会数量少、转会区域及形式相对单一，与国外高水平排球职业联赛的运动员自有流动存在巨大差距。苗磊（2007）对我国排球联赛运动员流动现状与对策进行了研究，认为是我国排球运动员流动机制不健全导致了运动员流动不畅。

综上，国内学者自联赛成立之初就开始对其相关问题进行研究，通过查阅相关文献可以看出，前人对排球联赛的研究主要集中在赛事的内涵、现状与对策、队伍技战术运用、俱乐部的发展以及运动员流动等主题，从宏观层面对排球联赛的管理进行系统研究的较少，关于排球联赛运营风险管理的研究更少。究其原因，笔者认为联赛的举办一开始是由政府包办，包括费用的拨发、运动队的集结等,在这种情况下赛事运营的风险全部集中在政府身上,故很多学者甚至排球协会的领导认为排球联赛发展不存在风险。在笔者看来,在国家大力发展体育产业的背景下,要尽快厘清排球联赛当前面临的风险,增强风险意识,全面防范化解排球联赛运营风险。

4. 小结

前人对体育赛事风险管理进行了大量的研究,尤其是2008年北京奥运会期间出现了一个峰值。从赛事风险定义的研究来看,前人对体育赛事风险的定义主要是根据研究的侧重点进行,大部分的定义是基于各类风险的不确定性、风险因素导致的损失以及风险管理的目标与实际结果之间的偏差。另外,前人关于体育赛事风险分类的研究种类较多,有的是按照风险发生的时间阶段,有的是按赛事组成要素,还有按风险属性等进行了分类研究,不同的研究切入点、研究目标和研究立场会形成不同的风险分类标准,按照不同的分类标准其结果也不一样。笔者认为,对于某一项目的职业联赛赛事风险指标体系的构建应该在包含最基本的赛事构成元素人、财、物后,还要包括项目自身特征和赛事的运行环境。从研究对象来看,前人以大型综合性体育比赛为分析对象的管理研究居多,主要的研究对象有奥运会、全运会等大型综合性体育赛事。从研究方法来看,关于风险识别的方法除了常规的文献资料法、逻辑分析法、调查访问法等方法外,还有学者主要采用德尔菲法进行风险识别。对赛事的风险评估主要采用层次分析法、列表排序法和风险矩阵法等。从研究层次来看,较多学者从理论层面对赛事风险管理进行了宏观的探讨,还有部分学者从传播、法律等视角对赛事的风险管理进行了研究。笔者认为,对职业赛事进行风险管理的研究,不应该一味地追求复杂的方法,应该根据研究对象的特点制定合理高效的识别和评估方法,以全面管理风险为目标、以解决问题为导向的方法才是好方法。

(二)国外相关研究综述

1. 关于体育赛事风险管理的研究

随着商业化的进一步发展,体育比赛及训练的商业化及职业化水平日益提升,在这一过程中难免会出现各种各样的风险,如人员伤亡、资产贬值、产权纠纷等。为了解决在商业化过程中出现的一系列风险问题,发达国家率先开始重视和研究体育赛事的风险管理问题。欧美体育强国在大型体育赛事风险管理方面应该说从起步开始就领先于我国,第一本关于体育赛事风险管理研究的论著在1990年诞生于美国,该专著翻译过来的名字叫《体育竞赛风险管理指南》(陈家起、刘红建,2012)。从此以后关于体育赛事风险管理的研究就如雨后春笋般相继诞生,研究视角多样,但是多数国外研究者把体育赛事风险管理视为一种周期性的管理方法(Wideman,1992),类似于项目管理的知识体系。实际上,它包括四个阶段:识别风险、评估风险、应对风险以及组织和归档。项目的整个过程包括从计划、执行、完成到结束的各个阶段。风险管理的主要目标是识别风险并采取预防和避免风险的策略。因此,大多数关于风险管理的研究集中在方法上,而不是在风险管理的内容上(温阳,2012)。

  国外对体育赛事风险管理的研究以奥运会等大型赛事为主,如Sousa等(2016)对奥运会面临的风险进行了宏观的分析,认为目前奥运会项目经理面临各种各样的挑战,采用合理的管理模式可以帮助实现其想达到的宏伟目标。Rutty等(2015)讨论了奥运会组织者对天气风险管理策略不断变化的需求与奥运会规模和范围的扩大之间的关系。Jennings和Lodge(2011)分析了2012年伦敦奥运会和2006年德国世界杯这两大体育盛事的安全风险管理,对其安全风险管理的工具进行比较,并评估了不同逻辑工具的选择方法。Boyle和Haggerty(2012)发现,在1972年慕尼黑奥运会之后,奥运会的安全已经成为非常严峻的问题,他们认为奥运会安全的这种表达性维度为更广泛的问题提供一个窗口,即当局如何"展示"其能够在极端不确定性的情况下实现最大安全的承诺。Schroeder等(2013)对4000名美国居民进行了调查。总的来说,美国居民认为主办城市是安全的,人口因素是影响奥运会主办城市旅游意愿的驱动因素。Kromidha等(2019)以奥运会的风险事件为案例,分析治理效果与大型活动的可持续性和创新之间的关系。另外,Zhang等(2019)采用模糊数学理论对体育赛事风险的预警模型进行构建,根据计算出的权重和阈值范围,确定了体育赛事风险的综合指数,并根据不同指标的阈值进行报警。Gallego和Berberian(2019)介绍了在泛美运动会期间为减少感染传染病的风险而采取的旅行前预防策略,并回顾了利马和秘鲁的地方病感染谱,以加深返回原籍国的旅行者对传染病的认识。对体育赛事风险的分类方式,国外学者也做了较为翔实的研究,由方法和角度等的不同导致分类不尽相同。国外常采用的是 Parent（2008）的分类,他将赛事风险分为 13 个大类,主要包括环境、经济、人力资源、设施、互动、遗产等。

以"volleyball"和"risk management"为关键词在国外相关网站进行搜索,发现关于排球方面的风险管理主要集中在运动损伤方面,如 James 等（2014）为排球运动损伤的管理提供了一种切实可行的方法,基于流行病学数据,确定了踝关节扭伤、肩部过度使用损伤、髌骨肌腱炎和前交叉韧带损伤是排球运动员的主要损伤。Bahr 和 Reeser（2003）对职业男女沙滩排球运动员受伤的发生率及规律进行了研究。Worp 等（2012）对排球运动员髌骨肌腱炎在不同位置运动员之间的差异进行了研究,认为主攻和接应比副攻有更大的风险发生损伤。总之,关于排球的风险管理研究,主要是运动员的损失研究,关于排球联赛赛事风险管理的研究较为少见。

2. 关于系统风险管理的研究

国外对风险管理进行了大量翔实的研究,其研究涉及众多领域,通过文献分析发现,国外风险管理研究主要集中在医学、气候、大众健康、金融环境等众多领域。如 Marcus 和 Jochen（2014）对保险公司的风险管理进行了研究,他们使用了与经典的内部控制和风险管理相关的精算方法来量化保险公司面临的风险,对现代风险管理中使用的方法的适用性和局限性进行批判性的评估。Edwards（2014）继承和发展了技术分析之父理查德·沙贝克的理论,研究分析了罗伯特·D. 爱德华兹在交易中的风险管理,弥合了理论概念和它们在交易中的有效实施之间的差距。Cucinelli（2017）以意大利银行的信用风险管理的状况为研究对象,针对金融动荡和银行信贷组合不良贷款,指出银行信贷风险管理的重要性,并提出银行建立一个风险管理系统有助于在组织中传播风险文化。Bernardo（2016）的研究发现,欧盟处于健康、安全和环境风险管理的前沿,但政策制定者、利益相关者和科学家之间关于风险问题的对话和合作仍然十分困难,科学支持决策的潜力和局限性,以及风险分析的基本概念在狭窄的专家圈子之外没有得到充分的理解。Aven 和 Vinnem（2007）对海洋石油行业的风险管理的原则进行了讨论，研究发现风险管理过程是将潜在危险作为起点，以确定事故预防和应急响应的适当安排和措施，这些风险管理的原则主要与预期价值、不确定性处理和风险接受标准有关。Winkler 等（2015）对医护人员在放疗的过程中遇到的风险进行了评估。Mechler 和 Surminski（2016）研究了全球、国家、区域、部门和地方间气候风险管理过程的测绘、识别、沟通、实施、治理和评估。Shively（2017）对美国各地区发生洪水灾害的风险进行了分析。Thaler 和 Hartmann（2016）对欧洲洪水风险管理的四种不同方法的内在观念进行了比较研究。总之，风险管理理论在国外各领域的研究较为广泛，说明国外在开展各项工作时对风险管理的重视程度较高。

3. 关于体育风险管理的研究

以"sport"或"mega-events"或"match"或"games"或"Olympic""risk"为检索词在 SpringerLink 和 Web of Science™ 外文数据库进行搜索，发现关于体育风险管理的研究主要集中在户外运动风险、健身休闲风险、运动员受伤风险、体育赞助风险、体育组织的风险管理等方面。

Yuping（2012）对山区户外运动风险进行了分析，研究发现，越来越多的人参加了山区户外运动，同时他们缺乏足够的知识和训练；造成死亡人数较多的主要原因是管理失误；重视安全管理，可以促进山区户外运动健康有序发展。Xu（2013）探讨了休闲体育的风险与风险管理问题，分析了健身行业运营商和参与者的损失，在识别风险来源、风险评估和风险应对措施等方面进行了研究。Hägglund 和 Waldén（2016）对女性青年足球运动员急性损伤（膝盖损伤）的危险因素进行了风险评估，研究表明，具有家族性前交叉韧带（ACL）损伤的女性青少年足球运动员患 ACL 损伤和急性膝关节损伤的风险增加。年龄较大的球员和那些在季前赛中膝盖受伤的球员更有可能出现严重的膝盖损伤。Fuller 和 Drawer（2004）对可能导致运动员受伤的风险因素以及与活动相关的风险水平进行评估，相关信息可以被体育管理机构和参与者积极地利用，以确定预防和治疗干预措施，减少运动中出现严重伤害的频率。Roe 等（2017）发现，运动员在参加体育运动时天生就有肌肉骨骼损伤的倾向，但病因模型已经说明了运动员的内在因素和环境刺激之间的重复交互作用的影响力，揭示了在一段时间内出现受伤的可能性与多种因素的相互关联性有关,对参赛人员损伤风险进行管理可以促使运动员的运动表现最优化。Torres（2015）认为体育赞助是一种新的企业营销形式,已经成为体育团队和活动的主要资金来源。体育赞助公司像所有的企业一样都存在运营风险,但使用有效的管理和控制措施,通过有效规划分析和评估公司在财务和声誉上的潜在影响可以减小或避免赞助风险。Kingsland 等（2013）探讨了社区足球俱乐部的酒精管理行为与社区足球俱乐部的特点及俱乐部成员的饮酒风险之间的关系,在大多数发达国家中,体育俱乐部的成员一般都是在社区中以高于社区的水平参与酒精消费。Gabriel 和 Alina（2014）为帮助体育组织制定战略,对足球俱乐部的运营风险进行诊断管理。Appenzeller（2012）研究了大量的学校体育和竞技体育学的风险管理问题和处理这些问题的策略。Miller（2002）探讨了体育管理和风险管理的政治含义。Nohr（2009）研究了体育风险管理中的法律问题。George（2012）借鉴国际风险管理标准 ISO 31000 中的风险管理流程,采用全组织的方法对户外运动风险进行管理。Roe 等（2017）的研究认为,运动员损伤是运动员的运动寿命和运动表现的最大风险,他们从病因学视角提出了运动损伤的预防模型。

4. 小结

国外关于风险管理的研究较多,普遍集中在医学、气候、大众健康、金融环境等众多领域,研究最多的是企业的风险管理,国外学者普遍认为企业风险是一个非常值得关注的风险管理领域,其次是在洪水、火灾等方面的风险管理研究也较多,还有大众健康如医疗、临床护理等方面。国外风险管理的研究模式绝大部分是根据实际案例进行风险分析,分析模式基本上也是识别、评估和对策研究。关于体育风险管理的研究主要有参与体育运动所面临的安全风险,包括运动损伤风险、运动损伤的因素及风险防控策略等,另外就是体育赛事的赞助等经济政治风险,研究主要是结合赛事实际案例进行。关于体育赛事的风险管理可分为两大类:一是赛事的安全举办,涉及恐怖主义风险管理、安全气候风险管理、过程中的风险（即运动员受伤风险）管理等;二是赛事方面的赞助风险管理、营销风险管理,且一般以奥运会等大型综合性赛事为主要研究对象。

（三）述评

1. 研究贡献

国内外学者对风险管理、体育赛事风险管理进行了丰富且卓有成效的研究，国内学者从2001年才开始研究体育领域的风险，而且研究数量呈阶梯式增长，论文发表数量均在奥运会的前一年出现一个高峰，如2007年、2011年以及2015年。从研究内容来看，国内较为注重体育赛事风险的基础研究，如赛事风险的定义、体育赛事风险分类的研究等。从研究对象来看，前人以大型体育赛事为调查对象的风险管理研究居多，主要的研究对象有奥运会、全运会等大型综合性体育赛事。从研究方法来看，关于风险识别的方法除了常规的文献资料法、逻辑分析法、调查访问法等方法外，国内学者主要采用德尔菲法进行风险识别。对赛事的风险评估主要采用层次分析法、列表排序法和风险矩阵法等。从研究层次来看，较多学者从理论层面对赛事风险管理进行了宏观的探讨，还有部分学者从传播、法律等视角对赛事的风险管理进行了研究。国外关于风险管理的研究涉及各行各业，普遍集中在医学、气候、大众健康、金融环境等众多领域，研究最多的还是企业风险的管理，国外学者普遍认为企业风险是一个非常值得关注的风险管理领域；在洪水、火灾等方面的风险管理研究也较多，还有大众健康如医疗、临床护理等方面。国外风险管理的研究模式绝大部分是根据实际案例进行风险分析，分析模式基本上也是识别、评估和对策研究。关于体育风险管理的研究主要有参与体育运动所面临的安全风险，包括运动损伤风险、运动损伤的因素及风险防控策略等，另外就是体育赛事的赞助等经济政治风险，研究主要是结合赛事实际案例进行。关于体育赛事的风险管理可分为两大类：一是赛事的安全举办，涉及恐怖主义风险管理、安全气候风险管理、过程中的风险（即运动员受伤风险）管理等；二是赛事方面的赞助风险管理、营销风险管理，且一般以奥运会等大型综合性赛事为主要研究对象。

2. 研究不足

国内外关于体育赛事风险管理的研究对象主要集中在奥运会等大型赛事，研究视角主要根据研究者的研究需要决定，如经济、法律、政治等，完整的体育赛事风险管理研究主要从风险识别、评估和应对三个主要方面进行。但从整体来看，关于职业体育赛事风险管理的研究数量较少，国内仅有的研究也是从宏观角度进行理论分析的较多，针对某一项目的风险管理研究明显不足。从风险管理的视角去研究某一项目的职业赛事风险仍处于初级阶段，这方面的研究不论是从理论还是从实践上看都相对缺乏。另外关于体育风险管理的研究，某些学者偏向使用过于复杂的研究方法，笔者认为对体育领域的风险管理不必一味地追求"高大上"的方法或者盲目追求所谓的"大数据"，应该以解决问题为导向，根据研究对象的特点及现有的实际情况制定合理高效的识别和评估方法。通过分析国内外资料可知，学者普遍对排球运动以及职业排球联赛的重视程度不够，少有学者从全局角度对排球运动的发展尤其是排球联赛面临的风险进行系统的研究。排球运动在中国有着特殊的地位和意义，女排精神甚至被国人视为中华民族精神的直接表现。在我国加快推进体育强国建设以及大力发展体育竞赛表演业的背景下，中国排球超级联赛作为国内水平最高的国家级职业排球联赛，不仅肩负着为国家队输送高水平竞技人才以及延续"女排精神"的重担，还承载着让我国排球竞赛表演业向职业化、市场化迈进的使命。但从排球联赛20多年的市场化探索来看，状况并不乐观，其职业化发展进程中面临的各种风险犹如多剑悬顶，若不及时妥善地对其进行管理，排球联赛实现职业化的目标将遥不可及。在我国加快建设体育强国，大力发展排球市场化、职业化的背景下，从全局出发对排球联赛职业化发展面临的风险进行研究将是一个有意义的课题。

3. 问题的提出

根据国内外文献综述可知，排球超级联赛在中国有着特殊的地位和意义，其不仅肩负着为国家队输送高水平竞技人才的重担，还承载着让中国排球竞赛表演业向职业化、市场化迈进的使命，但排球联赛的运营却举步维艰，恰好风险管理可以为中国排球联赛的运营保驾护航。因此，笔者提出了本书的3个研究问题。

第一，在我国大力发展体育竞赛表演业的大背景下，是什么阻碍了排球联赛向市场化发展的脚步？到底有哪些风险源对排球超级联赛的运营构成了威胁？

第二，如何从众多风险源中找出目前影响联赛职业化发展的关键运营风险？是否真的存在这些风险？

第三，根据风险控制的策略选择，如何对排球超级联赛的运营风险进行管控？

三　研究目的、任务与方法

（一）研究目的

本书的最终目的是提高我国排球超级联赛的运营风险管理水平，提升联赛竞赛表演质量，提高我国排球竞赛表演业的国际竞争力，助力体育强国建设。具体目的是以风险管理理论为依托，对我国排球超级联赛的风险进行研究，首先对排球联赛存在的风险进行全面的识别，然后构建排球联赛运营风险评估指标体系，对当前排球联赛的运营风险进行评估，从宏观、中观和微观3个层面对排球联赛的运营风险进行管理，对重要运营风险进行案例分析，并提出针对性策略。

（二）研究任务

第一，厘清排球联赛运营风险的概念，以及排球联赛运营风险管理的主体与客体等内容。第二，梳理排球联赛20余年的改革发展历程、组织结构以及联赛运营情况。第三，利用专家检查表、专家访谈法等全面识别排球联赛存在的运营风险。第四，运用德尔菲法和层次分析法构建排球联赛运营风险评估指标体系。第五，对当前排球联赛的风险进行评估，根据风险评估的结果找出排球联赛关键运营风险。第六，从宏观和中观层面提出排球联赛运营风险的应对策略，并选取有代表性的微观层面风险进行案例分析。

（三）研究方法

1. 文献资料法

本书文献资料的获得主要通过以下4种方式。第一，以"赛事风险""排球联赛""风险管理""运营风险"为主题及关键词在中国知网数据库进行检索，查阅并筛选出与本书相关的期刊论文及硕博士学位论文百余篇。第二，通过国家图书馆、福建师范大学图书馆的线上及线下资源查阅关于赛事运营、风险管理、不同项目职业体育赛事的专著五十余部。第三，通过 SpringerLink 数据库、Web of Science™ 数据库及 Worldlib 数据库查阅国外关于"sport"或"mega-events"或"match"或"games"或"Olympic""risk"等主题的外文资料。第四，通过新华网、《中国体育报》、中国排球协会官网、排球运动管理中心档案室等途径收集关于排球职业化的相关政策和文件以及历届排球联赛的政策及改革文件等。

2. 调查法

（1）访谈法

在本书的选题初期，选取部分专家就选题的意义及研究的可行性进行了半开放式访谈，国内专家均为参加全国排球联赛赛前会议的专家，国外专家均为参加华侨大学国际体育产业高峰论坛的专家，访谈专家如表 0-3 所示。此外，在进行俱乐部运营状况调查时对各俱乐部的商务负责人也采用了访谈法。

表 0-3 排球联赛风险管理研究意义访谈名单

姓名	国籍	级别或职称	工作单位
徐××	中国	副主席、局长	中国排球协会、福建省体育局
吕××	中国	副秘书长、总经理	中国排球协会、华力宝公司
孙×	中国	教授	北京体育大学
陈××	中国	教授	福建师范大学
连××	中国	教授	集美大学
××Penningrouth	美国	首席营销官	亚特兰大老鹰队
××Preuss	德国	教授	约翰内斯堡大学

（2）德尔菲法

本书的风险指标是通过德尔菲法筛选和确定的，经过多轮的专家征询、修改以及反馈，制成了排球联赛运营风险评估指标体系。专家选择标准主要是能从全局熟悉中国排球及排球联赛的发展历程，对排球运动有深刻的理解，以及正在或曾经从事排球联赛组织和管理工作的人员。具体人员有中国排球协会相关领导、排球运动管理中心相关负责人、排球联赛资深教练员、国际级排球裁判、高校排球学者、体育产业专家等。

（3）实地考察法

2017年7月，笔者全程参与全国高水平后备人才运动队集训，参与运动员身体形态、素质等测量工作，通过全程参加教练员及运动员的夏令营集训，深入了解排球高水平后备运动员及教练员训练及培养现状。

2017年9月到2018年2月，笔者到中国排球协会实习，全程参与排球超级联赛的筹备与管理工作，详细了解排球联赛的运行流程，实地参与并考察排球联赛的运作流程，获得第一手的排球联赛组委会资料。

2018年9月，以中国排球协会实习生身份参加2018-2019赛季全国排球联赛赛前会议，对相关专家进行访谈及问卷调查。

2019年11月，以排球高水平后备人才教练员身份参加全国第三批排球高水平后备人才教练员培训班，借此机会对排球高水平后备人才的教练员进行半开放式访谈及问卷调查，充分了解排球高水平后备人才教练员的现状。

2019-2020赛季，以福建师范大学男子排球俱乐部商务负责人身份全程参与组委会及俱乐部商务运营工作，借此机会对其他27名参加排球联赛的俱乐部商务负责人进行问卷调查，了解俱乐部商务运营的现状。

（4）列表排序法

列表排序法是一种比较简单实用的风险评估方法，也是风险评估领域中一种非常常用的评估方法。由参与赛事的资深专家和赛事管理人员对赛事可能发生的风险进行评估，根据对每个指标逐项评估来量化风险的大小。列表排序法的程序分为三步：第一步，确定风险评估的标准；第二步，请专家根据指定的标准，对风险发生的可能性（P）、结果的严重性（S）以及风险的可控性（C）三个指标逐一打分，也就是用逐项评分的方法来量化风险大小，即事先确定评估标准；第三步，三个分值相乘，得出不同风险的风险量。

3. 比较法

本书有两处用到比较法。其一，在风险识别方法、风险评估方法以及风险应对策略的选择上由于可用方法较多，笔者根据排球联赛的实际情况，通过比较选择出适合排球联赛风险管理的方法。其二，在最后一章风险应对策略的选择上，也充分运用了比较法，结合排球联赛运营风险的特殊性，选择恰当的应对策略。

4. 层次分析法

层次分析法是一种定性与定量相结合的决策方法，可用来处理存在分层交错评价且目标值又不容易进行定量描述的决策问题（许树柏，1988）。本书的指标体系在采用了德尔菲法的基础上，运用层次分析法对排球联赛运营风险的各指标进行权重赋值，目的是对评价指标进行量化，使得每个指标都可以呈现一个具体的分值。本书选取在排球联赛运营风险管理实践领域中具有丰富实操经验的赛事运营人员和在体育产业理论研究领域中具有知名度的权威专家共10位组成专家咨询组，通过专家对指标进行两两比较，排列出各项指标的重要程度的优先顺序。

5. 数理统计法

运用 SPSS 19.0 软件中的描述性数据分析、因子分析以及 Excel 2016 软件对所得相应数据进行统计分析，主要包括层次分析、灰色差异信息处理以及帕累托分析等。

四 研究思路、框架与内容

（一）研究思路

为了准确高效地管理排球联赛存在的风险，本书遵循风险管理理论的基本模式，将排球联赛的风险管理分为三大步骤进行研究，分别是风险的识别、评估和应对。首先，界定本书涉及的基本概念及相关理论，确定研究范围，并梳理排球联赛的发展脉络和改革历程，厘清排球联赛的组织结构、利益相关者的属性及目的、联赛运行模式等。其次，通过专家访谈，结合风险案例初步构建排球联赛运营风险识别框架，运用专家调查法进行反复论证和修改，最终构建排球联赛运营风险评估指标体系。最后，对当前排球联赛的运营风险进行评估，根据排球联赛存在的运营风险从不同角度提出管控策略，对当前排球联赛面临的关键运营风险进行案例分析。

（二）框架结构

本书框架结构如图 0-1 所示。

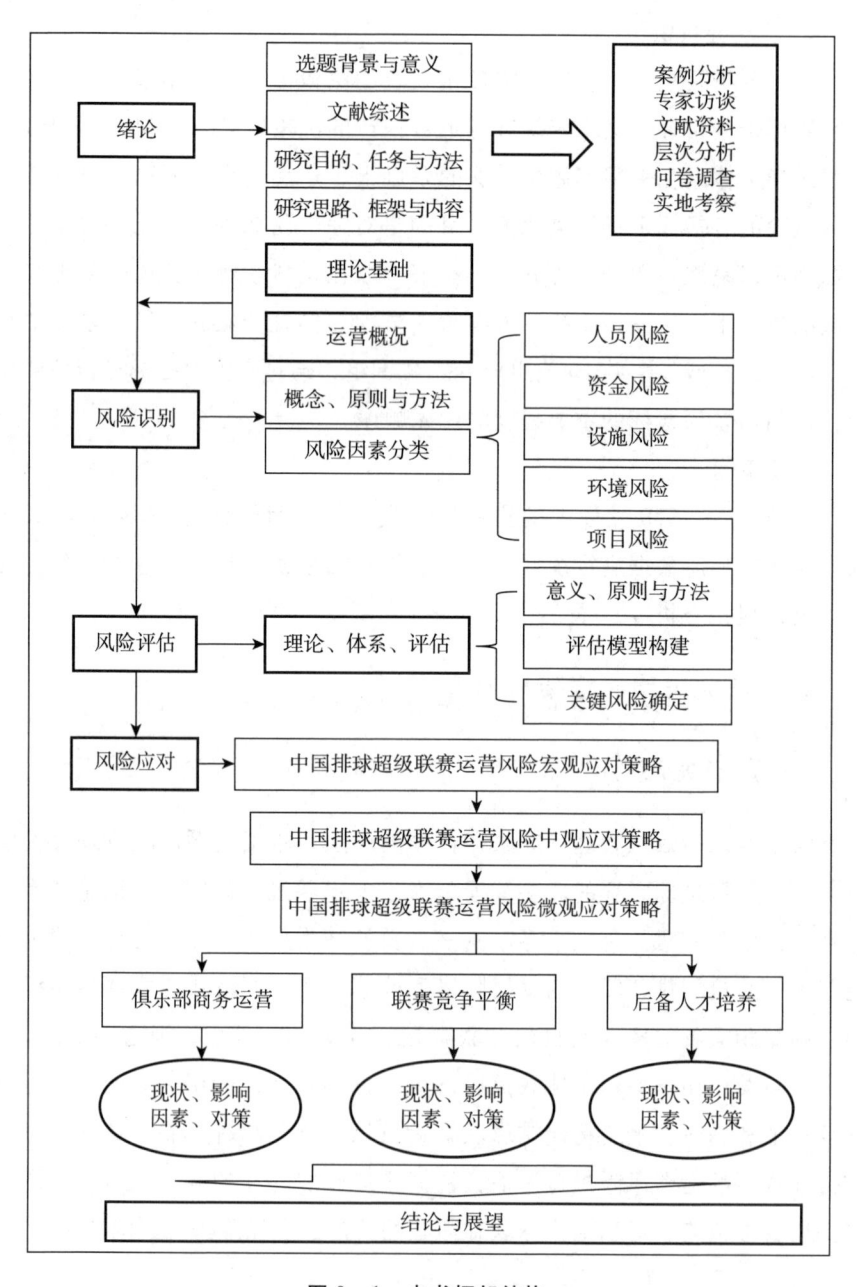

图 0-1 本书框架结构

（三）主要内容

本书按照风险管理的基本流程展开，主要包括基本理论与联赛发展历程、运营风险识别、运营风险评估以及风险应对四个部分。本书的主要内容分为8章共9部分，具体如下。

第1部分绪论。该部分包括研究的背景、意义、目的、任务、方法、思路、框架和主要内容。

第2部分理论基础。首先对本书的概念如运营风险等进行界定，然后对相关的理论进行了分析，包括风险管理理论、利益相关者理论和协同治理理论等。

第3部分排球联赛运营概况。该部分主要包括排球联赛的发展历程、排球联赛的组织概况、历届排球联赛各俱乐部冠名情况以及现阶段排球联赛俱乐部商务运营状况等。

第4部分排球联赛运营风险识别。首先探讨排球联赛运营风险的识别原则、识别方法。从人员、资金、设施、环境和项目五个方面结合案例分析与专家访谈深入剖析风险源，运用专家检查表全面寻找排球联赛运营风险因子。

第5部分排球联赛运营风险评估指标体系构建。初步构建排球联赛运营风险识别框架体系，运用德尔菲法对初步构建的风险识别框架体系进行研究，构建了排球联赛运营风险评估指标体系，然后运用层次分析法估算出了排球联赛运营风险评估指标体系各层级指标的权重。

第6部分排球联赛运营风险评估。对排球联赛当前面临的运营风险进行评估，采用列表排序法以及灰色差异信息法来评估我国排球联赛的运营风险，按照风险量的大小对各风险指标进行排序。

第7部分排球联赛运营风险应对策略。从宏观和中观层面提出排球联赛运营风险的应对策略。

第8部分排球联赛运营微观风险分析。该部分内容为运营风险的微观分析，案例包括2个关键风险和1个非关键风险。

第9部分结论与展望。总结本书的主要结论和成果，并指出本书的创新之处，同时列出了本书存在的缺憾，明确了后续研究努力的方向。

第一章
理论基础

第一节 核心概念

一 职业体育联赛与中国排球超级联赛

职业有 5 种含义。①官事和士农工商四民之常业。《荀子·富国》："事业所恶也，功利所好也，职业无分。"②职分应作之事。《国语·鲁语下》："［武王］使各以其方贿来贡，使无忘职业。"③犹职务；执掌。④犹事业。⑤今指个人服务社会并作为主要的生活来源的工作。[①] 关于职业体育，国内学者从不同角度对其进行了定义（见表 1 – 1）。

表 1 – 1 前人对职业体育定义的研究汇总

学者	年份	定义
张林	1998	"自觉运用价值规律，利用高水平竞技运动的商品价值和文化价值，参与社会商品活动和社会文化活动，使运动员获得报酬，并为社会提供体育和文化服务的一种活动。"
谭建湘	1998	"以某一运动项目的劳务性生产和经营，围绕该项目生产开发而形成相对独立和完整的商业化、企业化经营体系。"
杨铁黎	2001	"职业体育是以职业俱乐部为实体，以职业运动员的竞技能力和赛事为基本商品，以获取最大利润为目的的经营体系。"

---

① 《汉语大词典》，世纪出版集团、汉语大词典出版社，2000，第 2097 页。

续表

学者	年份	定义
王庆伟	2004	"职业体育就是通过向体育消费者提供消费性体育赛事产品，使得体育比赛经营者、职业俱乐部的拥有者、职业运动员及相关人员获取报酬的一种经济活动。"
钟秉枢等	2006	"职业体育与业余体育相对立，是一种追求竞技比赛票房价值、以商业牟利为目的的竞技体育活动。"
郑志强	2009	"以体育比赛为商品进行市场交换的一种竞技体育的商业活动。"
鲍明晓	2010	"以企业法人为组织形式，以市场需求为导向，以生产和经营大众经济娱乐产品为内容，以追求利润最大化为目的，把个人层面的兴趣、爱好、娱乐、游戏转变为组织化、专业化、赢利化的生产经营活动。"
张保华	2013	"以体育赛事为谋生手段，通过劳动向消费者提供体育赛事服务产品的一种经济活动。"
张文健	2015	"通过向消费者提供消遣型赛事，使得职业体育赛事组织者、职业运动队的拥有者、职业运动员及相关人员获取报酬的一种经济活动，其本质是通过各项赛事权利的买卖，以及职业运动员应用其专业技能参加比赛或表演，以获得金钱回报的经济活动。"

从前人对职业体育的定义可以看出，某一体育项目能被称为职业体育要包括以下几个特征：以追求商业利益为最终目的，以赛事为商品，可进行市场交换，能获得报酬。

关于职业体育联赛的概念，杨铁黎（2015）在高等学校教材《体育产业概论》中进行了界定，职业体育赛事是指以体育运动为基本手段，高度专业化、商业化、市场化的竞技比赛活动，它也是职业体育走向社会所提供的最为重要的体育服务。笔者认为高水平职业联赛是职业体育最重要的呈现形式之一，其最终目的是以提供高水平竞赛表演为产品获得盈利，它是以市场需求导向为发展基础，根据消费者需求提供的体育赛事活动。

中国排球超级联赛是中国国内竞技水平最高的国家级排球赛事，包括中国男子排球超级联赛和中国女子排球超级联赛两项赛事。排球联赛是1996年创办的，原名为中国排球联赛，中国排球超级联赛是在2017年9月由中国排球联赛更名而来，从运营目标、俱乐部现状以及赛事竞技表演水平等方面来看，排球联赛与职业联赛仍存在一定差距。

二 运营管理、风险管理与赛事运营风险管理

(一) 运营管理

运营管理也称为生产和运营管理。目前，它在国内外被统称为"Operations Management"。运营管理是指企业（组织）操作系统的战略决策、设计、运营、维护和改进的过程，还可以理解为组织者对项目运营全过程的规划、组织、实施和控制，它是与产品生产和服务创建紧密相关的各种管理任务的总称。或者说运营管理就是对组织向社会提供产品或者服务整个流程的计划、设计、组织和控制（潘春跃、杨晓宇，2012）。《辞海》关于运营的定义有两个：一是（把交通工具投入）营业和运行；二是经营和运作，也作营运（张涌等，2003）。本书的运营取《辞海》中的第二层意思运营同运作。刘清早教授在其著作《体育赛事运作管理》一书中提到，从广义上讲，运作具有相当的普遍性，是人类从事的最基本活动，任何一个行业或组织想要生存下去都必须开展运营活动，以更好地向社会和大众提供有价值的产品和服务（刘清早，2006），本书中的赛事运营与赛事运作意义相同。

(二) 风险管理

对于风险管理的定义各国学者都有不同的侧重，我国学者何文炯（2005）认为风险管理是一种经济单位，它使用合理的经济和技术手段通过识别和度量来处理风险，以可确定的管理成本代替不确定的风险应对成本，并以最低的经济成本获得最大的安全性的管理活动。国外学者在风险管理领域的研究主要聚焦在风险处理上，以控制实际的损失为目的，关注的重点属于纯粹风险。Greene 和 Serbein（1983）提出，风险管理的目的是在保持企业财务稳定的同时，最大可能地降低因各种不确定风险产生损害所造成的费用。Spengler 等（2005）认为，风险管理是指通过逻辑和系统的方法建立风险管理的宏观框架，以风险的识别、风险的分析、风险的评估和风险的处理，监控和传达与任何活动、职能或过程相关的风险，以便组织可以减少损失并增加获利的机会。

（三）赛事运营风险管理

国外一般把体育赛事作为一个特殊事件、一个项目来进行研究。国外体育赛事风险管理概念的定义有多种，从众多定义分析看，体育赛事风险管理概念的内涵主要包括两个方面：一个是准确预测与体育相关的领域中可能存在的风险；另一个是最大限度地控制这些风险的发生或最大限度地减小风险的不利影响。共识概念是，体育风险管理是指对体育组织或体育组织的资源进行规划、管理和控制，以使该组织或组织进行的体育活动对他人、社区实体、社会及其自身造成的伤害以及损失降到最低的过程（张大超、李敏，2009）。刘清早（2006）认为体育赛事风险管理就是尽可能地识别体育赛事运作过程中潜在的可能对赛事产生负面影响的不确定性事件，对它们可能产生的负面影响进行评估，制订当这些不确定性事件发生时应采取的应急计划，采取措施使它们发生的可能性降低或者使其负面影响降到最小。王守恒和叶庆晖（2007）在《体育赛事管理》一书中把体育赛事风险定义为，在体育赛事项目生命周期过程中，所有影响赛事目标实现的不确定因素的集合。杨铁黎等（2010）认为体育赛事风险管理研究是风险管理、项目管理和体育赛事管理研究的结合点，体育赛事风险是风险在体育赛事中的独特表现形式，体育赛事风险管理是风险管理在体育赛事管理领域的延伸。运营管理，也称为生产和运营管理，是指企业（组织）操作系统的战略决策、设计、运营、维护和改进的过程，还可以理解为对运营过程的规划、组织、实施和控制。它是与产品生产和服务创建紧密相关的各种管理任务的总称（潘春跃、杨晓宇，2012）。关于体育赛事运营，学者高晓波（2007）认为：体育赛事运营是指赛事运营主体对赛事、赛事资源要素（人、财、物、时间、信息、技术与管理）进行运筹、谋划和优化配置，将输入转化为输出的过程，即实现赛事效益的过程。

综上所述，笔者结合前人对职业体育、赛事运营、运营管理、风险管理等的定义，将排球联赛运营风险定义为：排球联赛在运营过程中，由内外部环境的复杂性、项目自身的特殊性以及主体对联赛各类风险的认知能力和适应能力的有限性，而导致联赛运营活动达不到预期的目标的可能性及其损失。运营风险不仅仅是指某一种具体特定的风险，还包含一系列相对具体的风险，具体来讲就是排球联赛在职业化发展过程中存在的障碍或风险，对排球联赛市场化和职业化运营存在威胁的因素集合。排球联赛运营风险管理主要包括两个方面：第一是准确确定排球联赛运营面临的各类风险；第二是最大限度地控制这些风险的发生或最大限度地减小这些风险的不利影响。

在进行风险管理研究之前首先要弄清楚体育赛事风险管理的主体和客体。结合本书，笔者认为排球联赛的运营风险管理的主体为中国排球协会，运营风险管理的客体是风险管理的实施对象，在排球联赛中具体来讲就是人员如教练员、运动员、裁判员等，也可以是财产、物品、事件，如赛事资金、体育设施自身的损坏、联赛和俱乐部形象及声誉、赛事运营环境甚至包括排球运动的项目特征等，这些均属于排球联赛运营风险管理的客体。

第二节　相关理论

一　风险管理理论

风险管理是一门管理科学，其主要研究风险发生的规律和风险控制技术。风险管理通常包括风险识别、风险度量、风险评估和风险决策。本书遵循前人在体育领域风险管理研究的惯例（石岩，2004；温阳，2012），将风险管理分成三个步骤，分别是识别、评估和应对。风险管理理论贯穿本书的始终，本书从排球联赛运营风险的识别、评估和应对三个方面对排球联赛的运营风险进行研究，下面对风险管理理论及其内涵进行简要介绍。

风险研究首先出现在保险业中，然后扩展到银行和证券业以及其他金融领域。风险管理的主体可以是任何组织，中国排球协会是排球超级联赛的组织者，目标是打造排球职业联盟，实现市场化、职业化运营。但从目前这种情况来看，排球联赛能否顺利实现这个目标还存在诸多不确定性，即面临着诸多运营风险，因此本书通过风险管理理论对排球联赛的运营风险进行研究，利用风险管理理论对排球联赛进行研究具有理论的合法性。风险管理理论主要包括风险识别、风险评估（也称风险度量）和风险应对（也称风险决策），不同学者对风险管理的步骤名称存在一定差异，但核心的内容就是识别、评估和应对这三个步骤。

二 利益相关者理论

排球联赛的市场化、职业化发展离不开利益相关者的协同努力，排球联赛的利益相关者大致可以分为内部管理者、外部合作者、赛事实现者和赛事消费者四个层面，按照利益相关者理论，排球超级联赛要充分满足各方利益诉求，而不是仅仅满足某一方的利益诉求，激发利益相关者各方的积极性，协调各利益主体的利益，实现整体利益最大化。政府和俱乐部投资者作为赛事供给的主体，全方位促使其成为利益共同体，当双方利益诉求出现冲突时，要从赛事长远考虑，主动进行风险评估，通过较少的投入，实现赛事最大的效益。

三 协同治理理论

本书在运营风险案例分析阶段采用了协同治理理论的思想，在对策分析的思路上不能依赖原来的政府大包大揽的策略，笔者提出要改变原来的"要人要钱要政策"的传统模式，提出要协同各利益相关者统筹谋划，各部门协同联动，靠集体的智慧打破原有的桎梏，优化资源配置，实现协同治理。以下对协同治理进行简要阐述。

协同治理理论这一学术概念发源于西方，强调治理主体的多样性，并主张政府广泛吸收企业、非政府组织和公民等主体积极参与治理公共事务。刘伟忠（2012）对协同治理的定义是：在规定的范围内，政府、经济组织、社会组织和公众等在政府主导下以现行法律法规为共同准则，旨在维护和提高公共利益，进行广泛参与、平等协商、充分合作，共同管理社会公共事务，联合管理过程以及此过程中使用的各种方法的总和。简而言之，协同治理是一种多方管理模型，其最终目标和基本目的是维护和提高公共利益。

本章小结

本章内容主要分为两个部分。第一部分是核心概念，主要采用文献资料、逻辑分析等方法对本书所涉及的主要概念进行了辨析，将排球联赛运营风险定义为：排球联赛在运营过程中，由内外部环境的复杂性和变动性以及主体对环境的认知能力和适应能力的有限性，而导致的运营失败或使运营活动达不到预期的目标的可能性及其损失，具体来讲就是排球联赛向职业化发展过程中存在的障碍或风险，对排球联赛市场化和职业化运营存在威胁的因素集合。排球联赛运营风险管理主要包括两个方面：一是准确识别排球联赛存在的风险；二是最大限度地控制这些风险的发生或使风险的不利影响降至最低。第二部分是相关理论，主要包括风险管理理论、利益相关者理论和协同治理理论，主要目的是为接下来的研究提供理论基础。

第二章
中国排球联赛运营概况

第一节 中国排球联赛的发展历程

中国排球超级联赛是国内最高水平的排球赛事,包括中国男子排球超级联赛和中国女子排球超级联赛两项赛事。中国排球超级联赛是在2017年9月由排球联赛更名而来,排球联赛自1996年创办以来,发生了巨大的变化。从主导力量来看,可以把排球联赛的发展分为两个时期:1996~2016年这20年,我国排球联赛属于行政垄断型职业联赛,社会资本有进入但话语权不足,这一时期的主要目标是培养高水平的后备人才,为国家队取得好成绩做好保障,同时肩负着推广排球运动、丰富人民群众的体育文化生活的社会责任;2016年至今,我国排球联赛属于行政主导型,市场力量逐渐壮大,该阶段属于市场力量与行政力量相互磨合的阶段,但行政力量仍具有明显优势,该阶段的主要目标是加快排球市场化、职业化发展,带动体育产业发展,增加后备人才数量、提高其质量,保证国家队利益,提高在国际赛场上的成绩。排球运动管理中心领导在2015-2016赛季排球联赛总结会上提出,排球联赛一定要坚定不移地向职业化方向发展,排球联赛已经到必须大刀阔斧地改革的时候了,并提出要按三个步骤对排球联赛进行改革:第一步,找专业公司来运营排球联赛,在2016年7月体育之窗签约成为排球联赛新的运营商后,第一步已经顺利完成;第二步,推出俱乐部准入制,实现球员自由转会,俱乐部准入办法已于2017年8月1日推出,共分4章28条,球员转会已有明显向好趋势,但球员的自由转会还要一个较长的时间;第三步,在时机成熟的时候让排球联赛向排球职业联盟方向靠拢。① 2017年9月,中国排球联赛正式更名为中国排球超级联赛,但离职业化运营和打造成职业联盟仍有较远距离。关于排球联赛的发展历程,笔者以参加排球联赛的队伍数量变化为主线,分析排球联赛自1996年以来主要的改革举措。下面以联赛队伍的几次变化为标志对排球联赛的改革历程进行分析。

排球联赛在1996－1997赛季通过赛制变革开启了市场化探索道路,在往后的21个赛季里,排球联赛的发展历经多次变革,队伍数量也发生了多次变化(见图2－1)。联赛参赛队伍从1996－1997赛季开始的男女各8支增加至2017－2018赛季的男女各14支,22个赛季以来参赛队伍数量频繁变化。本书按联赛队伍数量变化的四个节点,将改革发展历程分为改革初探期(1996－1997赛季至1998－1999赛季)、频繁调整期(1999－2000赛季至2004－2005赛季)、积分变革期(2005－2006赛季至2010－2011赛季)、改革平稳期(2011－2012赛季至2016－2017赛季)、发展新时期(2017－2018赛季至今)。

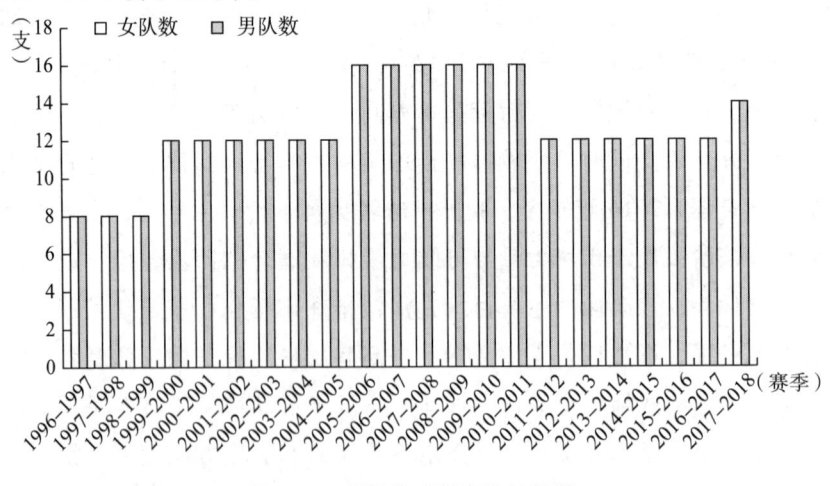

图2－1 历届排球联赛队伍数量

资料来源:历届排球联赛秩序册。

---

① 李昕:《排球联赛职业化如何三步走? 誓打破竞赛体系制约》,新浪网,2016年3月31日, http://sports.sina.com.cn/others/volleyball/2016－03－31/doc-ifxqxcnp8300766.shtml。

一 改革初探期（1996－1997 赛季至 1998－1999 赛季）

1996－1997 赛季至 1998－1999 赛季这三个赛季处于排球市场化探索的初期，联赛队伍数量较少，男女各 8 支队伍，本阶段赛制发生了重大变革（见表 2－1），由原来的赛会制改为了主客场制，8 支队伍不分组，实行主客场双循环比赛。1996－1997 赛季实行每周一轮，每轮单赛，即每周每支队伍仅进行一场比赛；而 1997－1998 赛季和 1998－1999 赛季，实行了每周一轮，但每轮双赛，即一周内，同一对手交手两次，比赛的总场数由 1996－1997 赛季的 112 场增加到 224 场，并于 1998－1999 赛季实行了每球得分制。该阶段排球运动管理中心为保证联赛质量，开始实行升降级，联赛后两名降级参加全国优胜赛，优胜赛前两名获得下一赛季的参赛资格，还规定暂停办理国内高水平运动员向国外转会，并出台了《关于接收部分优胜赛的运动员参加 1997－1998 全国联赛的暂行规定》[①]。

该阶段赛制改革的动力机制是排球项目的现实状况倒逼排球项目改革，排球项目是我国奥运优势项目，尤其是中国女排在国际赛场争金夺银，20 世纪 80 年代的五连冠就是最好的证明，虽然女排在国际赛场成绩卓著，但联赛市场冷冷清清，排球联赛的社会关注度与女排在国际赛场的成绩和国人的喜爱程度相差甚远，联赛观众席门可罗雀。随着我国市场经济的不断深入发展，排球项目大有淡出市场的趋势，这种现实倒逼着排球联赛的改革，用袁伟民指导当时的话来说就是"要通过改革找回中国排球的形象，赢得社会的支持，把观众请回到排球场"[②]。

表 2－1 改革初探期排球联赛改革措施一览

赛季	改革措施
1996－1997	男女赛制相同，不分组进行主客场双循环，每周一轮，每轮单赛，积分按照胜一场得 2 分、负一场得 1 分累积，按积分多少排名次；联赛第 7、第 8 名参加下年度优胜赛，优胜赛前两名参加下一年度的联赛

[①] 中国排球协会发布的 1996~2017 年的《排球联赛技术手册》。
[②] 中国排球协会：《中国排球》，中国体育报业总社，2004，第 55 页。

续表

赛季	改革措施
1997－1998	男女赛制相同，不分组进行主客场双循环，每周一轮，每轮双赛（双主双客），积分按照胜一场得2分、负一场得1分累积，按积分多少排名次；联赛第7、第8名参加下年度优胜赛，优胜赛前两名参加下一年度的联赛
1998－1999	男女赛制相同，沿用1997－1998赛季的赛制，不分组进行主客场双循环，推出临时转会规定，并在本赛季开始实行每球得分制

二 频繁调整期（1999－2000赛季至2004－2005赛季）

1999－2000赛季至2004－2005赛季属于赛制频繁调整阶段，队伍数量从男女各8支增加到男女各12支，由原来的联赛前八名和优胜赛的前四名组成（见表2－2）。该阶段的特征是赛制频繁调整，12支队伍从分成2组改为分成3组，从按名次奇、偶数分组到蛇形排列又到按名次分组，为提高比赛观赏性，冠亚军决赛赛制出现了三场两胜—加赛一场—交叉决赛—三场两胜频繁调整的现象，推出了保级赛、优胜赛等办法促进联赛队伍的竞争性和积极性，其间中国排球协会还颁布了《关于排球俱乐部管理暂行规定》。积分方式均为胜一场得2分，负一场得1分。从该阶段的赛制变化可以看出，赛程变化更为复杂合理，包括分组赛、附加赛、附加交叉赛以及半决赛、决赛和保级赛等。

表2－2　频繁调整期排球联赛改革措施一览

赛季	改革措施
1999－2000	男女各12支队伍，按上赛季名次顺序的奇、偶数分成AB两组，进行主客场双循环，每周一轮，每轮双赛（双主双客），小组前两名决联赛1～4名，3～4名决5～8名，5～6名决9～12名。积分按胜一场得2分、负一场得1分进行累积，按积分多少排名次。升降级：联赛第11、第12名的队伍参加下年度优胜赛，优胜赛前两名参加下一年度联赛
2000－2001	男女各12支队伍，按蛇形排列分成3组，各俱乐部开始承办主场比赛。12支队伍在第一阶段分成3组进行主客场双循环赛，第二阶段的排位使用单主单客的带分循环，第三阶段为总决赛，排在前两名的队伍，进行三场两胜制比赛决出冠亚军。积分方式不变。联赛第11、第12名的队伍参加下年度优胜赛

续表

赛季	改革措施
2001—2002	男女各12支队伍，按蛇形排列分成3组进行主客场双循环。每个小组前两名进入前六资格赛，后两名进入后六名决赛，第三阶段排位交叉淘汰，排出1~4名和9~12名，获5~8名的队伍不再进行决赛。排在前二的队伍加赛一场，胜为冠军。联赛第11、第12名的队伍参加下年度优胜赛。积分方式不变，首次采用男女排比赛先后举行
2002—2003	男女各12支队伍，按蛇形排列分成3组进行主客场双循环。一周双赛，第二阶段小组赛前两名的6支队伍将角逐前六名，采用交叉赛赛制决出前四名。第11~12名参加下年度优胜赛。积分方式不变
2003—2004	12支队伍按照上赛季名次分成3组，1~4名分到A组，5~8名分到B组，9~12名分到C组，按照分组赛、附加赛、附加交叉赛以及半决赛、决赛和保级赛分段进行主客场双循环。第二阶段各组间按排名进行交叉复赛，第三阶段决赛采用交叉淘汰决出名次。第11~12名参加下年度优胜赛。积分方式不变
2004—2005	12支队伍按照上赛季名次分成3组进行主客场双循环，1~4名分到A组，5~8名分到B组，9~10名加上资格赛前两名分到C组，第二阶段再分成3组进行复赛。第三阶段进行交叉附加赛。前组的两支胜队与第二阶段排在第1、第2名的队进行半决赛，后组的两支负队与排名最后的两队进行9~12名决赛。第11~12名降级参加资格赛。冠亚军决赛采用三场两胜制。积分方式不变

该阶段排球联赛处于卖方市场，赛制改革的动力来源为联赛的小规模和比赛数量少与社会大众的大量观赛需求产生的矛盾，为满足社会的需求，联赛进行了扩军。同时，由于该阶段横跨雅典奥运会，为了给国家队挤出更多的集训时间，联赛比赛数量大幅度缩减，中国排球协会为了完成满足大众观赛需求和筹备奥运会的双重任务，频繁对联赛的赛制进行了调整。

三 积分变革期（2005—2006赛季至2010—2011赛季）

该阶段参赛队伍从男女各12支增加到男女各16支，这一阶段排球联赛一直在对分组进行不同尝试，从2005—2006赛季的按名次分成4组，变为按照前八名或前十名分成2组，分组的基本原则是尽量把水平接近的队伍分到一组（见表2-3）。2005—2006赛季实行了根据成绩进行组内升降的赛制，即增加了升降组，增强了队伍间的竞争态势，尤其是名次靠后的队伍升降压力较大，比赛激烈程度明显提高。由于该阶段横跨北京奥运会，联赛赛制也受到奥运会的影响发生了一些变化，从2005—2006赛季开始，国家队队员不参加第一阶段的比赛，决赛的赛制也出现了三场两胜—

四场三胜—三场两胜的反复变化。由于国家队队员不参加联赛第一阶段比赛，联赛的竞技性和观赏性受到很大影响。该阶段最显著的特征是积分方式的变革，2009－2010 赛季之前排球联赛的积分方式为胜一场得 2 分，负一场得 1 分。在 2009－2010 赛季，中国排球协会试用意大利职业排球联赛的积分方式，即胜局积分制，积分多者名次靠前，当两队的比赛结果为 3∶0 时，获胜的队伍得到 3 分，输的队伍得 0 分；当比赛结果为 3∶1 时，获胜的队伍得到 3 分，输的队伍得 1 分；当比赛结果为 3∶2 时，获胜的队伍得到 3 分，输的队伍得 2 分。2010－2011 赛季积分方式再次改革，仿照国际排联的积分方法，3∶0 或 3∶1 的比赛结果，获胜的队伍得到 3 分，输的队伍得 0 分；3∶2 的场次，获胜的队伍得到 2 分，输的队伍得 1 分，这一积分方式一直沿用至今。不同的积分方式对赛事的激烈程度存在较大影响，如 2009－2010 赛季实行的胜局积分制，各队均不敢马虎大意，真正出现了每球必争的火爆赛况。

表 2－3　积分变革期排球联赛改革措施一览

赛季	改革措施
2005－2006	队伍增加至男女各 16 支，按上赛季名次分 4 组先进行主客场双循环，后进行组间交叉，根据成绩进行组间升降，再经过各组间的交叉进入总决赛，冠亚军决赛采用三场两胜，胜一场得 2 分，负一场得 1 分
2006－2007	男子前八和后八分成 AB 组进行小组赛，A 组第 7、第 8 名与 B 组第 1、第 2 名进行升降级比赛，根据积分和比分计算第 7~10 名的名次，升降组后第 7~10 名的队不再进行比赛；女子分南北区，小组循环完再根据交叉赛的积分和比分，计算第 7~10 名的名次。均采用每周单赛，决赛采用三场两胜制
2007－2008	男女各 16 支队均采用主客场双循环赛制，分成 2 组，前十名在 A 组，后六名在 B 组。A 组头两名进行附加赛，争夺冠亚军，决赛采用四场三胜制，A 组后两名降到 B 组，B 组前两名升到 A 组
2008－2009	男女各 16 支队均采用主客场双循环赛制，分成 2 组，上赛季女排 A 组前八和 B 组前二共 10 支队伍构成 A 组，上赛季 A 组后二和 B 组前四共 6 支队伍成 B 组。男排上赛季 A 组前九和 B 组第一共 10 支队伍组成 A 组，A 组后一和 B 组后五共 6 支队伍为 B 组。男排每周双赛，女排每周单双赛相结合，决赛均采用四场三胜制
2009－2010	男女各 16 支队均采用主客场双循环赛制，分成 2 组，前十名为 A 组，其余为 B 组；进入前四名的队伍晋级半决赛，半决赛同样使用主客场制，获胜的队伍进入决赛，冠亚军之间的比赛采用三场两胜制。A 组后两名降到 B 组，B 组前两名升到 A 组。积分方式改为胜局积分制

续表

赛季	改革措施
2010－2011	沿用2009－2010赛季赛制，前四名队伍参加交叉半决赛，胜者再进行三场两胜制的主客场冠亚军决赛。积分方法再次改革。3∶0或3∶1的场次，获胜的球队得3分，负队得0分；3∶2的场次，获胜的球队得2分，负队得1分

该阶段赛制改革的主要动力机制为扩大联赛后备人才库，为北京奥运会国家队选拔优秀运动员储备人才，由于队伍数量的再次增多，联赛组委会对不同的分组方式进行了尝试，最主要的特征是在后半段为提高比赛的激烈性和观赏性，对不同的积分方式进行了尝试，2009－2010赛季采用的胜局积分制增强了比赛的激烈程度，每球必争的场面火爆。

四 改革平稳期（2011－2012赛季至2016－2017赛季）

该阶段把队伍分成AB两个组，A组队伍数量由10支变为12支，采用主客场双循环赛制，B组的比赛使用分站式赛会制，男女各进行两站比赛，采用单循环赛制，两站成绩累积确定最终名次，如表2－4所示。A组的分组形式以蛇形排列为主，仅2011－2012赛季和2013－2014赛季采用上赛季名次的单双数分组。2011－2012赛季增设资格赛和挑战赛，B组（资格赛组）中获得前两名的队伍不再直接取得下个赛季A组比赛的资格，改为与A组倒数两名的队伍进行挑战赛，获胜的球队才能够获得下赛季A组的参赛资格，各青年队和大学生球队不参加挑战赛。该阶段决赛赛制变化较大，2011－2012赛季和2012－2013赛季只有冠亚军决赛采用三场两胜制；在2013－2014赛季半决赛使用的是三场两胜制，决赛使用的是五场三胜制；2014－2015赛季半决赛和三四名决赛也是采用的三场两胜制，决赛依然沿用五场三胜制；2015－2016赛季半决赛、三四名决赛和冠亚军决赛统一使用五场三胜制；2016－2017赛季半决赛和冠亚军决赛均采用五场三胜制，三四名决赛采用三场两胜制。从2012－2013赛季到2016－2017赛季决赛的赛制年年变革，强强对话场次不断增多。

表 2 - 4 改革平稳期排球联赛改革措施一览

赛季	改革措施
2011 - 2012	A 组队伍从 10 支扩大到 12 支,男、女排均从 AB 组变为 A 组和资格赛组。一周双赛。增设资格赛和挑战赛。资格赛前两名要与 A 组的最后两名进行挑战赛,获胜的队伍才可取得下赛季 A 组的入场券,决赛采用三场两胜制
2012 - 2013	12 支队伍按蛇形排列分成两组进行主客场双循环,一周双赛,决赛采用三场两胜制
2013 - 2014	按上届联赛成绩排名的单双数分为两组,半决赛采用三场两胜制,决赛采用五场三胜制
2014 - 2015	按上赛季成绩蛇形排列分成两组,采用主客场双循环,半决赛和三四名决赛均采用三场两胜制,决赛采用五场三胜制
2015 - 2016	12 支队伍按蛇形排列分成两组,沿用主客场双循环,半决赛、三四名决赛和冠亚军决赛均采用五场三胜制
2016 - 2017	12 支队伍按蛇形排列分成两组,依然沿用主客场双循环,半决赛和冠亚军决赛采用五场三胜制,三四名决赛使用三场两胜制

该阶段赛制相对稳定,比赛数量和观众人数都是稳中有升,比赛总场数保持稳定,在 113 场左右,但赛季时间逐渐拉长,由 2011 - 2012 赛季的 127 天增加到 2016 - 2017 赛季的 147 天,赛程密度降低。该阶段赛制改革的动力机制主要是随着队伍数量的增多,队伍间实力差距越来越大,比赛竞争出现了严重的不平衡现象,赛事观赏性和竞技性明显下降,因此把比赛分为 AB 组,通过升降级来保持队伍实力,以提高赛事质量。

五 发展新时期 (2017 - 2018 赛季至今)

这一时期我国排球联赛的发展进入了一个崭新的阶段,中国排球协会在赛事规模、比赛赛制、转会人数、投入资金以及市场拓展等方面继续加大改革力度,如表 2 - 5 所示。2017 - 2018 赛季排球联赛正式告别了升降级,联赛队伍的数量由男女各 12 支增加至男女各 14 支,联赛扩军仍然无法摆脱球队间实力差距大的问题,很多场次出现了一边倒的趋势,如河北女排在整个 2017 - 2018 赛季一场未胜,这种实力的悬殊直接影响了赛事的观赏性。本赛季因为队伍数量的增加,比赛场次再创新高,冠亚军决赛由原来的五场三胜制调整为七场四胜制,达到了自 1996 年开赛以来决赛场数之最。转会制度的变化也为联赛的观赏性增色许多,本赛季的转会可分为两个转会期：首个运动员转会期是联赛开始前，运动员被允许可以代表任何俱乐部参加联赛；下一个转会期是从联赛开始到联赛所有比赛结束，每个运动员允许临时转会一次，每个俱乐部最多被允许临时转入两名国内的运动员。

表 2-5 发展新时期排球联赛改革措施一览

赛季	改革措施
2017-2018	队伍扩军至男女各 14 支，男女赛制相同，队伍分成 AB 组进行主客场双循环，比赛分四个阶段。三四名决赛采用三场两胜制，冠亚军决赛采用七场四胜制
2018-2019	赛制改革，小组赛改为赛会制，比赛数量不变，赛程缩短，决赛改为了五场三胜制。为国家队集训腾出时间
2019-2020	男女排比赛时间分开，赛程压缩，每周双赛。决赛延续五场三胜制。为挖掘和培养人才，联赛取消二次转会。备战东京奥运会
2020-2021	受到新冠肺炎疫情的影响，比赛被推迟并被迫改为赛会制

该阶段发展变革的动力机制是排球联赛要打造世界排球的中心，固定队伍数量以便全方位地进行投资，另一个原因是原来 B 组的队伍越来越少，联赛高水平后备人才匮乏，若再不将其加入排球联赛队伍大家庭中，有可能会进一步萎缩。

第二节 历届排球联赛各俱乐部冠名情况

俱乐部商务运营状况最明显的指标就是俱乐部通过运营联赛资源所获得资金的数量。现阶段，各俱乐部的运营收入来源主要有俱乐部冠名费、组委会主场补贴、门票收入和广告收入。通过调研发现，俱乐部冠名费是俱乐部的主要经济来源，因此，笔者通过对 22 个赛季排球联赛俱乐部的冠名率及整体冠名趋势探究各俱乐部运营的状况。

从图 2-2 可以看出，女子排球俱乐部冠名率整体高于男子，从整体趋势看，男子排球俱乐部冠名率整体呈降低趋势。女子排球俱乐部冠名率虽然从整体看较为平稳且冠名率较高，但从 2012-2013 赛季开始，女子排球俱乐部的冠名率呈现严重下降趋势。从冠名率一项就可以看出我国排球联赛俱乐部的运营状况不够理想，且从近年来女排俱乐部冠名率的下降情况来看，俱乐部商务运营存在问题。从个体来看，俱乐部冠名商的频繁更换也给俱乐部的正常发展带来隐患，如辽宁女排连续3年更换了3个冠名商，2017-2018赛季为辽宁广电沙鸥女排、2018-2019赛季为辽宁营口鲅鱼圈女排、2019-2020赛季又更换为辽宁华君女排，赞助企业的高频率更换，势必会出现主场城市不断变迁的现象，这不仅对俱乐部运动员的归属感产生动摇，对球迷感情的培养更是一种打击。

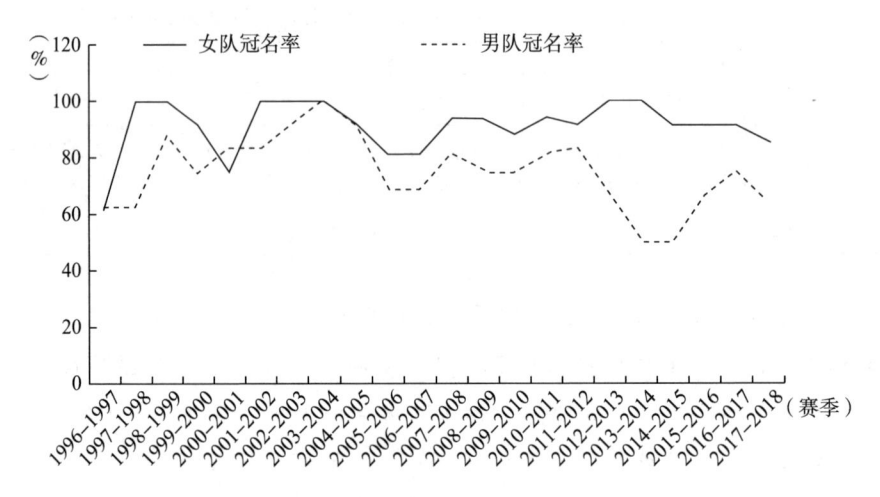

图 2-2 历届排球联赛俱乐部冠名情况
资料来源：历届排球联赛秩序册。

第三节　中国排球联赛的组织概况

一　中国排球联赛组织机构

中国排球联赛的组织机构是由联赛组委会和赛区委员会组成。排球超级联赛组委会是由中国排球协会同排球联赛的商务运营推广合作单位、参赛俱乐部，以及参赛运动员和执法裁判等共同组成。赛区委员会是联赛组委会在各承办省市设立的，赛区委员会在联赛组委会的领导和指导下，全面管理和执行赛区的各项工作。

中国排球联赛组委会是在国家体育总局和中国排球协会的直接领导下，全面管理排球超级联赛的唯一机构。组委会的成员由专职和兼职人员组成，主要人员包括名誉主任 1 名，由国家体育总局有关领导担任；主任 1 名，由排球运动管理中心主要领导担任；副主任若干，委员若干；秘书长由排球运动管理中心有关人员担任，联赛组委会下设多个职能机构（见图 2 - 3）。

```
          国家体育总局
               ↓
         排球运动管理中心
               ↓
          中国排球协会
               ↓
           联赛组委会
    ┌──────┬──────┬──────┬──────┐
  办公室  竞赛部 商务运营部 新闻委员会 纪律委员会
```

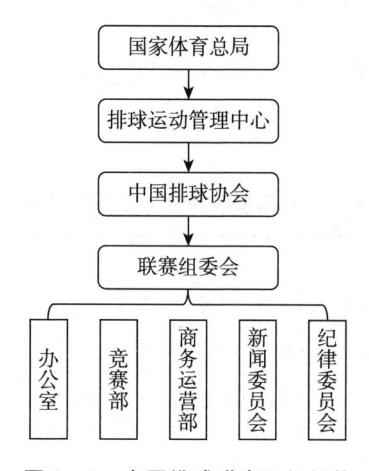

图 2 - 3　中国排球联赛组织机构

联赛组委会负责制定和执行与排球超级联赛相关的规章制度，包括但不限于《赛季运行手册》《准入办法》《比赛场地标准》《竞赛规程》《俱乐部和赛区综合评定及奖惩办法》等规章制度。该组织下的五个主要部门具有不同的分工。办公室主要负责公布各种文件、协调关系并制作证件。竞赛部主要负责制定比赛规则、起草文件、组织比赛，负责联络组委会人员、技术代表和裁判员，提供国内及赛区商旅服务等与比赛有关的其他具体事务。商务运营部主要负责市场开发工作、协调和指导各赛区的经营开发工作、编制预算和决算方案、策划推广活动、编制权益分配方案、销售联赛授权产品等工作。新闻委员会主要负责各种新闻发布会、联络和协调采访活动等其他与排球联赛新闻宣传有关的事宜。纪律委员会主要负责检查和处理联赛中出现的违规、违纪行为。

赛区委员会是联赛组委会在各承办省市设立的，赛区委员会在联赛组委会的领导和指导下，全面管理和执行赛区的各项工作。赛区委员会必须执行运行手册的规定开展各项工作，并向组委会负责。赛区委员会下设办公室、竞赛部、安保部和商务运营部等职能机构。[①]

通过对排球联赛的现状分析可以看出，我国排球超级联赛目前处于行政主导型体育联盟阶段，所谓行政主导型体育联盟是指由我国体育行政主管部门以及准政府性质的体育协会（中心）负责组织、管理和运营。

二 中国排球联赛组织流程

以2018－2019赛季排球联赛的组织流程为例，介绍不同时间的内容，具体流程见表2－6。

表2－6 2018－2019赛季联赛组委会排球联赛筹备组织流程

时间	内容
2018年7月5日	下发排球联赛筹备工作通知
2018年7月20日	召开排球联赛深化改革领导小组工作会议
2018年8月6日	召开排球联赛筹备工作会议，举行排球联赛颁奖礼活动，召开排球联赛新闻委员会会议
2018年8月15日	公布《2018－2019排球联赛竞赛运行手册》《2018－2019排球联赛商务及媒体运行手册》
2018年9月10日	举办专项业务培训班（鹰眼系统、技术代表、裁判员、商务运营和监督、新闻宣传、技术统计）
2018年9月15日	参赛俱乐部报名截止，俱乐部运动队参赛人员报名截止，俱乐部承办赛区和主场比赛馆申报截止
2018年9月30日	组委会与参赛俱乐部签订《2018－2019排球联赛俱乐部参赛、办赛协议》《2018－2019排球联赛俱乐部商务工作协议》
2018年10月15日	公布《2018－2019排球联赛秩序册》并开始比赛
2019年3月25日	比赛全部结束

资料来源：中国排球协会官网，http：//www.volleychina.org/。

---

① 《2018－2019中国排球超级联赛〈商务运行手册〉》，中国排球协会官网，2018年8月20日，http：//www.volleychina.org/b/2018/0820/4869.html。

第四节 现阶段排球俱乐部商务运营状况

笔者借参加 2018—2019 赛季排球联赛赛前会议的机会对排球联赛 28 家俱乐部的商务负责人、体育局领导等进行访谈并通过电子邮件的形式发放调查问卷（见附录 1），问卷内容主要包括俱乐部日常运营人员的数量、赞助费用及当前俱乐部开展商务运营面临的困难等，2018—2019 赛季排球联赛男子俱乐部商务推广情况具体调查结果如表 2-7 所示。

通过分析表 2-7 数据可以发现，男排联赛各俱乐部商务推广人员不超过 3 人，1~2 人居多，且均为兼职人员；从冠名费用来看，费用最高的为北京汽车男子排球俱乐部，每年在 600 万元左右，最低的是没有冠名商的俱乐部；门票收入最多的为上海金色年华男子排球俱乐部的每个赛季 50 万元左右，排名靠后的俱乐部大部分以赠票为主，几乎没有售票收入。从以上 3 点就可以看出男排联赛的商务运营情况不乐观。

表 2-7 2018—2019 赛季排球联赛男子俱乐部商务推广情况

单位：人，万元

俱乐部名称	商务推广人员数量	冠名费用	门票收入
上海金色年华男子排球俱乐部	2	—	50.0
北京汽车男子排球俱乐部	1	600	23.0
南京广电猫猫男子排球俱乐部	3	100	0.5
山东体彩男子排球俱乐部	2	200	4.0
八一南昌男子排球俱乐部	2	300	0.5
四川男子排球俱乐部	1	0	0.2
浙江体彩男子排球俱乐部	2	500	0.0
河南天冠男子排球俱乐部	2	200	0.0
天津全运村男子排球俱乐部	2	300	0.5
深圳宝安贺杰男子排球俱乐部	1	200	0.2
辽宁营口鲅鱼圈男子排球俱乐部	2	100	0.2
福建师范大学男子排球俱乐部	1	120	0.0

续表

俱乐部名称	商务推广人员数量	冠名费用	门票收入
河北男子排球俱乐部	1	0	0.0
湖北男子排球俱乐部	3	0	0.0

注：①冠名费用及门票收入等均为大概数字。②部分数据欠缺是由于访谈时俱乐部方面以不方便告知为由婉拒。

资料来源：以上数据来源于俱乐部负责人、省市体育局领导，个别数据来源于网络和文献。

通过分析表2-8数据可以发现，女排联赛各俱乐部商务推广人员最多的是浙江嘉善西塘古镇女子排球俱乐部的8人，其他俱乐部也是以1~2人居多，且多为兼职人员；从冠名费用来看，冠名费用最高的为上海光明优倍女子排球俱乐部，每年在1500万元左右，最低的是没有冠名商的俱乐部；门票收入最多的为浙江嘉善西塘古镇女子排球俱乐部，每个赛季在80万元左右，同样，排名靠后的俱乐部也是以赠票为主。从男女排数据可以看出，女排俱乐部的商务开展情况略好于男排，但仍有部分俱乐部没有冠名商，整体商务运营情况不乐观。从以上调查结果来看，俱乐部现阶段的运营情况不乐观，是排球联赛向市场化、职业化迈进的一大隐患。

表2-8　2018-2019赛季排球联赛女子俱乐部商务推广情况

单位：人，万元

俱乐部名称	商务推广人员数量	冠名费用	门票收入
北京汽车女子排球俱乐部	1	600	23.0
天津渤海银行女子排球俱乐部	2	960	21.9
上海光明优倍女子排球俱乐部	2	1500	50.0
江苏中天钢铁女子排球俱乐部	1	500	20.0
辽宁广电沙鸥女子排球俱乐部	3	600	40.0
山东体彩女子排球俱乐部	1	200	5.0
广东恒大女子排球俱乐部	2	—	—
福建安溪铁观音女子排球俱乐部	2	200	0.8
河南银鸽投资女子排球俱乐部	4	300	15.0
八一南昌女子排球俱乐部	1	0	0.0
浙江嘉善西塘古镇女子排球俱乐部	8	900	80.0

续表

俱乐部名称	商务推广人员数量	冠名费用	门票收入
云南大学滇池学院女子排球俱乐部	2	150	0.0
四川女子排球俱乐部	1	0	0.0
河北女子排球俱乐部	1	0	0.0

注：①冠名费用及门票收入等均为大概数字。②部分数据欠缺是由于访谈时俱乐部方面以不方便告知为由婉拒。

资料来源：以上数据来源于俱乐部负责人、省市体育局领导，个别数据来源于网络和文献。

另外，从各俱乐部商务负责人关于"您在进行商务运营过程中遇到的最大的困难是什么？急需哪些方面的帮助？"这一开放性问题的答案填写来看，大部分商务负责人都提出了俱乐部商务权益过小的现状，直接影响到俱乐部的商务推广。如浙江女排提出"给俱乐部的广告资源太少，禁止事宜太多"，"要求对俱乐部加大广告资源开放力度"。北京汽车俱乐部提出"组委会统揽所有商务运营权，赛区俱乐部可开发内容几乎不存在"，受职业化进程不够、俱乐部权责所限，一方面要维护企业核心利益，另一方面要根据事业单位工作规范和要求开展工作，空间和灵活度不足；另外，提出"大环境整体疲软，排球市场小众，关注排球、从事排球运动的人口过少，排球联赛周期和回报率无法满足潜在赞助商的需要，市场化程度不够，体制所限，未与个人绩效挂钩，缺乏奖励机制"。上海金色年华男子排球俱乐部提出"俱乐部活动推广和球队日常训练难以契合，市场对男排乃至排球的接受度较低，以及媒体对排球项目的推广力度小"。南京广电猫猫男子排球俱乐部提出"权益上收后，俱乐部的自主权益基本只有主冠名，其余可以运营的空间较小，基本上就是一家企业，很难分散经营"。天津全运村男子排球俱乐部提出"俱乐部自身商务权益较少，不利于俱乐部在天津的推广"。江苏中天钢铁女子排球俱乐部提出"放给俱乐部招商的权益很少，而且位置不佳，对客户的吸引力不大，基本没什么招商权益"。福建师范大学男排提出，"商务运作空间太小，能够运作的广告资源几乎就没有"。浙江体彩男排提出"使商家看得到广告投入的价值，是最为困难的"。山东体彩男排提出，"看似组委会给了7项权益，除了俱乐部冠名商外，实则没有一项存在运营的价值，场馆不是自己的，大巴也是租来的，再加上本身一个赛季就这么几场球，运营空间狭小，艰难地维持着运营"。通过分析俱乐部商务运营相关负责人的回答发现，各俱乐部在进行商务运营时最大的障碍主要集中在组委会给俱乐部的商务开发权限过少、排球市场过小等方面。

总之，从以上联赛各俱乐部的运营状况可以探究联赛的运营状况，排球联赛的市场化、职业化发展道路面临着重重风险，任重道远，对排球联赛的运营风险进行研究迫在眉睫。

本章小结

本章内容主要分为四个部分。第一部分是中国排球联赛的发展历程，梳理排球联赛的发展脉络，以排球联赛俱乐部的数量变迁为主线，对排球联赛的改革进行梳理，厘清排球联赛发展的来龙去脉。第二部分是中国排球联赛的组织流程，通过举例的方式呈现排球联赛的组织流程。第三部分是历届排球联赛各俱乐部冠名情况。第四部分是现阶段排球俱乐部商务运营状况。

第三章
排球联赛运营风险识别

　　风险识别是风险管理的关键一步，只有全面准确地识别出排球联赛运营中存在的风险，才能对其进行评估，进而根据评估结果制定出风险应对策略。由于排球联赛赛期持续时间长、赛事举办地点遍及全国、举办城市的经济水平存在巨大差异、利益相关者及相关单位众多，再加上排球项目自身的特点等，排球联赛的运营风险纵横交错，本章在比较和分析了各种风险识别的方法后决定采用专家检查表全面寻找联赛运营的风险因子，并初步构建出排球联赛运营风险识别框架体系。

第一节　排球联赛运营风险识别的理论

一　排球联赛运营风险识别的概念

　　风险识别也称为风险辨别，它是在风险事故发生之前感知各种风险事故，分析风险事故的潜在原因，找到风险的来源，并建立相应的风险数据库（孙立新，2014）。排球联赛运营风险的识别是指运用相关理论和方法，全面系统地查找对排球联赛运营目标实现存在威胁的显性或者隐性的风险源的过程，即对影响排球联赛实现市场化、职业化发展的各类因素的识别。

二　排球联赛运营风险识别的原则

　　结合前人关于风险识别原则的表述，本书通过分析比较认为排球联赛的运营风险识别应该遵从现实性原则、全面性原则、系统性原则和重要性原则。

（一）现实性原则

现实性是开展风险管理的最基本要求，任何不能落地实施的风险识别方案都是设想，因此各组织或企业在进行风险识别时首先要考虑的就是现实性原则，将风险识别所需要的人员、资金和条件一一列出，保证以最小的支出换取最大的权益回报。排球联赛没有成立针对性的风险管理单位，即没有专门的资金和人力用于风险识别，因此，在进行排球联赛运营风险识别时要根据实际情况，充分利用现有资源。

（二）全面性原则

排球联赛运营风险识别在制定规划时，要全面系统地鉴别出影响联赛市场化、职业化发展的潜在风险因素。排球联赛运营风险识别要从管理要素出发，以人、财、物三个方面为基础进行详细的赛事运营风险分析，结合运营环境和排球运动的自身项目特征等全面识别运营风险，以便能够及时且清楚地为决策者提供详细完备的决策信息。

（三）系统性原则

我国排球联赛运营风险的产生不是独立的，而是会受到若干相关联的要素和所处环境影响，风险识别要从排球联赛运营的全局出发，从整体上把握排球联赛的运营风险，全面系统地分析影响排球联赛职业化目标实现的风险因素。中国排球协会在制订风险计划时不能使用某个指标作为全体运营风险决策的基础。作为对运营管理负责的组织，中国排球协会必须考虑整个联赛系统与排球联赛运营相关系统之间的关系，以便把风险识别的各个计划融合到一个系统内。

（四）重要性原则

风险识别的系统性保障了风险识别的效果，而风险识别的重要性则保障了风险识别的效率。重要性原则指排球联赛运营风险识别要有所侧重，为了确保排球联赛的顺利进行和观众的观看体验，联赛组委会以尽可能低的经济支出获得最大的收益，以减少风险造成的损失。因此，在资源和条件有限的情况下，风险管理者必须根据实际情况选择最佳、最经济的识别方法。在综合风险因素的基础上进行分类，选择相对重要的风险进行分析，有利于节约成本，确保识别效率。

三　排球联赛运营风险识别的方法

风险识别的方法较多，各有优缺点和适用条件，目前，还没有一种方法可以应用于所有对象的风险识别。不同的组织有不同的风险，识别方法也不完全相同，无论使用哪种方法，只要能把风险都识别出来就是一种好的方法。我们不应过分强调定性分析或定量分析，也许最简单的方法就是最合适、最有用的方法。

（一）方法介绍

专家调查法也称专家咨询法、专家意见法，是基于专家的知识、经验和直觉，发现潜在风险的分析方法。专家的数量取决于风险的特征、规模、复杂性，没有绝对正确或者恰当的规模，通常应该有10~20人。专家调查法在进行风险识别时，主要包括头脑风暴法、德尔菲法、风险专家调查列举法以及风险检查表等。排球联赛的运营风险识别主要是通过多次对两类专家（一类是熟知排球联赛的运作和管理模式的排球名宿，另一类是从事体育管理领域研究的体育产业专家）进行咨询，并及时将专家的反馈意见进行分析和整理，从而确定影响排球联赛运营的风险因素。

（1）头脑风暴法

头脑风暴法可以分为直接头脑风暴法和质疑头脑风暴法两种形式。直接头脑风暴法是一种最大限度地激发与会专家们创造力并激励他们尽可能多地产生设想的专家调查方法。质疑头脑风暴法则是一种质疑和分析前者提出的想法和计划的方法。这种方法现实可行，操作简单，通常由10人组成专家组，使每个人都有机会充分表达自己的观点，激发参与者的创造力，并提出尽可能多的想法。该方法共包括五个步骤，分别是人员选拔、明确会议主题、轮流发言并进行记录、循环发言以及小组成员停止轮流发言后共同评价每一条意见,最后由主持人总结出几条重要结论。

(2) 德尔菲法

德尔菲法主要利用相关专家的知识、经验和判断来评估和分析组织所存在的风险。主要方法是匿名发表意见,即专家之间不得相互讨论,也不得横向接触,只能与调查人员建立关系。经过多轮调查、反复咨询、总结和修改,将专家对所提问题的看法最终汇总成基本一致的看法,这种方法具有广泛的代表性,较为可靠。德尔菲法易于操作且非常实用,也被称为专家意见法。它具有广泛的适用性,主要应用于各种预测和决策。当风险管理涉及的内容比较复杂且难以通过分析方法进行识别时,德尔菲法成为一种非常有效的风险识别方法。

(3) 风险专家调查列举法

风险专家调查列举法是风险管理者将组织或者单位可能面临的风险一一列出,并根据不同的标准进行分类。所涉及的专家应尽可能广泛,并具有一定程度的代表性。使用风险专家调查列举法通常有两种方式。第一种是使用保险类型列表。组织或单位可以根据保险公司或专门保险出版物来识别风险。不在保险范围内的风险是无法通过这个方法识别的。第二种是委托保险公司或保险咨询服务机构对组织或者单位的风险管理进行调查和设计,以查明各种财产和负债的风险。

(4) 风险检查表

风险检查表是根据系统工程学的分析思想,在对系统进行充分分析的基础上,找出所有可能的风险来源,然后通过提问的方式将这些风险因素列在表上。最简单的检查表如表 3-1 所示。本书拟在经过大量资料收集以及实地调研的基础上初步编制排球联赛运营风险专家检查表,并选取了解体育产业且熟悉排球联赛运营的相对权威的专家组成咨询小组,以发放检查表的方式向他们提出问题。对调查专家进行意见征询,然后对其进行归纳和统计,对风险因子进行完善和修改。

表 3-1 风险检查表示例

序号	风险检查项目	存在	不存在	不清楚
1	联赛组委会决策失误风险			

续表

序号	风险检查项目	存在	不存在	不清楚
2	俱乐部商务运营不畅风险			

（二）排球联赛运营风险识别方法选择

不同的风险识别方法具有不同的适用范围和适用阶段，且有定性与定量不同的功能。不同识别方法具有各自的优缺点，通过对以上几种常用的风险识别方法进行比较，发现专家检查表易于实施，能较为全面地识别排球联赛的各类风险，且前人运用较多，该方法已经相对成熟，因此，本书选用了风险检查表对排球联赛的运营风险源进行识别，本书的专家检查表见附录2，排球联赛运营风险识别的专家包括排球协会相关负责人、排球联赛资深专家、体育产业专家、排球学者、运营方等12位对排球联赛运营较为了解的专家，专家名单见表3-2。

表3-2 运营风险识别专家名单

序号	姓名	工作单位	职务或职称
1	钟1××	中国排球协会、首都体育学院	副主席、校长
2	吕××	中国排球协会、华力宝公司	副秘书长、总经理
3	田×	中国排球协会、华力宝公司	市场开发部经理
4	吴×	中国排球协会、华力宝公司	贸易部经理
5	孙×	北京体育大学	教授
6	陈××	福建师范大学	教授
7	杨××	首都体育学院	教授
8	刘×	西南交通大学	国际级裁判、联赛裁委会副主席
9	薛××	江苏省体育局	原江苏男女排主教练、联赛最佳教练员
10	汪×	福州大学	副教授
11	张1××	曲阜师范大学	教授
12	董×	排球之窗	联赛商务推广负责人

第二节　排球联赛运营风险源分析

排球联赛运营风险源的识别是以历届排球联赛和其他排球赛事出现的风险事件为基础，参考前人关于排球联赛风险管理和赛事风险因素识别等方面的研究成果，结合笔者在中国排球协会排球超级联赛组委会实习期间，全程参与和跟踪2017—2018赛季排球联赛的组织和运营过程时发现的问题初步拟定而成。笔者把凡是对排球联赛实现市场化、职业化发展存在影响的因素统称为排球联赛的运营风险。因此，运营风险有显性的，即已经存在的或者正在发生的干扰正常运营的风险因素，也有隐性的，即还没有显现出来的且有可能会对排球联赛的运营构成威胁的因素。因此，本节从风险构成内容与风险呈现形式两个维度对联赛运营存在的风险源展开全面的识别，以下是各类风险的具体分析。

一　联赛参加人员风险分析

排球联赛比赛时间横跨数月，参与人数众多，与短期的赛事相比，人员管理和安排更具长期性和艰巨性。排球联赛的运营参与人员复杂，且分工不同，在联赛运营过程中，由不同人群造成的赛事运营风险各不相同。根据联赛参与人在联赛运营的不同分工，可以将运营人员分为四大类，分别为赛事内部管理者、外部合作者、赛事实现者和赛事消费者。

内部管理者是指赛事运营管理者，负责联赛的组织，保障联赛的正常运行，负责比赛时间的安排、赛制的确定、俱乐部准入制度和运动员转会制度的制定、技术代表和裁判员的选派和监督等工作。国家体育总局、排球运动管理中心和排球协会等高层管理者要具备良好的组织、领导、决策和协调能力，这样才能从全局出发整体把握联赛的发展方向和及时解决联赛运营中出现的问题。赛事运营管理者风险主要来源包括国家体育总局领导、排球运动管理中心和排球协会领导、省市体育局领导，以及媒体人员、裁判员、教练员、运动员和志愿者的管理等。由于我国特殊的体制和机制，联赛主体之间并非平等的合作关系，而是存在管理与被管理的关系，如图3-1所示。在我国现行的管理体制下，管理和被管理的关系明显，因此明确排球协会领导的决策失误风险以及发展方向和目标就显得尤为重要。

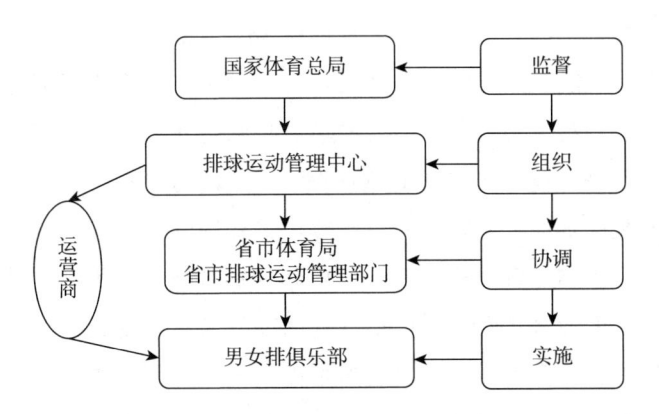

图3-1 排球联赛内部管理者关系

赛事外部合作者是一个对体育赛事进行赞助或者对体育赛事产品进行包装、宣传和销售的团队，是实现联赛市场化、职业化以及为联赛营造良好社会氛围的重要推动力量，主要包括赛事运营商、赛事赞助商和新闻媒体等，通过外部合作者的鼎力相助，为排球联赛的市场化运营锦上添花。如果赛事外部合作者不具有强大的赛事宣传、包装和销售能力，将会对联赛的运营造成消极的影响。

赛事实现者是指排球联赛每场比赛的直接参与者，包括教练员、运动员和裁判员等。需要特别关注的是运动员和球迷这两个群体，运动员是赛事产品实现的最直接制造者，他们的表现直接影响着赛事产品的质量。球迷是竞赛产品最终的消费者，球迷的数量和质量反映着联赛的市场热度和发展潜力。球迷的观赛安全也是一个重要的运营风险，球迷暴力、踩踏直接影响球迷人身安全，进而影响赛事的正常运营。

二 联赛经济来源风险分析

资金风险主要包括资金筹集风险、赛事创收风险和资金管控风险等。排球联赛在体育产业中属于高水平竞赛表演业，联赛的产品就是高质量的比赛。市场经济时代，排球联赛想要实现市场化、职业化运营离不开赞助商的大力支持。

排球联赛自 1996 年开赛以来,有两届联赛没有赞助商,分别是1997－1998 赛季,由于境外赞助商违约,该联赛成为没有企业冠名的第一届联赛;2015－2016 赛季排球联赛是自 1996 年首届联赛开始以来历史上第二次主赞助商撤资,因为前一个冠名赞助商 361°和联赛推广方中视体育的合同已经到期,联赛推广方中视体育又没能找到替代的商家,因此就产生了新赛季的排球联赛没有冠名赞助的窘境。除此之外,由于 361°不仅是联赛的冠名商而且是联赛比赛装备的供应商,361°的退出直接导致了各参赛队伍失去了服装的赞助,各队需要自己解决参赛服装问题,直接造成各队服装参差不齐,影响赛事的美观度。俱乐部筹资风险:从每年的联赛秩序册上可以看出队伍的冠名商频繁更换,赞助商们没有获得跟投入相匹配的回报,纷纷撤资,如恒大女排、福建阳光城女排、河北女排的撤资,至今仍有部分俱乐部没有球队冠名,如四川、河北等,仍然需要靠省体育局财政拨款。

门票、版权、赞助商是排球联赛创收的主要渠道,但就目前情况来说,各俱乐部获得的赞助费普遍不高,仍有多支队伍没冠名商。排球联赛的门票一直都不算畅销,销售渠道虽较前几个赛季有增多,但球票出售仍然是不景气的。据不完全统计,排球联赛有相当数量的主场是采用赠送球票、免费看球的形式,通过出售排球联赛球票获得营收的俱乐部较少。版权销售也存在较大不稳定性,从体育之窗接手联赛运营商之后有较大改革,从 2017－2018 赛季开始,排球联赛运营商体育之窗不再沿用垄断版权的方式,而是实行了"共享版权"措施,同时签约多家网络公司,增加排球运动的传播途径,丰富了球迷的观赛选择,尤其是年轻球迷群体,满足了他们随时随地看球赛的愿望。但与此同时,我们也应该看到在联赛实行"共享版权"之后,2017－2018 赛季排球联赛就很少能在 CCTV5 频道出现了,CCTV5 频道转播排球联赛的场数直线减少。联赛衍生品匮乏,关于联赛或者俱乐部的纪念品匮乏,市面上很少能找到排球联赛的纪念品。

资金方面主要是指如何把有限的资金投放到最亟须解决的问题上,排球联赛资金管控风险主要包括资金的预算、相关人员的待遇和利益分配等,利益分配不合理是联赛运营的一大隐患,容易降低赛事运营者和参与者的积极性。另外,联赛相关人员的待遇也亟待提高。首先,排球运动员和教练员的工资待遇根本无法与篮球和足球职业运动员相提并论，据报道，我国普通职业排球运动员的基本工资在 2000～3000 元，只有少数特别优秀的运动员才能拿到较为丰厚的奖金。如果俱乐部和所在队伍经济不景气，运动员和教练员的奖金受影响，轻则削弱运动员和教练员的斗志和动力，重则直接导致优秀的运动员和教练员流失。

三　联赛运营设施风险分析

排球联赛要求的比赛场馆是交通便利、功能完善、设施设备齐全而且能容纳 2500 人以上的室内馆。场馆位置包括所在城市、地理位置、交通便利程度等，都会影响消费者是否去现场观看球赛。而且，比赛场馆属于固定的建筑，其任何一个部分出现问题都会导致联赛的运营风险。固有设施建筑、临时设施、建筑配套设施等各个方面都是容易造成风险的源头。体育场建筑是举办排球联赛的基本硬件环境，比赛设施和设备的质量、维护水平高是比赛顺利进行和运动员安全的保证。同时，有效提供应急设备可以降低紧急情况发生时对整个赛事造成的破坏。因此，我们需要从设施风险因素出发，系统地分析体育馆运营的多种风险源的分类，找出可能对联赛运营构成威胁的因素，从而合理地控制设施风险。

场馆建筑风险包括场馆位置、固有设施、临时设施和配套设施存在的风险。永久建筑物可能存在建筑质量不合格、日常维护不到位、使用者使用不当等问题，这些都会给场馆内的人群带来伤害。特别是在焦点赛时，随着大量观众的涌入，很多不可预料的风险事件随时都有可能发生，例如，临时设施工程，包括比赛场地、球网球柱、电线插板、技术系统设备故障等在施工设计和工期上容易存在安全隐患。观众观看比赛产生剧烈的躁动，容易造成风险事故的发生。场馆配套设施风险包括停车场、消防设施、饮用水及食物等存在的风险。

排球联赛组委会要求比赛场馆必须具备的基本条件有观众席位 2500 个以上、馆内有电子显示大屏、严格的场区标准、不得低于 16 摄氏度的比赛场馆温度、鹰眼系统、赛场电子广告显示屏（LED）、专项器材以及电脑打印机等，以上比赛设施在比赛中出现任何的差错都会对比赛的正常进行产生影响，进而影响比赛的运营。赛事设施风险主要包括比赛器材的储存、运输风险、转播信号、鹰眼、LED 等故障风险、供电系统风险、空调系统风险等，任何一个环节的疏忽都会影响比赛的效果展示。设施风险：排球联赛的举办离不开完善配套的比赛设施，体育场馆的地理位置和建筑质量是最基本的风险来源，随着大量观众的涌入，不可预料的突发事件随时可能发生，比赛中的场馆看台、屋顶以及其他不可预料的事故较为常见。另外，排球联赛比赛场地凹凸不平：场地硬件条件令人担忧，排球联赛场地的不规范会增加运动员的受伤概率。鹰眼回放系统、LED 显示屏等故障频繁：鹰眼回放系统自 2016－2017 赛季开始使用，因系统不稳定且画面不清晰，多次出现看不清到底是打手还是没打手的情况，等候时间较长，影响比赛节奏。在 2017－2018 赛季男排联赛决赛第三场时，上海男排主场的鹰眼回放系统出现整场比赛都不能使用的情况。

救援设施是为联赛发生意外事故所做的第一种降低损失的方法，主要包括救援交通工具、救援通道、临时治疗的医疗设施、现场医疗设施、救援通道风险和灭火器等其他必备设施。比赛中最常见的风险事故就是运动员受伤，要保证在现场进行第一时间的抢救和治疗，然后及时送至专业的医院。

四 联赛运营环境风险分析

排球联赛的正常运营包括自然环境、体制环境、法制环境和社会环境等。任何一个因素的不协调都将对排球超级联赛的运营产生影响，虽然这些环境问题看似与排球超级联赛运营没有直接关系，但是这些与联赛的职业化运营风险密切相关，对环境因素进行分析有利于我们更加全面地研究联赛的运营风险。

恶劣天气、地震和洪水等灾害以及瘟疫、传染病等都是难以避免的灾害。这些灾害的难以准确预测以及不可抗拒性，给排球联赛的运营增加了不确定性，影响着场馆、竞赛组织者、赛事实现者和观众的人身安全，甚至可以直接中断比赛的正常进行。2002－2003 赛季，男子排球联赛的决赛因为受到非典疫情的影响被迫推迟了 5 个月，严重影响了运动员的竞技状态。突袭而至的新冠肺炎疫情直接导致 2019－2020 赛季男排联赛全部延期。一般来说，自然灾害具有一定的破坏力，使得赛事推迟、取消，甚至引起骚乱，造成人员伤亡。

全运会制度威胁风险：参加排球联赛的各俱乐部还有一项非常重要的赛事，那就是四年一届的全运会，全运会的成绩关系到各省市体育主管部门的政绩，再加上绝大多数排球运动员的人事关系在各省市体育局，这就造成联赛的目标多元化现象。国家行政主管部门、省市体育局和俱乐部三者目标存在偏差，赛事主体对联赛成绩重视度降低，联赛的目标多元，到底是以全运会成绩为主还是以联赛观赏性和市场化为主？另外，排球联赛的赛制频繁改变，在队伍数量、联赛分组、球队升降级以及决赛赛制等方面几乎年年出新，对俱乐部的备战和训练计划的安排都会产生较大影响。

职能权利分配不合理风险：由于我国排球联赛的管理模式是自上而下的，这就造成管理层的权力过大，而参赛主体，也就是俱乐部和球队的话语权很小，几乎不能参与联赛政策制定和核心商务开发。另外排球协会的非实体化也是造成权责利不清的重要因素，排球运动管理中心和排球协会依然是两块牌子、一套人马。排球协会本该是一个自愿组成的民间团体，而非行政管理机构的延伸，是计划经济时期留下来的管理组织，对市场经济主导的联赛职业化运营存在重要影响。

法制是法律和制度的总称，法制在不同国家其内容和形式不尽相同。我国排球联赛的运营也离不开法律的保护和制约，但就目前来看排球联赛的职业化运营存在相关法律指导思想严重滞后风险、相关法律内容不完善风险、相关法律更新完善缓慢风险和相关法律配套法规不健全风险等。

社会环境是排球联赛赖以生存的环境，排球联赛属于竞赛表演业，属于娱乐业的一种，当国内经济环境状况不景气时将直接影响到联赛的正常运营，市场对排球联赛的接受程度以及其他职业赛事对排球联赛的挤压也属于营商环境风险的范畴。另外还有其他赛事对排球联赛的运营存在冲击，如中国篮球职业联赛、中国足球超级联赛等，国内外娱乐竞技性赛事繁多，篮球、足球市场化发展越来越红火，比赛场次逐渐增加，严重挤压排球联赛的市场化空间。排球人口的减少也是联赛运营的一大风险，大众参与排球运动、热爱排球运动是联赛存在于市场的前提，联赛群众关注度的降低直接影响赞助商的赞助，失去赞助商将导致一系列的恶性循环，将严重影响联赛的正常运营。

五 排球项目风险分析

排球项目的特征对联赛的职业化运营也存在一定的影响，排球运动的技术动作难度较高，入门与其他项目相比难度更大，没有长时间的技术练习很难在这项运动中找到乐趣。排球运动属于集体性运动中最要求配合的项目，规则规定每位球员不允许连续两次触球，而且不允许球在手中停留，这就造成运动员在赛场上展示技术动作的时间很短，很难做出像篮球"一条龙"的上篮或足球运动员赏心悦目的盘带动作等，这也就注定了排球项目的明星和偶像的打造较其他项目更为艰难。排球项目属于隔网对抗项目，比赛的激烈程度和对抗性与篮球和足球等项目无法相提并论，给观众带来的视觉冲击相对较小。

赛事竞争失衡风险是排球联赛赛事观赏性下降的一个重要因素，队伍之间的实力差距较大容易造成比赛呈一边倒趋势，使得比赛结果失去偶然性，激烈程度及赛事观赏性也大打折扣，造成观众流失，运动员比赛的锻炼价值降低，对我国排球人才的培养和排球运动的发展极为不利。通过外援引入的情况可以看出，总体上联赛从国外引进的优秀运动员数量不多，且队伍间不均衡，表现为比赛成绩越好的队伍越重视外援引进，比赛成绩越差的队伍引进外援数量越少。

联赛整体的竞技水平低，运动员竞技能力差，技术粗糙，低级失误多，本土优秀运动员数量不足，高水平后备人才匮乏，这就导致比赛乏味无趣，甚至有些场次的比赛整场都看不到几个精彩的回合，男女排联赛均有此类情况的出现，不少场次的观众数量加起来还不如双方队员及啦啦队队员的数量多。比赛时间不可控风险：排球比赛时间的不可控也是联赛市场化运营的一个重大问题，笔者对 2016－2017 赛季的比赛时间进行了统计，最长时间为 174 分钟，最短用时为 65 分钟，比赛时间的不可控性给赛事转播及观众的观赛安排造成巨大困难，也对赛事的媒体推广产生了巨大的影响。

总之，本书通过风险识别共识别出 55 项风险源，分别是高层管理者决策风险，一般管理者决策风险，志愿者管理风险，运营商运营能力风险，赞助商消极赞助风险，媒体支持力度风险，俱乐部非实体化风险，经纪人运作风险，裁判员管理风险，教练员管理风险，运动员管理风险，球迷骚乱风险，球迷素质降低风险，球迷数量减少风险，赞助商数量减少风险，赞助资金减少风险，赞助商撤资风险，门票及衍生品销售风险，赛事包装及推广风险，新媒体版权销售风险，资金预算风险，利益分配风险，相关人员工资待遇风险，场馆位置风险，固有设施风险，临时设施风险，配套设施风险，比赛器材的储存、运输风险，媒体转播信号系统故障风险，鹰眼、LED等故障风险，供电系统风险，空调系统风险，救援交通工具风险，现场医疗设施风险，救援通道风险，灭火器及其他设备风险，恶劣天气影响比赛风险，地震、洪水等灾害风险，瘟疫、传染病等威胁，举国体制风险，联赛机构设置不合理风险，奥运会、全运会体制束缚加剧风险，资源流动机制不畅风险，相关法律指导思想严重滞后风险，相关法律更新完善缓慢风险，相关法律配套法规不健全风险，我国经济发展环境风险，市场对排球联赛接纳度风险，其他赛事挤压排球生存空间风险，技战术入门困难风险，规则限制风险，项目对抗性风险，联赛竞争失衡风险，联赛竞技表演水平降低风险，比赛时间不可控风险。

本章小结

本章主要对中国排球超级联赛运营风险识别进行了研究，首先对风险识别的概念、原则和方法进行了简单介绍，对排球联赛运营风险因素的识别是以历届排球联赛和其他排球赛事出现的风险事件为基础，参考前人关于排球联赛风险管理和赛事风险因素识别等方面的研究成果，结合笔者在中国排球协会排球超级联赛组委会实习期间全程参与和跟踪2017-2018赛季排球联赛的组织和运营过程中发现的问题初步拟定而成。运用专家检查表从风险构成内容与风险呈现形式两个维度对联赛运营存在的风险源进行了全面的识别，风险构成内容维度包括人、财、物、环境和项目，风险呈现形式维度包括显性和隐性。通过专家检查表对各类风险源进行评判，根据专家们提出的建议，对指标进行了多次调整、删减和补充，共识别出55项风险源。

第四章
排球联赛运营风险评估指标体系构建

第一节 排球联赛运营风险评估指标体系的构建理论

一 排球联赛运营风险评估指标体系的构建意义

科学的评估指标体系可以从多视角和多层面反映被评估对象的特征，根据评估目的和任务的需要，可以全面、系统地反映特定评估对象的属性，相对完整且指标之间存在有机联系的评估指标构成评估指标体系。评估指标体系必须真实反映被评估对象的全部或部分特征，能够清晰、准确地描述被评估对象，并获得科学合理的评估结论。因此，科学、合理地选择评估指标和建立评估指标体系是科学评估的关键。

中国排球协会一直以来努力推动排球联赛朝完善的职业联赛方向发展，向职业联盟靠拢，实现职业化、打造职业联盟是排球联赛发展的目标。排球联赛目前的状态，与欧美发达国家的职业联赛或职业联盟还有一定的差距，发展过程中面临着许多风险。本书构建的排球联赛运营风险评估指标体系是为了更加全面、准确地对排球联赛在职业化运营过程中所面临的风险进行评估，尽量实现不遗漏重要的风险指标和不增加多余指标，在此前提下分析各指标的重要性和可操作性。

二 排球联赛运营风险评估指标体系的构建原则

(一) 全面性原则

构建评估指标体系的一个根本目的是所构建的体系能够反映被评估对象的全部或部分特征或属性,这也是验证这一指标系统合理性的必备条件。评估指标体系本身就具有复杂性特征,而排球联赛的运营也是一个多因素交错的过程,所以,在构建排球联赛运营风险评估指标体系时应该从不同角度全面系统地进行考量,在层次结构上确保指标体系的清晰合理,提升评估效果的可靠性。

(二) 科学性原则

在设计评估指标体系的过程中,指标体系的结构选择依据、选择方法和权重确定的过程必须科学、合理和准确,以确保评估结果的真实性和客观性。只有先做到评估指标的科学性,才能谈得上指标体系的合理性和准确性,因此,在整个评估指标体系构建过程中要全程贯彻科学性的原则,提高指标体系结构效度。为提高排球联赛运营风险评估指标体系构建的科学性,本书采用德尔菲法建立我国排球联赛运营风险评估指标体系。

(三) 实践性原则

构建评价事物的评估指标体系是从理论的角度解决实际问题。所以,评估指标体系非常重要的一个特点就是实践性,即实用性和可操作性。排球联赛运营风险评估指标体系的构建,要从以下两个维度来耦合我国排球联赛的需求:横向上必须从赛事运营五大基本要素入手,分别是人、财、物、环境和项目,关注亟须解决的风险问题;纵向上要从显性和隐性两个方面关注已经发生或正在发生的显性风险和风险实际存在但还未发生却随时有可能发生的隐性风险。

三 排球联赛运营风险评估指标体系的构建方法

风险评估指标体系的构建方法众多,本书经过详细对比和甄别,决定采用德尔菲法对排球联赛的运营风险评估指标体系进行构建。德尔菲法是

20世纪40年代初由美国兰德公司的赫尔默（Helmer）和戈登（Gordon）两位学者提出的，其采用匿名的方式通过调查问卷对专家们的意见进行收集和整理。每一轮问卷回收后，汇总后的结果与新问卷再一次一起反馈给专家。请专家以此为参考，然后提出自己的意见，反复执行这一程序，直到专家的意见基本一致，即得到预测结果。因为德尔菲法使用背靠背沟通征求专家意见的方式，它不仅可以集思广益，充分发挥专家的作用，也可防止专家间的意见互相干扰或一些专家碍于某些压力不愿表达不同意见。德尔菲法有4个特点。①隐私性。问卷采用匿名方式，使得专家可以在不受其他专家影响的情况下独立完成问卷，充分表达自己的观点，也不必担心声誉受损。②专业性。采用德尔菲法选出的专家一般都是该领域的理论专家或实践专家，具有扎实的理论基础或丰富的实践经验。③反馈性。该方法一般需要进行2~4轮调查。每次收集专家意见时，需要进行一些简单的统计分析，如均值、标准差、变异系数等，然后将这些统计结果与下一轮的问卷一同发放给专家，让专家以此为参考再进行下一轮的作答。④收敛性。专家的意见可以通过统计方法进行定量处理，在预测过程中经过多轮反馈，专家的预测结果逐渐收敛。

四　排球联赛运营风险评估指标体系的构建过程

本书评估指标体系的构建共分为4个步骤，分别是风险因素的识别、初级指标的筛选与修正、指标再修正与确定和最后各指标的权重确定，构建过程如图4-1所示。

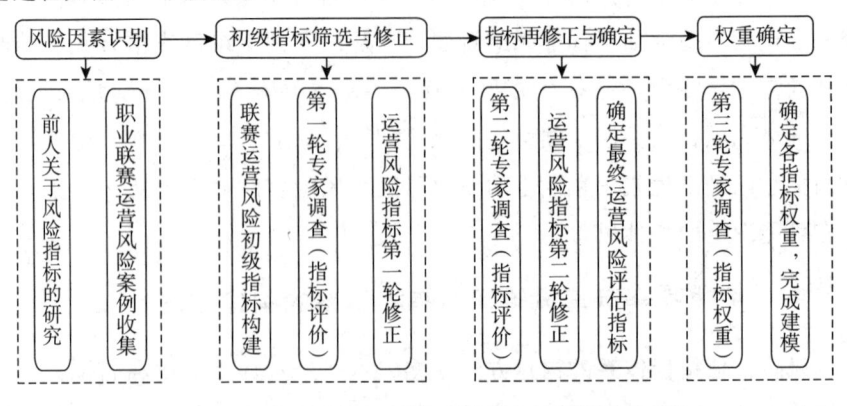

图4-1　排球联赛运营风险评估指标体系的构建过程

第二节 排球联赛运营风险评估指标体系的构建方法

一 运营风险评估指标体系假设

通过专家调查表对各类风险源进行评判，在前人分类研究的基础上，主要根据专家们提出的意见和建议，进行了多次调整后最终形成了我国排球联赛运营风险因素分类表，初步构建了一个由 5 个一级指标、16 个二级指标、55 个三级指标构成的排球联赛运营风险识别框架体系。排球联赛运营风险评估指标体系见表 4-1。

表 4-1 排球联赛运营风险评估指标体系

一级指标	二级指标	三级指标
人员风险	内部管理者风险	高层管理者决策风险
		一般管理者决策风险
		志愿者管理风险
	外部合作者风险	运营商运营能力风险
		赞助商消极赞助风险
		媒体支持力度风险
		俱乐部非实体化风险
		经纪人运作风险
	赛事实现者风险	裁判员管理风险
		教练员管理风险
		运动员管理风险
	赛事消费者风险	球迷骚乱风险
		球迷素质降低风险
		球迷数量减少风险
资金风险	资金筹集风险	赞助商数量减少风险
		赞助资金减少风险
		赞助商撤资风险

续表

一级指标	二级指标	三级指标
资金风险	赛事创收风险	门票及衍生品销售风险
		赛事包装及推广风险
		新媒体版权销售风险
	资金管控风险	资金预算风险
		利益分配风险
		相关人员工资待遇风险
设施风险	场馆建筑风险	场馆位置风险
		固有设施风险
		临时设施风险
		配套设施风险
	赛事设施风险	比赛器材的储存、运输风险
		媒体转播信号系统故障风险
		鹰眼、LED等故障风险
		供电系统风险
		空调系统风险
	救援设施风险	救援交通工具风险
		现场医疗设施风险
		救援通道风险
		灭火器及其他设备风险
环境风险	自然环境风险	恶劣天气影响比赛风险
		地震、洪水等灾害风险
		瘟疫、传染病等威胁
	体制环境风险	举国体制风险
		联赛机构设置不合理风险
		奥运会、全运会体制束缚加剧风险
		资源流动机制不畅风险
	法制环境风险	相关法律指导思想严重滞后风险
		相关法律更新完善缓慢风险
		相关法律配套法规不健全风险

续表

一级指标	二级指标	三级指标
环境风险	社会环境风险	我国经济发展环境风险
		市场对排球联赛接纳度风险
		其他赛事挤压排球生存空间风险
项目风险	技术特征风险	技战术入门困难风险
		规则限制风险
		项目对抗性风险
	联赛自身特征风险	联赛竞争失衡风险
		联赛竞技表演水平降低风险
		比赛时间不可控风险

二 第一轮专家调查问卷

运用专家风险调查表对排球联赛的运营风险因素进行诊断、筛选和补充，初步构建了一个由5个一级指标、16个二级指标、55个三级指标构成的排球联赛运营风险识别框架体系。

三 调查专家的团队构成

专家团队的人员组成是否合理直接决定了所得出结论的效度。专家人数通常根据研究项目的规模和研究需要来确定。人数太少会导致研究的代表性不足；人员过多又会增加调查工作和数据统计处理的难度。一些研究指出，将德尔菲法的咨询专家人数控制在 10~30 人是相对合理的。本着理论研究与实践切合的原则，本书从早期参与专家访谈的专家中选出 13 名专家（见表 4-2），包括排球运动管理中心和排球协会联赛相关管理人员、省市体育局相关领导、体育产业专家、排球运动专家和高校学者等，将其作为德尔菲法调查对象，由于其中有 3 位专家没有及时返还问卷，迫于无奈将其剔除。为提高研究效度，在专家访谈之初，笔者就已经与相关专家进行了深入交流，使专家准确了解本书的目的和意图。

表4-2 德尔菲法专家及基本情况

序号	姓名	工作单位	职务或职称
1	钟1××	中国排球协会、首都体育学院	副主席、校长
2	徐××	中国排球协会、福建省体育局	副主席、局长
3	孙××	中国排球协会	裁判委员会委员
4	吕××	中国排球协会、华力宝公司	副秘书长、总经理
5	田×	中国排球协会、华力宝公司	市场开发部经理
6	吴×	中国排球协会、华力宝公司	贸易部经理
7	孙×	北京体育大学	教授
8	陈××	福建师范大学	教授
9	杨××	首都体育学院	教授
10	薛××	江苏省体育局	江苏男女排原主教练、联赛最佳教练员
11	钟2××	福建师大男排俱乐部	俱乐部负责人
12	董×	体育之窗	联赛商务推广负责人
13	刘1×	西南交通大学	国际级裁判、联赛裁委会副主席

（一）专家积极系数

本书以专家问卷调查表回收的数量与总数量的比值作为专家的积极系数（也即回收率），专家调查表回收率直接反映着专家的支持度和关心程度，回收率越高支持度和关心程度就越高。表4-3列出了两次专家咨询的积极系数。

表4-3 专家的积极系数统计

单位：份，%

轮次	问卷发放数量	问卷回收数量	回收率
第一轮	13	11	84.6
第二轮	11	10	90.9

（二）专家权威程度

专家的权威程度直接决定了评估结果的可靠性，本着科学合理的原则，本书在评估之前，对各位专家的权威程度进行问卷调查，权威程度通过熟悉程度和判断依据两个维度体现。专家对问题的熟悉程度分为很不熟悉、较不熟悉、一般、较熟悉、熟悉和很熟悉6个等级。专家评判的依据有以下4个方面，分别是实践经验、理论分析、国内外同行的了解和直觉。判断系数表明判断依据对专家的影响程度，当判断系数总和分别为1.0、0.8、0.6时，表明判断依据对专家的影响程度分别对应为很大、中等、较小。专家对指标的熟悉程度和判断依据量化值见表4-4和表4-5。专家权威程度通过专家对指标的熟悉程度和专家判断系数的算术平均数来体现。

表4-4 专家对指标的熟悉程度量化

熟悉程度	量化值
很不熟悉	0.0
较不熟悉	0.1
一般	0.3
较熟悉	0.5
熟悉	0.7
很熟悉	0.9

表4-5 专家对指标的判断依据量化

判断依据	对专家判断的影响程度		
	很大	中等	较小
实践经验	0.5	0.4	0.3
理论分析	0.3	0.2	0.1
同行了解	0.1	0.1	0.1
直觉	0.1	0.1	0.1

对专家权威程度进行调查（见附录3），依据表4-4、表4-5的量化值，统计专家调查结果，用算术平均数分别代表专家对一级指标的熟悉程度（见表4-6）、判断系数（见表4-7）和专家权威程度（见表4-8）。

表4-6 专家对指标的熟悉程度

一级指标	熟悉程度										
	1	2	3	4	5	6	7	8	9	10	均值
人员风险	0.9	0.9	0.9	0.9	0.9	0.7	0.9	0.9	0.9	0.9	0.88
资金风险	0.9	0.9	0.9	0.9	0.5	0.9	0.9	0.9	0.7	0.9	0.84
设施风险	0.7	0.9	0.9	0.9	0.9	0.9	0.9	0.9	0.9	0.9	0.88
环境风险	0.9	0.9	0.7	0.9	0.7	0.9	0.9	0.9	0.9	0.9	0.86
项目风险	0.9	0.9	0.9	0.9	0.9	0.9	0.9	0.9	0.9	0.9	0.90

表4-7 专家的判断系数

一级指标	实践经验	理论分析	同行了解	直觉	合计
人员风险	0.48	0.22	0.10	0.10	0.90
资金风险	0.46	0.24	0.10	0.10	0.90
设施风险	0.49	0.23	0.10	0.10	0.92
环境风险	0.50	0.24	0.10	0.10	0.94
项目风险	0.48	0.26	0.10	0.10	0.94

表4-8 专家的权威程度

一级指标	熟悉程度	判断系数	权威程度
人员风险	0.88	0.90	0.89
资金风险	0.84	0.90	0.87
设施风险	0.88	0.92	0.90
环境风险	0.86	0.94	0.90
项目风险	0.90	0.94	0.92

（三）变异系数

变异系数是标准差与均值的比值，是衡量研究中各观测值变异程度的统计量。变异系数能够反映单位均值上的离散程度，变异系数≥0.25时，表明专家评价结果的变异性与离散度偏大。变异系数的计算公式是标准差除以均值,变异系数的数值越小表明专家评价结果的分散程度越小,一般认为变异系数≥0.25,该指标的协调程度不足。

(四)专家咨询协调系数

专家意见的协调程度是用专家对每项指标的评价是否存在较大的分歧表示的,同时也是衡量专家咨询结果可信度的重要指标。本书采用了肯德尔和谐系数来反映专家意见的协调程度,记为 W,见表4-9。肯德尔和谐系数是计算多个等级变量相关程度的一种相关量,适用于数据资料是多列相关的等级资料,即可用 m 个评分者评 n 个对象,也可以是同一个人先后 k 次评 n 个对象。W 代表 m 个专家对 n 个指标的判断依据的协调程度,其值介于0和1之间,协调系数越大代表专家协调程度越高(计算过程略)。

通过对各级指标的重要性和可操作性的分析发现,在重要性方面,χ^2 检验的 p 值均小于0.05;在可操作性方面,三级指标在两轮专家调查中 p 值均小于0.05(见表4-9)。通过以上分析可知,专家意见较为协调一致,具有统计学意义。

表4-9 各级指标专家协调系数及 χ^2 检验

指标	指标重要性				指标可操作性			
	第一轮		第二轮		第一轮		第二轮	
	协调系数	χ^2	协调系数	χ^2	协调系数	χ^2	协调系数	χ^2
一级指标	0.492	19.676*	0.458	18.310*	0.180	7.189	0.430	17.217*
二级指标	0.370	55.444*	0.408	61.244*	0.329	49.322*	0.341	51.119
三级指标	0.313	169.105*	0.289	155.987*	0.213	115.056*	0.510	275.208*

注:*表示 p<0.05。

四 第一轮专家调查结果

从重要性和可操作性2个维度进行评分,各维度均分为5个等级,即很好、较好、一般、较差、很差,请专家对每个评估指标进行评价,并把以上5个等级分别量化为9、7、5、3、1,第一轮专家咨询问卷见附录4。对所获得的数据进行统计分析,计算得出数据的均值、标准差和变异系数。均值代表专家意见的集中程度,数值越大,说明指标的重要性越强,可操作性越好;变异系数代表专家组对同一指标判断意见的协调程度,数值越小表示专家组对该指标判断意见的协调程度越高,第一轮专家咨询结果见表4-10。

表4-10 第一轮专家咨询结果

序号	指标名称	重要性 均值	重要性 标准差	重要性 变异系数	可操作性 均值	可操作性 标准差	可操作性 变异系数
1	人员风险	8.6	0.80	0.09	8.0	1.28	0.16
2	资金风险	7.0	0.89	0.13	7.4	1.14	0.15
3	设施风险	6.2	1.60	0.26	6.6	1.66	0.25
4	环境风险	8.6	0.80	0.09	8.2	0.93	0.11
5	项目风险	7.4	1.20	0.16	7.4	1.14	0.15
1.1	内部管理者风险	7.8	0.98	0.13	7.8	0.93	0.12
1.2	外部合作者风险	7.2	0.60	0.08	7.2	0.57	0.08
1.3	赛事实现者风险	8.2	1.33	0.16	8.2	1.26	0.15
1.4	赛事消费者风险	6.8	0.60	0.09	6.8	0.57	0.08
2.1	资金筹集风险	8.4	0.92	0.11	8.2	1.26	0.15
2.2	赛事创收风险	7.8	1.33	0.17	8.0	0.95	0.12
2.3	资金管控风险	6.0	1.34	0.22	6.2	1.53	0.25
3.1	场馆建筑风险	5.8	1.60	0.28	5.8	1.53	0.26
3.2	赛事设施风险	7.2	1.08	0.15	7.2	1.03	0.14
3.3	救援设施风险	6.2	0.98	0.16	6.6	1.14	0.17
4.1	自然环境风险	4.6	2.15	0.47	4.6	2.05	0.45
4.2	体制环境风险	7.8	0.98	0.13	7.4	1.14	0.15
4.3	法制环境风险	7.2	1.40	0.19	7.2	1.33	0.18
4.4	社会环境风险	7.0	1.26	0.18	7.6	1.22	0.16
5.1	技术特征风险	6.8	1.08	0.16	6.8	1.33	0.20

续表

序号	指标名称	重要性 均值	重要性 标准差	重要性 变异系数	可操作性 均值	可操作性 标准差	可操作性 变异系数
5.2	联赛自身特征风险	7.0	0.89	0.13	6.6	0.76	0.12
1.1.1	高层管理者决策风险	7.4	1.20	0.16	7.4	1.14	0.15
1.1.2	一般管理者决策风险	6.8	1.66	0.24	6.6	1.66	0.25
1.1.3	志愿者管理风险	6.4	1.28	0.20	6.6	1.43	0.22
1.2.1	运营商运营能力风险	7.6	0.92	0.12	6.4	1.49	0.23
1.2.2	赞助商消极赞助风险	8.2	0.98	0.12	7.4	1.43	0.19
1.2.3	媒体支持力度风险	7.8	0.98	0.13	7.4	1.43	0.19
1.2.4	俱乐部非实体化风险	9.0	0.00	0.00	8.8	0.57	0.06
1.2.5	经纪人运作风险	7.6	0.92	0.12	7.6	0.87	0.11
1.3.1	裁判员管理风险	7.2	1.08	0.15	6.8	1.33	0.20
1.3.2	教练员管理风险	6.0	2.05	0.34	6.0	1.95	0.33
1.3.3	运动员管理风险	7.8	0.98	0.13	7.8	1.26	0.16
1.4.1	球迷骚乱风险	6.6	1.50	0.23	6.4	1.49	0.23
1.4.2	球迷素质降低风险	6.4	1.28	0.20	6.6	1.66	0.25
1.4.3	球迷数量减少风险	8.2	0.98	0.12	8.2	0.93	0.11
2.1.1	赞助商数量减少风险	6.6	1.50	0.23	6.4	1.49	0.23
2.1.2	赞助资金减少风险	6.6	1.50	0.23	6.6	1.43	0.22
2.1.3	赞助商撤资风险	7.6	0.92	0.12	7.4	1.14	0.15
2.2.1	门票及衍生品销售风险	7.6	0.92	0.12	7.4	1.14	0.15
2.2.2	赛事包装及推广风险	7.4	0.80	0.11	7.4	0.76	0.10
2.2.3	新媒体版权销售风险	7.6	0.92	0.12	7.0	1.21	0.17
2.3.1	资金预算风险	6.2	1.33	0.21	6.6	1.66	0.25
2.3.2	利益分配风险	7.4	0.80	0.11	7.6	0.87	0.11
2.3.3	相关人员工资待遇风险	7.2	1.66	0.23	7.0	1.48	0.21
3.1.1	场馆位置风险	6.2	1.33	0.21	6.8	1.58	0.23
3.1.2	固有设施风险	6.6	1.50	0.23	6.6	1.43	0.22
3.1.3	临时设施风险	7.2	0.60	0.08	7.0	0.85	0.12
3.1.4	配套设施风险	6.4	1.80	0.28	6.6	1.87	0.28

续表

序号	指标名称	重要性 均值	重要性 标准差	重要性 变异系数	可操作性 均值	可操作性 标准差	可操作性 变异系数
3.2.1	比赛器材的储存、运输风险	6.4	1.80	0.28	6.2	1.75	0.28
3.2.2	媒体转播信号系统故障风险	6.6	1.50	0.23	6.4	1.49	0.23
3.2.3	鹰眼、LED等故障风险	8.0	1.00	0.13	8.0	0.95	0.12
3.2.4	供电系统风险	6.8	1.08	0.16	6.6	1.14	0.17
3.2.5	空调系统风险	7.0	1.26	0.18	7.2	1.33	0.18
3.3.1	救援交通工具风险	6.8	1.08	0.16	6.8	1.03	0.15
3.3.2	现场医疗设施风险	6.2	1.33	0.21	6.4	1.72	0.27
3.3.3	救援通道风险	6.6	1.50	0.23	6.6	1.43	0.22
3.3.4	灭火器及其他设备风险	7.4	0.80	0.11	7.6	0.87	0.11
4.1.1	恶劣天气影响比赛风险	7.0	0.89	0.13	7.0	0.85	0.12
4.1.2	地震、洪水等灾害风险	7.2	1.08	0.15	7.2	1.03	0.14
4.1.3	瘟疫、传染病等威胁	7.0	0.89	0.13	6.8	1.03	0.15
4.2.1	举国体制风险	5.8	1.83	0.32	6.4	1.72	0.27
4.2.2	联赛机构设置不合理风险	7.6	0.92	0.12	7.4	1.14	0.15
4.2.3	奥运会、全运会体制束缚加剧风险	7.6	0.92	0.12	7.6	0.87	0.11
4.2.4	资源流动机制不畅风险	8.2	0.98	0.12	8.0	1.28	0.16
4.3.1	相关法律指导思想严重滞后风险	7.8	0.98	0.13	7.8	0.93	0.12
4.3.2	相关法律更新完善缓慢风险	7.0	0.89	0.13	7.2	1.03	0.14
4.3.3	相关法律配套法规不健全风险	6.6	0.80	0.12	6.4	0.87	0.14
4.4.1	我国经济发展环境风险	6.6	0.80	0.12	6.4	0.87	0.14
4.4.2	市场对排球联赛接纳度风险	7.4	0.80	0.11	7.0	0.85	0.12
4.4.3	其他赛事挤压排球生存空间风险	6.8	1.08	0.16	6.4	0.87	0.14
5.1.1	技战术入门困难风险	6.8	0.60	0.09	6.8	0.57	0.08
5.1.2	规则限制风险	6.6	0.80	0.12	6.4	0.87	0.14
5.1.3	项目对抗性风险	7.6	0.92	0.12	7.2	1.03	0.14
5.2.1	联赛竞争失衡风险	8.6	0.80	0.09	8.2	0.93	0.11
5.2.2	联赛竞技表演水平降低风险	7.6	0.92	0.12	7.6	0.87	0.11
5.2.3	比赛时间不可控风险	7.6	0.92	0.12	7.6	0.87	0.11

本章初步评估指标体系是建立在大量文献资料、专家访谈和实地考察基础上的，在专家访谈过程中，结合了国内外本领域的研究成果，向被访谈专家做了介绍并进行了针对性的交流。访谈中针对"影响我国排球联赛实现职业化的运营风险"这一构建风险识别框架与评估指标体系的重要性问题，与被访谈专家进行了深入、广泛的交流，为评估指标体系的第一轮专家咨询问卷的制定奠定了基础。在对第一轮专家调查问卷结果进行统计处理之后，依据每项指标的重要性及可操作性，并结合专家访谈中不同专家所给出的建议，对风险评价指标体系做如下修改。

第一，二级指标"1.3赛事实现者风险"改为"比赛实现者风险"，专家认为比赛实现者更能准确表达该风险的含义，因为赛事实现者包括的范围和主体较多，无法准确表达教练员、运动员和裁判员这三者为赛事最直接实现者的身份。

第二，二级指标"4.1自然环境风险"和"4.4社会环境风险"合并为"营商环境风险"更为贴切。

第三，二级指标"5.1技术特征风险"表达较为笼统，容易产生歧义，故把"技术特征风险"改为"项目特征风险"。

第四，三级指标"1.1.1高层管理者决策风险"改为"排球协会决策风险"，高层管理者较为模糊，不能清晰地表达该风险的主体。其实，排球联赛的运营权、归属权绝大多数是由排球协会分配和管理，排球协会就基本可以代表联赛的高层管理者，因此，把高层管理者直接改为排球协会。

第五，三级指标"1.1.2一般管理者决策风险"表述过于笼统，改为"省市体育局管理风险"。

第六，三级指标"1.2.4俱乐部非实体化风险"表述不够细化，直接改为"俱乐部商务运营风险"；"1.2.2赞助商消极赞助风险"改为"赞助商赞助能力风险"。"1.3.3运动员管理风险"改为"高水平后备人才培养风险"。

第七，三级指标"1.4.2球迷素质降低风险"与"1.4.1球迷骚乱风险"存在交叉，两者均与球迷管理有关，故将此两项指标合并为"球迷管理风险"。

第八，三级指标"2.1.2 赞助资金减少风险"包含"2.1.3 赞助商撤资风险"，故删掉"2.1.3 赞助商撤资风险"。

第九，三级指标"2.2.1 门票及衍生品销售风险"改为"门票销售风险"，有专家认为联赛衍生品销售目前几乎处在萌芽阶段，还未成为联赛资金来源的重要组成部分，因此它的销售状况还不能作为联赛运营的风险。

第十，三级指标"3.1.1 场馆位置风险"有画蛇添足之嫌，因为中国排球协会已经针对球馆选址进行了详细严格的规定，且在联赛开始之前报告审批，故删除该指标。

第十一，三级指标"3.2.4 供电系统风险"和"3.2.5 空调系统风险"与三级指标"3.1.4 配套设施风险"存在交叉，有专家提出不应该把"3.2.4 供电系统风险"和"3.2.5 空调系统风险"单独列出，故删去二者。

第十二，三级指标"3.3.3 救援通道风险"与"3.1.4 配套设施风险"存在交叉，故删去此处的救援通道风险。

第十三，三级指标"4.2.1 举国体制风险"，多位专家提出举国体制是我国体育事业的根基，且对我国体育事业的发展具有巨大积极作用，不应该作为风险因素进行评判和分析，故删去该指标。

第十四，三级指标"5.1.2 规则限制风险"与"5.1.1 技战术入门困难风险"存在一定交叉，且比赛场地对排球比赛的体育展示存在影响，故将规则限制风险改为"场地限制风险"。

第十五，三级指标"4.1.1 恶劣天气影响比赛风险""4.1.2 地震、洪水等灾害风险""4.1.3 瘟疫、传染病等威胁"均属于环境不可抗拒风险，专家建议把这三个三级指标合并成一个，即"4.1.1 环境不可抗拒风险"。

第十六，个别指标的措辞也进行了调整，在此不一一列出。

五　第二轮专家调查结果

经过对调查问卷结果的统计处理，结合专家的建议并反复推敲，制成第二轮专家调查问卷，共包含 5 个一级指标、15 个二级指标和 45 个三级指标（见附录5），同时将第一轮评价指标调查结果的均值、标准差、变异系数的统计结果反馈给专家，并把评估指标体系的调整情况、调整依据以及需要做出说明的个别指标反馈给专家。设定指标重要性、可操作性的量化分值范围为1~10分，以使专家对各项评估指标的判断更为精准。请专家对调整后的评估指标进行再次评价。使用 Excel 2016 软件计算其重要性和可操作性的均值、标准差和变异系数，第二轮专家咨询结果见表4-11。

表4-11 第二轮专家咨询结果

序号	指标名称	重要性 均值	重要性 标准差	重要性 变异系数	可操作性 均值	可操作性 标准差	可操作性 变异系数
1	人员风险	8.7	0.46	0.05	8.7	0.46	0.05
2	资金风险	8.0	0.63	0.08	8.1	0.70	0.09
3	设施风险	7.1	1.04	0.15	7.1	1.04	0.15
4	环境风险	7.2	0.87	0.12	8.0	0.63	0.08
5	项目风险	7.9	0.70	0.09	7.8	0.75	0.10
1.1	内部管理者风险	7.9	0.83	0.11	8.1	0.94	0.12
1.2	外部合作者风险	8.0	0.63	0.08	7.7	0.78	0.10
1.3	比赛实现者风险	8.7	0.64	0.07	7.5	1.36	0.18
1.4	赛事消费者风险	6.0	1.00	0.17	5.6	1.69	0.30
2.1	资金筹集风险	7.7	0.90	0.12	7.8	1.25	0.16
2.2	赛事创收风险	8.1	0.94	0.12	7.7	1.27	0.16
2.3	资金管控风险	7.2	0.75	0.10	6.2	1.66	0.27
3.1	场馆建筑风险	6.8	1.17	0.17	6.8	0.75	0.11
3.2	赛事设施风险	6.9	0.30	0.04	6.7	0.90	0.13
3.3	救援设施风险	7.1	0.70	0.10	7.1	0.70	0.10
4.1	营商环境风险	7.3	0.64	0.09	8.0	0.89	0.11
4.2	体制环境风险	6.9	0.30	0.04	7.6	0.92	0.12
4.3	法制环境风险	7.1	0.70	0.10	6.8	0.75	0.11

续表

序号	指标名称	重要性 均值	重要性 标准差	重要性 变异系数	可操作性 均值	可操作性 标准差	可操作性 变异系数
5.1	项目特征风险	7.1	0.83	0.12	6.2	0.40	0.06
5.2	联赛自身特征风险	7.0	0.77	0.11	7.3	1.00	0.14
1.1.1	排球协会决策风险	7.1	0.83	0.12	8.0	1.18	0.15
1.1.2	省市体育局管理风险	7.2	0.40	0.06	6.0	0.89	0.15
1.1.3	志愿者管理风险	6.8	0.75	0.11	6.0	0.89	0.15
1.2.1	运营商运营能力风险	7.2	0.40	0.06	7.4	1.02	0.14
1.2.2	赞助商赞助能力风险	7.7	0.64	0.08	8.1	0.70	0.09
1.2.3	媒体支持力度风险	7.5	0.50	0.07	8.7	1.10	0.13
1.2.4	俱乐部商务运营风险	8.4	0.49	0.06	9.0	0.63	0.07
1.2.5	经纪人运作风险	6.3	1.49	0.24	6.5	0.50	0.08
1.3.1	裁判员管理风险	7.0	1.18	0.17	6.5	0.50	0.08
1.3.2	教练员管理风险	6.5	0.81	0.12	6.6	0.66	0.10
1.3.3	高水平后备人才培养风险	8.3	0.78	0.09	7.5	1.28	0.17
1.4.1	球迷管理风险	6.7	0.64	0.10	7.1	0.94	0.13
1.4.2	球迷数量减少风险	6.4	0.66	0.10	8.4	0.66	0.08
2.1.1	赞助商数量减少风险	7.4	0.49	0.07	8.7	0.46	0.05
2.1.2	赞助资金减少风险	8.0	1.10	0.14	5.9	1.51	0.26
2.2.1	门票销售风险	7.9	0.94	0.12	8.4	0.49	0.06
2.2.2	赛事包装风险	7.3	0.78	0.11	7.4	0.66	0.09
2.2.3	赛事IP销售风险	7.7	0.78	0.11	7.6	0.92	0.12
2.3.1	资金预算风险	7.1	1.97	0.28	6.4	0.49	0.08
2.3.2	利益分配风险	7.1	0.70	0.10	6.1	0.30	0.05
2.3.3	相关人员工资待遇风险	7.9	0.94	0.12	6.1	0.30	0.05
3.1.1	固有设施风险	6.3	1.10	0.17	6.1	0.30	0.05
3.1.2	临时设施风险	6.8	0.98	0.14	6.1	0.30	0.05
3.1.3	配套设施风险	6.4	0.80	0.13	6.1	0.30	0.05
3.2.1	比赛器材储存、运输风险	6.9	0.54	0.08	6.8	0.87	0.13
3.2.2	媒体转播信号故障风险	7.2	0.87	0.12	6.2	0.87	0.14

续表

序号	指标名称	重要性 均值	重要性 标准差	重要性 变异系数	可操作性 均值	可操作性 标准差	可操作性 变异系数
3.2.3	鹰眼、LED等故障风险	7.2	1.60	0.22	8.1	0.94	0.12
3.3.1	救援交通工具风险	7.0	1.73	0.25	7.3	0.90	0.12
3.3.2	现场医疗设施风险	6.9	1.04	0.15	6.9	1.04	0.15
3.3.3	灭火器及其他设备风险	7.3	0.64	0.09	6.6	1.02	0.15
4.1.1	环境不可抗拒风险	6.3	0.78	0.12	6.9	0.94	0.14
4.1.2	市场对排球联赛认可风险	6.6	1.11	0.17	6.9	0.94	0.14
4.1.3	其他赛事挤压排球生存空间风险	7.3	1.19	0.16	7.5	0.92	0.12
4.2.1	联赛机构运行机制风险	6.7	1.00	0.15	7.1	0.94	0.13
4.2.2	奥运会、全运会体制束缚加剧风险	7.6	0.66	0.09	7.5	0.92	0.12
4.2.3	资源流动机制不畅风险	7.8	0.75	0.10	6.3	0.90	0.14
4.3.1	相关法律指导思想滞后风险	6.8	0.87	0.13	6.2	0.87	0.14
4.3.2	相关法律内容不完善风险	6.9	0.83	0.12	6.3	0.46	0.07
4.3.3	相关法律配套法规不健全风险	7.2	1.47	0.20	6.9	0.94	0.14
5.1.1	技战术入门困难风险	7.1	1.45	0.20	6.7	0.78	0.12
5.1.2	场地限制风险	6.0	1.55	0.26	8.4	0.49	0.06
5.1.3	项目对抗性风险	6.4	0.66	0.10	6.7	0.64	0.10
5.2.1	联赛竞争失衡风险	8.6	0.80	0.09	8.2	0.93	0.11
5.2.2	联赛竞技表演水平降低风险	7.6	0.92	0.12	7.6	0.87	0.11
5.2.3	比赛时间不可控风险	7.6	0.92	0.12	7.6	0.87	0.11

六 第三轮专家调查结果

笔者在第二轮排球联赛运营风险评估指标体系完成后，进行了第三轮的专家调查，由于专家均没有提出实质性的修改意见，仅有两位专家对个别指标名称的准确性提出了建议，故本章略去了第三轮的具体内容及修改情况。通过对专家调查所获数据进行数理统计分析及检验，专家意见有较好的一致性，最终形成了由5个一级指标、15个二级指标、45个三级指标构成的排球联赛运营风险评估指标体系。

七 运营风险评估指标体系

通过前文的研究,本章最终得出了排球联赛运营风险评估指标体系(见表 4-12)。

表 4-12 排球联赛运营风险评估指标体系

一级指标	二级指标	三级指标
A1 人员风险	B1 内部管理者风险	C1 排球协会决策风险
		C2 省市体育局管理风险
		C3 志愿者管理风险
	B2 外部合作者风险	C4 运营商运营能力风险
		C5 赞助商赞助能力风险
		C6 媒体支持力度风险
		C7 俱乐部商务运营风险
		C8 经纪人运作风险
	B3 比赛实现者风险	C9 裁判员管理风险
		C10 教练员管理风险
		C11 后备人才培养风险
	B4 赛事消费者风险	C12 球迷管理风险
		C13 球迷数量减少风险
A2 资金风险	B5 资金筹集风险	C14 赞助商数量减少风险
		C15 赞助资金减少风险
	B6 赛事创收风险	C16 门票销售风险
		C17 赛事包装风险
		C18 赛事 IP 销售风险
	B7 资金管控风险	C19 资金预算风险
		C20 利益分配风险
		C21 一般人员工资待遇风险
A3 设施风险	B8 场馆建筑风险	C22 固有设施风险
		C23 临时设施风险
		C24 配套设施风险

续表

一级指标	二级指标	三级指标
A3 设施风险	B9 赛事设施风险	C25 比赛器材储存、运输风险
		C26 媒体转播信号故障风险
		C27 鹰眼、LED等故障风险
	B10 救援设施风险	C28 救援交通工具风险
		C29 现场医疗设施风险
		C30 其他设备风险
A4 环境风险	B11 营商环境风险	C31 环境不可抗拒风险
		C32 市场接受度风险
		C33 其他赛事挤压风险
	B12 体制环境风险	C34 联赛机构运行机制不畅风险
		C35 体制束缚加剧风险
		C36 俱乐部运行机制不畅风险
	B13 法制环境风险	C37 相关法律指导思想滞后风险
		C38 相关法律内容全面性风险
		C39 相关法律配套法规适用性风险
A5 项目风险	B14 项目特征风险	C40 技战术入门困难风险
		C41 比赛场地限制风险
		C42 项目隔网对抗性风险
	B15 联赛自身特征风险	C43 联赛竞争失衡风险
		C44 联赛竞技表演水平降低风险
		C45 比赛时间不可控风险

八 评估指标解析

经过对排球联赛运营风险评估指标两轮的专家咨询，最终确立了一个由5个一级指标、15个二级指标、45个三级指标构成的排球联赛运营风险评估指标体系。以下从5个一级指标的二级指标构成进行简要分析，然后通过表格的形式对45个三级指标的含义进行详细阐述。

首先，一级指标有5个，分别是人员风险、资金风险、设施风险、环境风险和项目风险。

1. 人员风险

通过分析排球联赛不同的参与主体，把联赛的相关人员分为四大类，分别是内部管理者、外部合作者、比赛实现者和赛事消费者。内部管理者主要包括排球协会管理人员，他们对排球联赛的管理大到发展方向、发展策略、运营商的选择，小到赛制的确定、运动员流动的规则，他们决策的科学性和前瞻性对联赛的运营起到至关重要的作用。一般内部管理者包括各省市体育局相关领导、排球俱乐部管理人员，他们对排球联赛的管理和运营、对联赛的规格和层次具有决定作用。最贴近赛事的内部管理风险来自志愿者的管理风险，每项赛事都离不开志愿者的服务，他们可以使整个赛事更加流畅和饱满，主要包括志愿者的招募、培训和管理等风险。外部合作者是指不直接生产赛事，但能对赛事进行全方位的推广和传播的外界力量，包括运营商、赞助商、媒体和经纪人等。比赛实现者是赛事得以实现的最核心人员，包括教练员、运动员和裁判员，其风险指他们在赛场往返过程中的安全、食宿等方面存在的风险。教练员的执教能力、职业化思维，运动员的竞技水平，高水平后备人才的培养，裁判员的公平公正、形象气质和控制比赛的能力以及道德水准都会直接影响到赛事的运营。赛事消费者是赛事运营的最终目标和对象，现场球迷骚乱、球迷素质降低和球迷数量减少是主要运营风险。

2. 资金风险

资金是保证联赛正常运营的基础，也是联赛运营的重要目标，经济基础决定上层建筑，排球联赛的资金可以分为 3 个部分，即资金的筹集、创收和管控，因此其面临的风险主要包括资金筹集风险、赛事创收风险和资金管控风险。资金筹集风险是目前排球联赛主要的收入来源风险，主要包括赞助商数量减少风险和赞助资金减少风险。赛事创收风险是指影响排球联赛收入增加的风险，主要有门票销售不畅、赛事包装效果差以及赛事 IP 销售不景气等。资金管控风险包括资金预算不合理、利益分配不公平、一般人员的工资待遇差等，一般人员包括俱乐部人员、教练员、运动员、裁判员以及其他相关人员。

3. 设施风险

设施是一切活动开展的前提，完善科学的硬件设施是联赛得以正常开展和运营的基本保障，排球联赛的设施风险主要包括场馆建筑风险、赛事设施风险和救援设施风险3个方面。场馆建筑包括固有设施如场馆的地理位置、硬件条件等，临时设施包括临时搭建的看台、广告宣传栏、临时铺设的电线等，配套设施风险包括空调、网络等有可能在比赛过程中发生故障的风险。赛事设施风险是指与比赛有直接关联的设施存在的风险，主要包括比赛器材如塑胶场地、球柱球网和球的储存，以及运输过程中产生的风险，媒体转播信号故障风险，鹰眼、LED等故障风险；风险事故发生后的救援设施存在的风险，如救援交通工具救护车、担架等是否能及时到位的风险；现场应急医疗设施风险以及灭火器及其他基本设备存在的风险。这些风险的存在会影响赛事的正常进行，对赛事的正常运营构成了直接的威胁。

4. 环境风险

环境是组织赖以生存的基本条件，排球联赛运营所面临的风险主要包括营商环境风险、体制环境风险和法制环境风险。营商环境风险包括基本的不可抗拒风险如地震、洪水等自然灾害，还有市场对排球联赛的认可风险，排球联赛群众基础差、关注度低，直接导致市场对其认可度存在不确定性，同时其他赛事挤压排球生存空间，如国内的篮球、足球职业联赛和国外成熟的职业联赛等对其产生冲击。我国职业体育发展的体制环境也是排球联赛职业化运营的一个风险点，如联赛机构不职业化造成运行机制不能市场化的风险，奥运会、全运会体制束缚和联赛各俱乐部体制不健全等体制风险。第三个是法制环境风险，主要包括相关法律指导思想滞后、相关法律内容不完善和相关法律配套法规不健全所产生的风险，有法可依是联赛市场化发展的根基也是保障利益的基石。

5. 项目风险

项目风险是指排球这项运动的特征、排球联赛的特征等存在的风险，主要是凸显排球这项运动的特殊性，主要包括项目特征风险、联赛自身特征风险。项目特征风险包括技战术入门困难风险、比赛场地限制风险和项目隔网对抗性风险。排球联赛的特征风险包括联赛竞争失衡风险、联赛竞技表演水平降低风险和比赛时间不可控风险。

其次，三级指标共有45个，以下是对各三级指标含义进行的解析，详见表 4-13。

表 4-13　排球联赛运营风险评估指标体系三级指标解析

一级指标	三级指标	相关说明
人员风险	排球协会决策风险	排球协会作为排球联赛的主管单位，在赛制制定、商务推广伙伴选择、相关资源配置和流动等方面进行决策存在的风险
	省市体育局管理风险	指省市体育局联赛相关负责人等具体事务的负责人在管理过程中存在的风险
	志愿者管理风险	指志愿者招募、培训及组织管理等方面存在的风险
	运营商运营能力风险	运营商运营能力指运营商募集社会资源，谋求各方支持实现商业化运营的能力
	赞助商赞助能力风险	包括赞助商的整体实力、社会形象，赞助物品的种类、数量和质量以及持续赞助赛事的能力等方面的风险
	媒体支持力度风险	指媒体对赛事的曝光率，直播、录播的频率，以及正面、中性和负面报道的概率等方面的风险
	俱乐部商务运营风险	俱乐部作为独立的经济实体，利用手中的联赛资源进行市场开拓、商务洽谈存在的风险
	经纪人运作风险	经纪人对联赛资源包括教练员、运动员及其他相关资源进行经纪运作所存在的风险
	裁判员管理风险	裁判员参与赌球、假球、黑哨以及自身执裁能力低、形象气质和市场化思维不足等风险
	教练员管理风险	教练员管理水平低、技战术理念陈旧、市场化思维不足以及对运动员的保护不到位等风险
	后备人才培养风险	涉及运动员技战术水平、伤病、文化素养、转会、待遇等风险
	球迷管理风险	在比赛的赛前、赛中和赛后因为球迷的不理智对球员身心、赛事形象和比赛的正常进行存在影响的球迷骚乱风险
	球迷数量减少风险	现场球迷及观看电视直播和网络转播球迷数量减少风险
资金风险	赞助商数量减少风险	有意愿以及最后完成赞助的企业总数减少风险
	赞助资金减少风险	赛事赞助资金减少风险主要包括赞助商撤资、赞助金额与赞助物资比重降低等风险
	门票销售风险	指门票销售不畅、票务管理混乱等导致销售困难的风险
	赛事包装风险	除往年常规盈利途径外，盈利方式拓展不利，如赛事衍生品等对赛事创收产生影响

续表

一级指标	三级指标	相关说明
资金风险	赛事 IP 销售风险	赛事新媒体版权销售方式是否合理以及销售结果能否达到理想效果等风险
	资金预算风险	赛事运作资金的预算失误风险,该多做预算的做少了,不该做的做多了等,未能将资金投入最该优先解决的问题上,导致投资效率降低等风险
	利益分配风险	联赛总体收入在排球协会与俱乐部之间、俱乐部与俱乐部之间的分配不合理等风险
	一般人员工资待遇风险	基层工作人员的工资待遇与实际付出不匹配等风险
设施风险	固有设施风险	固定的建筑、座椅、显示屏等设施存在的风险
	临时设施风险	临时搭建的比赛场地、球柱、观众席、电线插板以及临时粘贴的标语及宣传材料等存在的风险
	配套设施风险	停车场、消防设施、饮用水及食物等配套设施存在的风险
	比赛器材储存、运输风险	比赛场地的地胶、球柱、球网、比赛用球、换人牌等比赛相关器材在储存和运输过程中存在损耗的风险
	媒体转播信号故障风险	电视台或网络多媒体等在直播过程中因为信号出现故障或者其他原因导致转播信号中断或者收看效果差的风险
	鹰眼、LED 等故障风险	鹰眼中断比赛的时间过长、视频模糊,LED 在比赛中出现黑屏、乱码等影响比赛直播效果和赞助商满意度的风险
	救援交通工具风险	赛事参与者出现受伤或者其他紧急情况需送往相应地点开展救助时的交通工具及路线不能安排妥当的风险
	现场医疗设施风险	运动员急性受伤急需现场救助的医护人员以及医疗设施是否齐全的风险
	其他设备风险	赛场内突然停电或者失火等风险
环境风险	环境不可抗拒风险	狂风暴雨等恶劣天气影响运动员、裁判员及观众参与比赛的风险;巨大自然灾害威胁场馆安全,被迫停止比赛的风险;严重的传染病影响赛事及其相关活动的正常开展的风险
	市场接受度风险	排球虽在中国有较大影响力,但其群众基础和市场开发状况不容乐观,市场对其进行职业化发展可能存在准备不足等风险
	其他赛事挤压风险	排球联赛与篮球、足球、羽毛球、乒乓球联赛同属体育竞赛表演产业,存在受其他赛事冲击的风险

续表

一级指标	三级指标	相关说明
环境风险	联赛机构运行机制不畅风险	联赛相关单位之间如排球协会、省市体育局、俱乐部运动队及运营商和赞助商之间的相互关系的运行不合理的风险
	体制束缚加剧风险	奥运会、全运会对联赛的正常运营构成的一系列风险
	俱乐部运行机制不畅风险	联赛教练员、运动员等俱乐部资源不能按照合理的规律进行流动的风险
	相关法律指导思想滞后风险	相关法律在制定时我国经济社会发展还不够健全,用过去滞后的思想来指导现有赛事运作存在的风险
	相关法律内容全面性风险	相关法律在制定时我国经济社会发展还不够健全,法律内容不能涵盖现有的问题所引发的风险
	相关法律配套法规适用性风险	主体法律不够完善,导致配套的法规也不适用,由此引发的一系列风险
项目风险	技战术入门困难风险	排球运动有别于其他运动,其技战术入门更为困难,对项目发展存在一定的风险
	比赛场地限制风险	比赛场地的分布与足球和篮球相比较少,限制项目的发展
	项目隔网对抗性风险	集体隔网对抗是排球运动的特征,隔网直接限制了队员们的身体接触,因而就会产生项目对抗性差的风险
	联赛竞争失衡风险	联赛中比赛结果为3:0或者3:1的比赛数量占比较大,或者运动队之间实力差距较大
	联赛竞技表演水平降低风险	运动员竞技能力不足且表演能力及表现欲望差,导致联赛观赏性降低的风险
	比赛时间不可控风险	由于比赛是五局三胜制而不是限制时间,所以不同比分的比赛时间差别较大,对赛事宣传和传播造成不利的风险

第三节 排球联赛运营风险评估指标的权重确定

权重是指通过比较和权衡某种定量形式而得出的各种因素在被评估事物中的相对重要性的大小。在建立了评估指标体系后,下一步就是确定每个指标的权重。权重反映了某个指标在指标体系中的作用大小以及对实现总体目标的贡献程度。在任何评估过程中,权重的确定都是非常重要的一步。评估结果与权重值直接相关，评估对象的顺序将因权重值的变化而改变。因此，在评价过程中科学确定指标的权重是非常重要的步骤。

当前，有多种类型的权重确定方法，主要有专家判断法、德尔菲法和层次分析法。其中，最具代表性和最广泛应用的是层次分析法（Analytic Hierarchy Process，AHP），这种方法通过定量过程来处理专家的定性化思维，并通过一致性检验来处理专家意见不一致的现象，降低加权过程中的主观性。本书采用层次分析法来估算排球联赛运营风险评估指标体系的各指标权重。

一 层次分析法介绍

AHP法是美国著名运筹学家匹兹堡大学萨蒂教授（T. L. Saaty）于20世纪70年代创立的一种实用的定性和定量分析相结合的多准则决策方法。在将专家们的经验判断通过两两比较打分的形式给予量化后，将人们的思维过程层次化，逐层比较相关因素，逐层检验比较结果的合理性，提供较有说服力的依据。

本章运用AHP法确定各级指标的权重，基本步骤为：①建立层次结构模型；②构建判断矩阵；③层次单排序；④一致性检验；⑤层次总排序及一致性检验。

第一步：构造层次结构模型。

首先把所要解决的问题分层，分解成不同的组成因素，然后将因素分解为不同层次的指标，构建递阶层次结构。

第二步：咨询专家构建判断矩阵。

邀请相关专家对层次结构模型中各层次的指标进行两两比较，通过引入科学合理的标度，对其相对重要性给出判断，形成判断矩阵（见表4-14）。层次分析法一般采用1~9标度方法，对各个指标的重要程度进行标度。这是由于这种比例标度比较符合人们进行判断的思维习惯，表4-15是9阶标度法标度的数值与其对该指标的判断关系。

表4-14 判断矩阵示例

指标	A1	A2	A3	A4	A5
A1	A11	A12	A13	A14	A15
A2	A21	A22	A23	A24	A25
A3	A31	A32	A33	A34	A35
A4	A41	A42	A43	A44	A45
A5	A51	A52	A53	A54	A55

表4-15 标度数值与指标的关系

B_{ij}（B_i与B_j的重要性比值）	B_i与B_j相比	B_{ij}（B_i与B_j的重要性比值）	B_i与B_j相比
1	一样重要	1	一样重要
3	重要一点	1/3	重要性差一点
5	较重要	1/5	重要性差较大
7	重要得多	1/7	重要性差很多
9	极端重要	1/9	重要性差太多

第三步：层次单排序。

所谓层次单排序是指某层次因素相对于上一层次中某一因素的相对重要性排序。在对各指标两两比较其重要性确定判断矩阵后，通过计算求出判断矩阵的最大特征根 λ_{max} 和特征根对应的特征向量 W，特征向量还需进行归一化处理，计算所得的特征向量中的各个分量就是各个因素及其指标的权重。

第四步：一致性检验。

在实际操作中，由于客观事物的复杂性和多样性，尤其是面对因素多、规模大的问题，专家在对指标重要性进行判断时，难免会出现判断不一致的现象，那么这种判断矩阵就不可信。因此，为了使层次分析法能够得出合理的结论，需进行一致性检验，判断矩阵的一致性是专家对评价指标两两标度信度的反映。具体计算分3步。

首先，计算一致性指标 CI（Consistency Index）：

$$CI = \frac{\lambda_{\max} - N}{N - 1}$$

显然，CI 值越小（接近于 0），表明判断矩阵具有越佳的一致性，而 $\lambda_{\max} - N$ 越大，CI 值越大，矩阵不一致的程度越大。为了检验判断矩阵是否具有满意的一致性，接下来还需要将一致性指标 CI 与平均随机一致性指标 RI 对比。

其次，查找平均随机一致性指标 RI（Random Index）。

当指标规模较大时，保持判断矩阵的一致性很困难。不同阶的判断矩阵对 CI 值的要求也不同，因此还需引入平均随机一致性指标 RI 值。本书选用 Satty 的 1~9 标度的 RI 值。对于 1~13 阶矩阵，RI 值如表 4-16 所示，该表数据为固定值（苏为华，2005）。

表 4-16 平均随机一致性指标标度

N	1	2	3	4	5	6	7	8	9	10	11	12	13
RI	0.00	0.00	0.58	0.90	1.12	1.24	1.32	1.41	1.45	1.49	1.51	1.48	1.56

最后，计算一致性比率 CR。

$$CR = \frac{CI}{RI}$$

当 CR < 0.10 时，矩阵具有满意的一致性，如果 CR ≥ 0.10 就需要对判断矩阵进行调整。

第五步：层次总排序及一致性检验。

由下而上按照递阶层次结构逐层计算，便可以计算出最底层指标相对于总目标的相对重要性的排序值，形成层次总排序。

二 排球联赛运营风险层次结构模型

根据最终形成的排球联赛运营风险的评估指标体系，构建递阶层次结构。第一层为人员风险、资金风险、设施风险、环境风险和项目风险，一共 5 个指标；第二层为内部管理者风险、外部合作者风险、比赛实现者风险、赛事消费者风险、资金筹集风险、赛事创收风险、资金管控风险、场馆建筑风险、赛事设施风险、救援设施风险、营商环境风险、体制环境风险、法制环境风险、项目特征风险、联赛自身特征风险，共 15 个指标；第三层为排球协会决策风险、省市体育局管理风险、志愿者管理风险、运营商运营能力风险、赞助商赞助能力风险、媒体支持力度风险、俱乐部商务运营风险、经纪人运作风险、裁判员管理风险、教练员管理风险、后备人才培养风险、球迷管理风险、球迷数量减少风险、赞助商数量减少风险、赞助资金减少风险、门票销售风险、赛事包装风险、赛事 IP 销售风险、资金预算风险、利益分配风险、一般人员工资待遇风险、固有设施风险、临时设施风险、配套设施风险、比赛器材储存/运输风险、媒体转播信号故障风险、鹰眼/LED 等故障风险、救援交通工具风险、现场医疗设施风险、其他设备风险、环境不可抗拒风险、市场接受度风险、其他赛事挤压风险、联赛机构运行机制不畅风险、体制束缚加剧风险、俱乐部运行机制不畅风险、相关法律指导思想滞后风险、相关法律内容全面性风险、相关法律配套法规适用性风险、技战术入门困难风险、比赛场地限制风险、项目隔网对抗性风险、联赛竞争失衡风险、联赛竞技表演水平降低风险和比赛时间不可控风险，共 45 个指标（见附录 6）。

三 排球联赛运营风险判断矩阵构建

在建立排球联赛运营风险的层次结构模型后，从前期参与专家风险检查表的专家中选取 10 位在排球联赛运营风险管理实践领域具有丰富操作经验的赛事运营人员和在理论研究领域具有知名度的权威专家，对各指标的重要程度进行两两比较，从而逐层建立判断矩阵。鉴于所咨询的专家对层次分析法较熟悉及为了缩短填答的时间，在设计问卷时采取了请专家根据自己的经验，对判断矩阵的"上三角"进行具体标度的填答方式。本书共发放专家调查问卷 10 份，回收 10 份，回收率 100%，专家情况介绍如表 4-17 所示。

表 4-17 层次分析专家基本情况

序号	姓名	工作单位	职务或职称
1	钟1××	中国排球协会、首都体育学院	副主席、校长

续表

序号	姓名	工作单位	职务或职称
2	吕××	中国排球协会、华力宝公司	副秘书长、总经理
3	田×	中国排球协会、华力宝公司	市场开发部经理
4	吴×	中国排球协会、华力宝公司	贸易部经理
5	孙×	北京体育大学	教授
6	陈××	福建师范大学	教授
7	尹××	燕山大学	教授
8	杨××	首都体育学院	教授
9	薛××	江苏省体育局	江苏男女排原主教练、联赛最佳教练员
10	袁××	辽宁省体育局	辽宁女排原教练

排球联赛运营风险两两指标重要性判断标准如表4-18所示，下面以某一位专家（孙教授）填写的问卷为例来介绍本书一级指标、二级指标和三级指标的判断矩阵，详情见表4-19至表4-39。

表4-18 两两指标重要性判断标准

B_{ij}（B_i与B_j的重要性比值）	B_i与B_j相比	B_{ij}（B_i与B_j的重要性比值）	B_i与B_j相比
1	一样重要	1	一样重要
3	重要一点	1/3	重要性差一点
5	较重要	1/5	重要性差较大
7	重要得多	1/7	重要性差很多
9	极端重要	1/9	重要性差太多

表4-19 排球联赛运营风险一级指标判断矩阵

指标	A1 人员风险	A2 资金风险	A3 设施风险	A4 环境风险	A5 项目风险
A1 人员风险	1	3	7	7	5
A2 资金风险		1	3	5	3
A3 设施风险			1	1/3	1/5

续表

指标	A1 人员风险	A2 资金风险	A3 设施风险	A4 环境风险	A5 项目风险
A4 环境风险				1	1/7
A5 项目风险					1

表 4-20　A1 人员风险的二级指标判断矩阵

指标	B1 内部管理者风险	B2 外部合作者风险	B3 比赛实现者风险	B4 赛事消费者风险
B1 内部管理者风险	1	3	1	5
B2 外部合作者风险		1	1/3	3
B3 比赛实现者风险			1	5
B4 赛事消费者风险				1

表 4-21　A2 资金风险的二级指标判断矩阵

指标	B5 资金筹集风险	B6 赛事创收风险	B7 资金管控风险
B5 资金筹集风险	1	1	1
B6 赛事创收风险		1	1
B7 资金管控风险			1

表 4-22　A3 设施风险的二级指标判断矩阵

指标	B8 场馆建筑风险	B9 赛事设施风险	B10 救援设施风险
B8 场馆建筑风险	1	7	7
B9 赛事设施风险		1	1
B10 救援设施风险			1

表 4-23　A4 环境风险的二级指标判断矩阵

指标	B11 营商环境风险	B12 体制环境风险	B13 法制环境风险
B11 营商环境风险	1	1/5	1/3
B12 体制环境风险		1	3
B13 法制环境风险			1

表 4－24　A5 项目风险的二级指标判断矩阵

指标	B14 项目特征风险	B15 联赛自身特征风险
B14 项目特征风险	1	3
B15 联赛自身特征风险		1

表 4－25　B1 内部管理者风险的三级指标判断矩阵

指标	C1 排球协会决策风险	C2 省市体育局管理风险	C3 志愿者管理风险
C1 排球协会决策风险	1	5	7
C2 省市体育局管理风险		1	3
C3 志愿者管理风险			1

表 4－26　B2 外部合作者风险的三级指标判断矩阵

指标	C4 运营商运营能力风险	C5 赞助商赞助能力风险	C6 媒体支持力度风险	C7 俱乐部商务运营风险	C8 经纪人运作风险
C4 运营商运营能力风险	1	3	1	3	5
C5 赞助商赞助能力风险		1	1/3	1	3
C6 媒体支持力度风险			1	3	5
C7 俱乐部商务运营风险				1	3
C8 经纪人运作风险					1

表 4－27　B3 比赛实现者风险的三级指标判断矩阵

指标	C9 裁判员管理风险	C10 教练员管理风险	C11 后备人才培养风险
C9 裁判员管理风险	1	1/3	1/3
C10 教练员管理风险		1	1
C11 后备人才培养风险			1

表 4－28　B4 赛事消费者风险的三级指标判断矩阵

指标	C12 球迷管理风险	C13 球迷数量减少风险
C12 球迷管理风险	1	1
C13 球迷数量减少风险		1

表 4-29　$B5$ 资金筹集风险的三级指标判断矩阵

指标	C14 赞助商数量减少风险	C15 赞助资金减少风险
C14 赞助商数量减少风险	1	1
C15 赞助资金减少风险		1

表 4-30　$B6$ 赛事创收风险的三级指标判断矩阵

指标	C16 门票销售风险	C17 赛事包装风险	C18 赛事 IP 销售风险
C16 门票销售风险	1	3	3
C17 赛事包装风险		1	1
C18 赛事 IP 销售风险			1

表 4-31　$B7$ 资金管控风险的三级指标判断矩阵

指标	C19 资金预算风险	C20 利益分配风险	C21 一般人员工资待遇风险
C19 资金预算风险	1	1/3	3
C20 利益分配风险		1	5
C21 一般人员工资待遇风险			1

表 4-32　$B8$ 场馆建筑风险的三级指标判断矩阵

指标	C22 固有设施风险	C23 临时设施风险	C24 配套设施风险
C22 固有设施风险	1	5	3
C23 临时设施风险		1	5
C24 配套设施风险			1

表 4-33　$B9$ 赛事设施风险的三级指标判断矩阵

指标	C25 比赛器材储存、运输风险	C26 媒体转播信号故障风险	C27 鹰眼、LED 等故障风险
C25 比赛器材储存、运输风险	1	1/3	1/5
C26 媒体转播信号故障风险		1	1/3
C27 鹰眼、LED 等故障风险			1

表 4-34 $B10$ 救援设施风险的三级指标判断矩阵

指标	$C28$ 救援交通工具风险	$C29$ 现场医疗设施风险	$C30$ 其他设备风险
$C28$ 救援交通工具风险	1	1/5	1/3
$C29$ 现场医疗设施风险		1	3
$C30$ 其他设备风险			1

表 4-35 $B11$ 营商环境风险的三级指标判断矩阵

指标	$C31$ 环境不可抗拒风险	$C32$ 市场接受度风险	$C33$ 其他赛事挤压风险
$C31$ 环境不可抗拒风险	1	5	7
$C32$ 市场接受度风险		1	1
$C33$ 其他赛事挤压风险			1

表 4-36 $B12$ 体制环境风险的三级指标判断矩阵

指标	$C34$ 联赛机构运行机制不畅风险	$C35$ 体制束缚加剧风险	$C36$ 俱乐部运行机制不畅风险
$C34$ 联赛机构运行机制不畅风险	1	1	1
$C35$ 体制束缚加剧风险		1	1
$C36$ 俱乐部运行机制不畅风险			1

表 4-37 $B13$ 法制环境风险的三级指标判断矩阵

指标	$C37$ 相关法律指导思想滞后风险	$C38$ 相关法律内容全面性风险	$C39$ 相关法律配套法规适用性风险
$C37$ 相关法律指导思想滞后风险	1	3	3
$C38$ 相关法律内容全面性风险		1	1
$C39$ 相关法律配套法规适用性风险			1

表 4-38　B14 项目特征风险的三级指标判断矩阵

指标	C40 技战术入门困难风险	C41 比赛场地限制风险	C42 项目隔网对抗性风险
C40 技战术入门困难风险	1	5	3
C41 比赛场地限制风险		1	1/3
C42 项目隔网对抗性风险			1

表 4-39　B15 联赛自身特征风险的三级指标判断矩阵

指标	C43 联赛竞争失衡风险	C44 联赛竞技表演水平降低风险	C45 比赛时间不可控风险
C43 联赛竞争失衡风险	1	3	5
C44 联赛竞技表演水平降低风险		1	3
C45 比赛时间不可控风险			1

四　排球联赛层次排序及一致性检验

在专家对已经建立的层次结构模型给出判断以后，就需要进行层次总排序，即计算出各个判断矩阵的最大特征根、对应的特征向量及各个指标的权重值。求得各层指标的权重及各个判断矩阵的一致性检验数据（见表 4-40 至表 4-60），当 $CR = CI/RI < 0.10$，即认为判断矩阵具有满意的一致性，否则就需要调整判断矩阵，使之具有满意的一致性。

表 4-40　排球联赛运营风险一级指标判断矩阵

指标	A1	A2	A3	A4	A5	特征向量	综合排序	一致性检验
A1	1	2.88	6.65	5.03	5.08	0.45	1	$\lambda_{max} = 5.28$
A2		1	4.90	1.55	3.06	0.24	2	$CI = 0.07$
A3			1	0.42	0.23	0.04	5	
A4				1	0.85	0.11	4	$CR = 0.06$
A5					1	0.15	3	

表4-41　A1人员风险的二级指标判断矩阵

指标	B1	B2	B3	B4	特征向量	综合排序	一致性检验
B1	1	0.90	2.90	5.44	0.33	2	$\lambda_{max}=4.22$
B2		1	2.95	6.82	0.39	1	$CI=0.07$
B3			1	5.26	0.23	3	$CR=0.08$
B4				1	0.05	4	

表4-42　A2资金风险的二级指标判断矩阵

指标	B5	B6	B7	特征向量	综合排序	一致性检验
B5	1	2.74	6.82	0.57	1	$\lambda_{max}=3.10$
B6		1	5.16	0.35	2	$CI=0.05$
B7			1	0.07	3	$CR=0.09$

表4-43　A3设施风险的二级指标判断矩阵

指标	B8	B9	B10	特征向量	综合排序	一致性检验
B8	1	2.74	6.82	0.57	1	$\lambda_{max}=3.10$
B9		1	5.16	0.35	2	$CI=0.05$
B10			1	0.07	3	$CR=0.09$

表4-44　A4环境风险的二级指标判断矩阵

指标	B11	B12	B13	特征向量	综合排序	一致性检验
B11	1	0.27	0.37	0.12	3	$\lambda_{max}=3.08$
B12		1	2.83	0.57	1	$CI=0.04$
B13			1	0.31	2	$CR=0.07$

表4-45　A5项目风险的二级指标判断矩阵

指标	B14	B15	特征向量	综合排序	一致性检验
B14	1	2.95	0.75	1	$\lambda_{max}=2$
B15		1	0.25	2	$CI=0$
					$CR=0$

表 4-46 B1 内部管理者风险的三级指标判断矩阵

指标	C1	C2	C3	特征向量	综合排序	一致性检验
C1	1	3.13	6.76	0.65	1	$\lambda_{max}=3.02$
C2		1	2.95	0.26	2	$CI=0.008$
C3			1	0.09	3	$CR=0.014$

表 4-47 B2 外部合作者风险的三级指标判断矩阵

指标	C4	C5	C6	C7	C8	特征向量	综合排序	一致性检验
C4	1	2.67	4.91	5.20	7.67	0.42	1	$\lambda_{max}=5.42$
C5		1	3.30	2.67	6.65	0.27	2	$CI=0.10$
C6			1	3.30	4.59	0.18	3	
C7				1	2.81	0.09	4	$CR=0.09$
C8					1	0.04	5	

表 4-48 B3 比赛实现者风险的三级指标判断矩阵

指标	C9	C10	C11	特征向量	综合排序	一致性检验
C9	1	0.34	0.15	0.08	3	$\lambda_{max}=3.10$
C10		1	0.20	0.22	2	$CI=0.05$
C11			1	0.70	1	$CR=0.01$

表 4-49 B4 赛事消费者风险的三级指标判断矩阵

指标	C12	C13	特征向量	综合排序	一致性检验
C12	1	0.32	0.24	2	$\lambda_{max}=2$
C13		1	0.76	1	$CI=0$
					$CR=0$

表 4-50 B5 资金筹集风险的三级指标判断矩阵

指标	C14	C15	特征向量	综合排序	一致性检验
C14	1	5.16	0.84	1	$\lambda_{max}=2$
C15		1	0.16	2	$CI=0$
					$CR=0$

表4-51　B6赛事创收风险的三级指标判断矩阵

指标	C16	C17	C18	特征向量	综合排序	一致性检验
C16	1	4.95	0.32	0.32	2	$\lambda_{max}=3.09$
C17		1	0.13	0.07	3	$CI=0.05$
C18			1	0.61	1	$CR=0.08$

表4-52　B7资金管控风险的三级指标判断矩阵

指标	C19	C20	C21	特征向量	综合排序	一致性检验
C19	1	3.11	5.16	0.61	1	$\lambda_{max}=3.06$
C20		1	3.06	0.29	2	$CI=0.03$
C21			1	0.10	3	$CR=0.05$

表4-53　B8场馆建筑风险的三级指标判断矩阵

指标	C22	C23	C24	特征向量	综合排序	一致性检验
C22	1	0.32	0.20	0.10	3	$\lambda_{max}=3.05$
C23		1	0.36	0.30	2	$CI=0.02$
C24			1	0.59	1	$CR=0.04$

表4-54　B9赛事设施风险的三级指标判断矩阵

指标	C25	C26	C27	特征向量	综合排序	一致性检验
C25	1	3.13	6.65	0.65	1	$\lambda_{max}=3.02$
C26		1	2.95	0.26	2	$CI=0.009$
C27			1	0.09	3	$CR=0.02$

表4-55　B10救援设施风险的三级指标判断矩阵

指标	C28	C29	C30	特征向量	综合排序	一致性检验
C28	1	0.22	0.33	0.12	3	$\lambda_{max}=3.05$
C29		1	0.85	0.48	1	$CI=0.02$
C30			1	0.39	2	$CR=0.04$

表 4-56　B11 营商环境风险的三级指标判断矩阵

指标	C31	C32	C33	特征向量	综合排序	一致性检验
C31	1	5.16	6.82	0.75	1	$\lambda_{max}=3.02$
C32		1	0.95	0.12	3	$CI=0.008$
C33			1	0.13	2	$CR=0.014$

表 4-57　B12 体制环境风险的三级指标判断矩阵

指标	C34	C35	C36	特征向量	综合排序	一致性检验
C34	1	0.24	0.37	0.13	3	$\lambda_{max}=3.04$
C35		1	0.95	0.49	1	$CI=0.019$
C36			1	0.38	2	$CR=0.032$

表 4-58　B13 法制环境风险的三级指标判断矩阵

指标	C37	C38	C39	特征向量	综合排序	一致性检验
C37	1	5.16	8.35	0.74	1	$\lambda_{max}=3.03$
C38		1	2.52	0.19	2	$CI=0.02$
C39			1	0.08	3	$CR=0.03$

表 4-59　B14 项目特征风险的三级指标判断矩阵

指标	C40	C41	C42	特征向量	综合排序	一致性检验
C40	1	0.80	0.15	0.11	3	$\lambda_{max}=3.01$
C41		1	0.16	0.13	2	$CI=0.0033$
C42			1	0.76	1	$CR=0.0057$

表 4-60　B15 联赛自身特征风险的三级指标判断矩阵

指标	C43	C44	C45	特征向量	综合排序	一致性检验
C43	1	4.75	6.43	0.69	1	$\lambda_{max}=3.07$
C44		1	2.67	0.22	2	$CI=0.037$
C45			1	0.09	3	$CR=0.063$

通过以上表格可以看出 CR 值均小于 0.1，证明各判断矩阵具有较为满意的一致性。

五 排球联赛运营风险各级指标权重

通过对 10 位专家评分数据的运算得出了各级指标的对应权重，一级指标的权重取名权重 A，二级指标的权重取名权重 B，三级指标的权重取名权重 C，最后一列为全局权重，记为权重 D，详情见表 4 – 61。

表 4 – 61 排球联赛运营风险指标权重

一级指标	权重 A	二级指标	权重 B	三级指标	权重 C	权重 D
A1 人员风险	0.45	B1 内部管理者风险	0.33	C1 排球协会决策风险	0.65	0.097
				C2 省市体育局管理风险	0.26	0.039
				C3 志愿者管理风险	0.09	0.014
		B2 外部合作者风险	0.39	C4 运营商运营能力风险	0.42	0.073
				C5 赞助商赞助能力风险	0.27	0.048
				C6 媒体支持力度风险	0.18	0.032
				C7 俱乐部商务运营风险	0.09	0.016
				C8 经纪人运作风险	0.04	0.006
		B3 比赛实现者风险	0.23	C9 裁判员管理风险	0.08	0.008
				C10 教练员管理风险	0.22	0.023
				C11 后备人才培养风险	0.70	0.072
		B4 赛事消费者风险	0.05	C12 球迷管理风险	0.24	0.005
				C13 球迷数量减少风险	0.76	0.017
A2 资金风险	0.24	B5 资金筹集风险	0.57	C14 赞助商数量减少风险	0.84	0.110
				C15 赞助资金减少风险	0.16	0.022
		B6 赛事创收风险	0.35	C16 门票销售风险	0.32	0.027
				C17 赛事包装风险	0.07	0.006
				C18 赛事 IP 销售风险	0.61	0.052
		B7 资金管控风险	0.07	C19 资金预算风险	0.61	0.011
				C20 利益分配风险	0.29	0.005
				C21 一般人员工资待遇风险	0.10	0.002

续表

一级指标	权重A	二级指标	权重B	三级指标	权重C	权重D
A3 设施风险	0.04	B8 场馆建筑风险	0.57	C22 固有设施风险	0.10	0.003
				C23 临时设施风险	0.30	0.008
				C24 配套设施风险	0.59	0.015
		B9 赛事设施风险	0.35	C25 比赛器材储存、运输风险	0.65	0.010
				C26 媒体转播信号故障风险	0.26	0.004
				C27 鹰眼、LED等故障风险	0.09	0.001
		B10 救援设施风险	0.07	C28 救援交通工具风险	0.12	0.0004
				C29 现场医疗设施风险	0.48	0.001
				C30 其他设备风险	0.39	0.001
A4 环境风险	0.11	B11 营商环境风险	0.12	C31 环境不可抗拒风险	0.75	0.010
				C32 市场接受度风险	0.12	0.002
				C33 其他赛事挤压风险	0.13	0.002
		B12 体制环境风险	0.57	C34 联赛机构运行机制不畅风险	0.13	0.008
				C35 体制束缚加剧风险	0.49	0.031
				C36 俱乐部运行机制不畅风险	0.38	0.024
		B13 法制环境风险	0.31	C37 相关法律指导思想滞后风险	0.74	0.025
				C38 相关法律内容全面性风险	0.19	0.006
				C39 相关法律配套法规适用性风险	0.08	0.003
A5 项目风险	0.15	B14 项目特征风险	0.75	C40 技战术入门困难风险	0.11	0.012
				C41 比赛场地限制风险	0.13	0.015
				C42 项目隔网对抗性风险	0.76	0.088
		B15 联赛自身特征风险	0.25	C43 联赛竞争失衡风险	0.69	0.027
				C44 联赛竞技表演水平降低风险	0.22	0.009
				C45 比赛时间不可控风险	0.09	0.003

通过对排球联赛运营风险一级指标的权重进行帕累托分析可以看出（见图4-2），人员风险的权重为0.45，资金风险的权重为0.24，项目风险的权重为0.15，环境风险的权重为0.11，设施风险的权重为0.04。仅人员风险、资金风险、项目风险和环境风险的权重就占了总比重的95%，也就是说从宏观角度来看，排球联赛的运营风险主要来自人员、资金、项

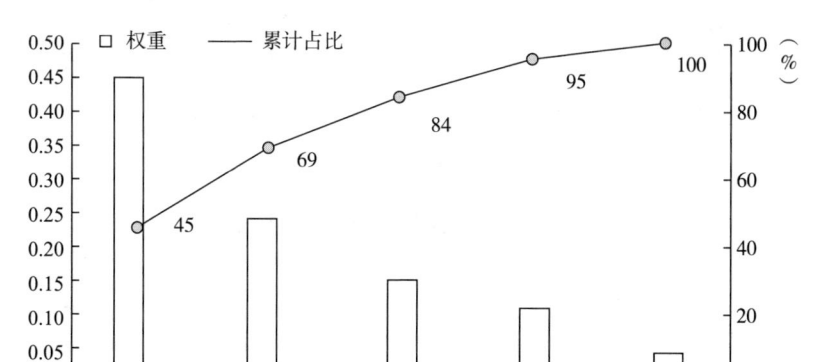

目和环境,设施风险相对次要,对联赛的正常运营不构成主要威胁。

图 4-2 排球联赛运营风险一级指标的帕累托分析

本章小结

本章内容主要包括 3 个部分,第一部分是排球联赛运营风险评估指标体系构建的意义、原则和方法;第二部分是排球联赛运营风险评估指标体系的建立,主要通过两轮的德尔菲法构建了排球联赛运营风险评估指标体系,最终确立了一个由 5 个一级指标、15 个二级指标、45 个三级指标构成的排球联赛运营风险评估指标体系;第三部分是评估指标体系各指标的权重计算。在建立排球联赛运营风险的层次结构模型后,从前期参与专家风险检查表的专家中选取 10 位在排球联赛运营风险管理实践领域具有丰富操作经验的赛事运营人员和在理论研究领域具有知名度的权威专家,对各指标的重要程度进行两两比较,确定各评估指标的权重。

第五章
排球联赛运营风险评估

第一节 风险评估的理论

一 风险评估的概念与程序

风险评估是确定风险管理手段和决策的重要依据之一，是在对以往风险事件分析的基础上，运用数理统计的方法对某些风险事故发生的概率、损失程度等做出评估，把评估结果作为选择风险管理技术的重要依据（谢非，2013）。风险评估主要分为四个步骤，最后确定出不同风险的等级并排列各风险的优先次序（孙立新，2014），流程如图5-1所示。

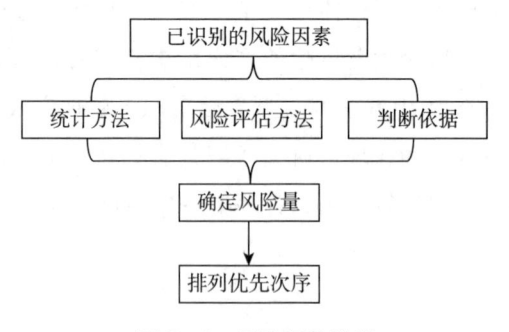

图 5-1 风险评估流程

二 风险评估较常用的方法

排球联赛是个持续时间长、覆盖地域广、利益相关者众多的比赛，其运营面临的风险更是纵横交错,对其运营风险进行科学合理的评估是一项系统的工程,能否准确地评估排球联赛的运营风险不仅取决于所选取的专家的专业程度以及被评估指标体系,还受到所选择的风险评估方法的影响。下面简要介绍几种常用的风险评估方法。

(一) 专家技术评估法

选择熟悉该领域的专家组成专家小组,对相关风险发生的可能性及其后果进行分级,确定处理风险源的有效顺序,该方法是一种定性的分析方法。

1. 概率判据

将各风险事件发生的可能性分为 a、b、c、d、e 五个等级,各等级表述的含义如表 5-1 所示。

表 5-1　概率等级及其含义

等级	风险事件发生的可能性
a	极小可能发生
b	不大可能发生
c	很可能发生
d	极有可能发生
e	接近肯定发生

2. 后果判据

将风险发生后产生的后果分成 1、2、3、4、5 五个等级,各等级表示的含义如表 5-2 所示。

表 5-2　后果判断依据

等级	设施风险已成事实,会产生何种程度的影响		
	技术性能	进度	费用
1	影响极小或无影响	影响极小或无影响	影响极小或无影响
2	采取一些缓解措施,影响可以接受	需要另增资源,可以满足要求的进度	变化 <5%
3	采取重大缓解措施,影响可以接受	与关键里程碑有轻微偏离,不能满足要求的进度	变化在 5%~7%

续表

等级	设施风险已成事实，会产生何种程度的影响		
	技术性能	进度	费用
4	影响可以接受，但已没有任何缓解余地	与关键里程碑或受影响的关键路径有重大偏离	变化在7%~10%
5	不能接受	不能实现关键节点或重要项目关键里程碑的进度	变化≥10%

3. 风险等级综合判据

按照风险等级的不同可以将风险分为高、中、低三个级别，风险等级不同，其对应的程度也不同，具体说明见表5-3。

表5-3 风险等级综合判据

等级	说明
高	可能有重大危害
中	有某种危害
低	影响轻微

专家逐一对所有风险进行评价和投票，把所有风险源分为高、中、低3个等级，将所有评价和投票结果进行整理，并反馈给专家组成员，组织专家进行讨论并再次投票，最后总结出一个基本一致的结果。以上是专家技术评估法的基本流程和操作步骤。

（二）模糊评价法

模糊评价法可以解决评估中影响因素的性质不明确、无法用数字定量描述或无法用单一标准来判断的问题，可以相对灵活地划分为"是"和"不是"，并使用严格的数学方法来处理模糊现象。模糊评价法可以有效地避免人们在评价过程中所具有的主观性，也可以有效地解决人们在客观上遇到的歧义。

（三）主观评分法

主观评分法是风险评估中最简单的定性方法。它一一列出排球联赛的运营风险，并从中找出最严重的后果，判断最严重的后果是否低于总体评估基准。该方法的优点是数据接收量很小，不需要估计风险发生的可能性；缺点是忽略了时间因素。

（四）列表排序法

列表排序法是一种比较简单实用的风险评估方法，也是风险评估领域中一种非常常用的评估方法。采用参与赛事的资深专家和赛事管理人员对赛事可能发生的风险进行评估，通过对每个指标的逐项评估来量化风险的大小。列表排序法的程序分为三步。第一步，确定风险评估的标准。第二步，请专家根据指定的标准，对风险发生的可能性、结果的严重性以及风险的可控性三个指标逐一打分，也就是用逐项评分的方法来量化风险大小，即事先确定评估标准，然后由相关专家对预先识别出来的风险发生的可能性、结果的严重性和风险的可控性指标逐项打分，然后三个分值相乘，得出不同风险的风险量。本书根据风险量的大小，取排在前三位的风险进行案例分析。评判等级可以采用10级也可以采用5级。第三步，请相关专家根据自己多年来的经验和实际情况，评估系统将要面临的风险发生的可能性、结果的严重性和风险的可控性，并在相应空格内填上相应的数字。将每一项风险发生的可能性（P）、结果的严重性（S）以及风险的可控性（C）的指标评估分值相乘得出风险量。风险量的计算公式：$Rv = P \times S \times C$。可以看出，风险量 Rv 值越大，则风险越大，那么就需要采取一定的措施进行应对；反之，风险量 Rv 值越小，风险就越小。

除了以上介绍的风险评估方法外，还有很多其他具体方法，如蒙特卡罗模拟法、计划评审技术法、决策树法、数据包络分析法、人工神经网络评价法、灰色系统综合评价法以及层次分析法等。风险评估方法很多，而不同的风险评估方法具有不同的适用范围、适用阶段，包括定性和定量的方法，不同评估方法具有各自不同的优点和缺点，选择评估方法需要考虑研究的目的和研究对象的特点。

三　排球联赛运营风险评估方法选择

本书在保证排球联赛运营风险评估真实性和有效性的基础上，充分考虑到风险评估过程的可操作性问题。在反复比较和征求相关专家意见的基础上，最后决定采用列表排序法对我国排球联赛的运营风险进行评估。用逐项评分的方法来量化排球联赛运营风险的大小。风险量 Rv 值越高，表示风险越大。本书的排球联赛运营风险评估采用 5 级评判的方式，排球联赛运营风险评估的具体要求是：请相关专家根据自己多年来的经验和实际情况，评估排球联赛运营将要面临的风险发生的可能性、结果的严重性和风险的可控性，并在相应空格内填上相应的数字。例如：专家 A 认为"排球协会决策失误风险"发生的可能性为"有点可能"、结果的严重性为"不太严重"、风险的可控性为"较易控制"，就在后面的空格内分别填上 3、3、2，若还有未列入的风险，请专家补在后面并进行评估。

第二节 排球联赛运营风险评估

一 排球联赛运营风险评估专家的选取

本书为提高风险评估结果的可靠性，选取 30 位与排球运动管理、排球联赛运营、体育赛事市场化相关的专家以及赞助商、资深球迷对排球联赛的运营风险进行评估。选取的专家如表 5-4 所示。

表 5-4 排球联赛风险评估专家一览

序号	姓名	工作单位	职务
1	钟1××	中国排球协会、首都体育学院	副主席、校长
2	徐××	中国排球协会、福建省体育局	副主席、局长
3	孙××	中国排球协会	裁判委员会委员
4	李××	排球运动管理中心	训练部干部
5	刘2×	排球运动管理中心	竞赛部干部
6	吕××	中国排球协会、华力宝公司	副秘书长、总经理
7	田×	中国排球协会、华力宝公司	市场开发部经理
8	吴×	中国排球协会、华力宝公司	贸易部经理

续表

序号	姓名	工作单位	职务
9	孙×	北京体育大学	教授
10	连××	集美大学	教授
11	陈××	福建师范大学	教授
12	尹××	燕山大学	教授
13	杨××	首都体育学院	教授
14	翁×	福建师范大学	教授
15	薛××	江苏省体育局	江苏男女排原主教练、联赛最佳教练员
16	袁××	辽宁省体育局	辽宁女排原教练
17	褚×	福建师大男排俱乐部	赛区组委会负责人
18	邢××	北京男女排俱乐部	竞训部负责人
19	董××	体育之窗	商务运营人员
20	刘1×	西南交通大学	联赛裁委会副主席、国际级裁判
21	杨×	退休工程师	资深球迷
22	郑×	退休工人	资深球迷
23	王××	福建省体育局	球类中心主任
24	高××	福州市体育局	副局长
25	宗×	山东男排俱乐部	俱乐部运营负责人
26	张2××	福建男排俱乐部	俱乐部运营负责人
27	李×	广东恒大女排俱乐部	俱乐部运营负责人
28	花×	江苏中天钢铁女排俱乐部	俱乐部运营负责人
29	钟2×	福建师大男排俱乐部	俱乐部负责人
30	张×	可口可乐公司	赞助商

二 排球联赛运营风险评估标准及结果

(一) 专家打分标准

专家打分标准分为五级，用1、2、3、4、5来评估风险发生的可能性、结果的严重性和风险的可控性，分值越高，程度越大。具体的对应关系如表5-5所示。

表 5-5　五级评判标准量化对应关系

评判维度	1	2	3	4	5
发生可能性	基本不可能	较不可能	可能发生	很可能发生	肯定发生
结果严重性	几乎没影响	影响较小	影响一般	影响严重	影响很严重
风险可控性	很容易控制	较易控制	控制有难度	控制难度较大	无法控制

列表排序法中风险量（Rv）的计算公式是 $Rv = P \times S \times C$。式中，P 为风险发生的可能性；S 为结果的严重性；C 为风险的可控性。为了保证该评估表的有效性（效度），请 4 位专家对其内容进行审核，并按专家们提出的意见进行了修改，详情见附录 7。

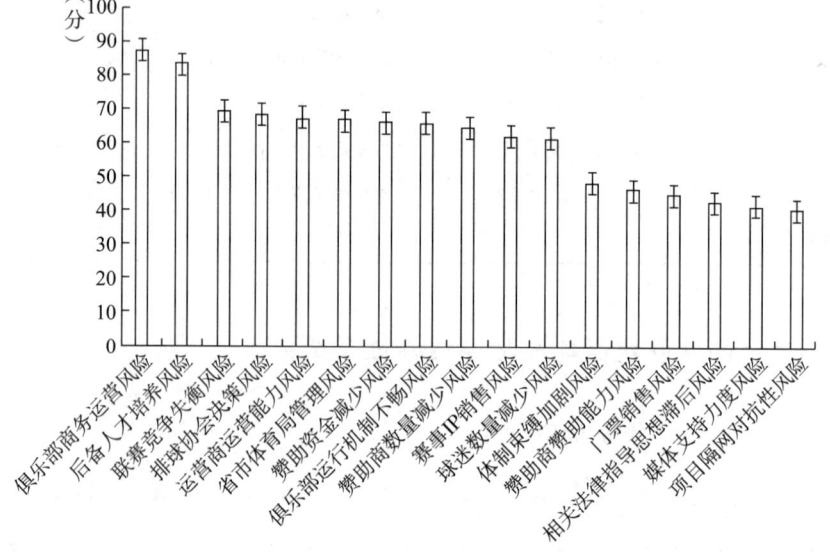

（二）排球联赛运营风险评估结果

为提高评估结果的可靠性，选取的 30 位专家均对排球运动管理、体育赛事产业、排球俱乐部管理以及联赛运营管理等方面具有深入的了解，然后把专家打分的平均数换算成百分制，并对指标权重进行帕累托分析。

本章选取权重的前 80%，共计 17 个指标，并进行排序，如图 5-2 所示，排在前几位的运营风险分别是俱乐部商务运营风险、后备人才培养风

图 5-2　排球联赛运营风险排序

险、联赛竞争失衡风险、排球协会决策风险、运营商运营能力风险、省市体育局管理风险、赞助资金减少风险、俱乐部运行机制不畅风险、赞助商数量减少风险、赛事 IP 销售风险、球迷数量减少风险、体制束缚加剧风险、赞助商赞助能力风险、门票销售风险、相关法律指导思想滞后风险、媒体支持力度风险和项目隔网对抗性风险,得分分别为 87.00 分、82.67 分、69.13 分、67.93 分、67.13 分、66.60 分、66.13 分、65.80 分、64.47 分、61.93 分、61.27 分、48.00 分、46.33 分、44.87 分、42.93 分、41.73 分和 40.47 分。

利用灰色差异信息法对各运营风险指标的风险量变化的斜率进行分析,斜率相近的序列点可视为同一类的区段组序列(陈亮,2011),具体算法如下。

第一步,以 17 项指标的风险量值 $X^{(0)} = [x(1), x(2), \cdots, x(n)]$ 为原始数据列,建立逐时段比较序列 $X_j = [x(1), x(2), \cdots, x(j), \bar{x}(1), \bar{x}(2), \cdots, \bar{x}(j)]$ $(j=1,2,\cdots,n)$,其中,$\bar{x}(j) = \sum_{k=1}^{j} x(k)/j$,并利用下列影射关系对原始数据进行归一化处理:

$$y_j = f(x_j) = \left(\frac{1}{1+x_j}\right) \Big/ \left(\sum_{i=1}^{n} \frac{1}{1+x_i}\right)$$

第二步,计算各逐时段差异信息量 $I(X) = -K \sum_{j=1}^{n} y_j \ln y_j$,其中 $K = 1/\ln 2$。

第三步,计算差异信息相对测度 $I_a(X) = \dfrac{I_{max} - I}{I_{max} - I_{min}} \times 100\%$。

为了进一步明确诊断变异的起始点和变异数值,通过计算相邻序列间 $I_a(X)$ 的增量 $\Delta I_a(X)$,以描述信息量的具体变异情况,$\Delta I_a(X)$ 算法如下:

$$\Delta I_a(X) = I_a(X_j) - I_a(X_{j-1})$$

图 5 - 2 经灰色差异信息法处理后得到图 5 - 3,由图 5 - 3 曲线的斜率变化可以看出,风险量排前 2 位的俱乐部商务运营风险和后备人才培养风险的差异信息增量斜率明显较高,其差异信息增量数值高于之后的风险指标(体制束缚加剧风险除外,虽然其斜率较高但该指标的风险量排在 10

名以后，经与专家协商，认为该风险不是当前排球联赛运营的关键风险）。由此可以认为，俱乐部商务运营风险和后备人才培养风险是当前排球联赛运营面临的关键风险，其余风险为非关键风险。

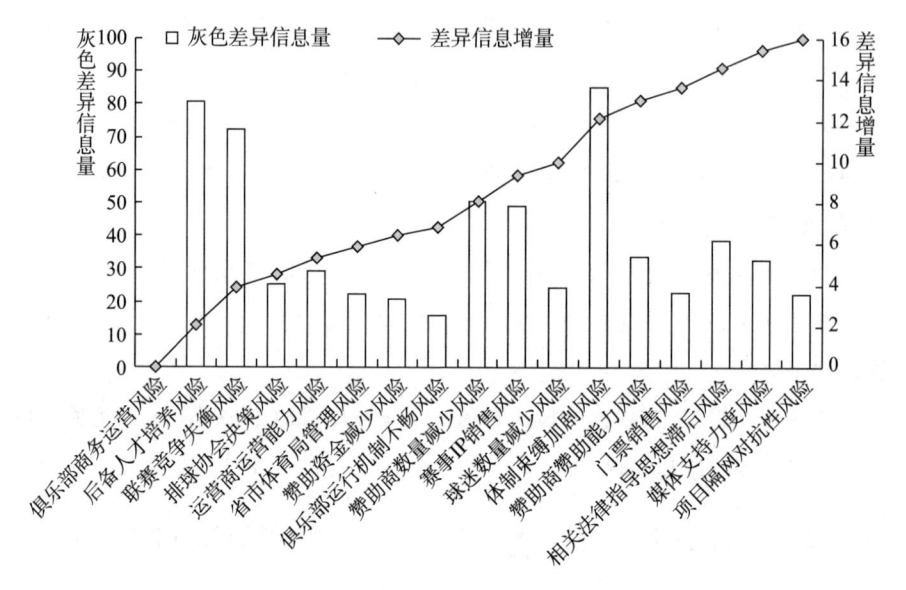

图 5-3 风险量值的灰色差异信息量和差异信息增量变化

本章小结

本章主要内容是对排球联赛的运营风险进行评估，风险评估是风险管理中最重要的一个步骤，风险评估阶段的主要任务是确定风险的等级、排列风险的优先次序，利用科学的工具和专门的技术，正确地量化主要的风险，确定风险等级程度。常用的方法有风险坐标图法、压力测试法、专家技术评估法以及列表排序法等，经过对不同方法的比较，笔者认为列表排序法最适合排球联赛运营风险的评估，因为列表排序法是一种比较简单实用的风险评估方法，也是风险评估领域中一种非常常用的评估方法。评估专家为排球协会相关负责人、商务运营方、体育产业专家、排球联赛专家、赞助商、资深球迷以及各省市体育局相关负责人，通过对每个指标的逐项评估来量化风险的大小。经过灰色差异信息法处理，发现风险量排名前 2 位的俱乐部商务运营风险和后备人才培养风险的差异信息增量斜率明显较高，其差异信息增量数值高于之后的风险指标（体制束缚加剧风险除外，虽然其斜率较高但该指标的风险量排在 10 名以后，经与专家协商，认为该风险不是当前排球联赛运营的关键风险）。由此可以认为，俱乐部商务运营风险和后备人才培养风险是当前排球联赛运营面临的关键风险，其余风险为非关键风险。

第六章
排球联赛运营风险应对策略

本章排球联赛运营风险应对策略主要包括三部分内容。第一部分是介绍风险控制的主要方法及特点，然后是排球联赛运营风险应对策略的选择，在分析各风险控制方法的基础上，对排球联赛的相关运营风险进行分析，提出运营风险应该采取的主要控制方法。第二部分为排球联赛运营风险的宏观层面应对策略，该部分策略是围绕5个一级指标展开的，主要参照各级指标的权重，分析排球联赛的运营风险应对策略。第三部分为排球联赛运营风险的中观层面应对策略，主要是从二级指标展开的。

第一节 排球联赛运营风险应对策略选择

一 风险应对策略的种类及特点

风险应对策略主要包括风险规避、风险转移、风险控制和风险担当。不同的风险管理方法化解不同类型的风险，下面介绍四种主要的风险应对策略的概念及特点。

(一) 风险规避

风险规避是指当某个计划的潜在风险很可能发生时，其不良后果非常严重，并且没有其他缓解策略，主动放弃或更改该计划的目标与行动计划，从而可以避免风险损失的一种风险应对策略。风险规避是一种最彻底的风险控制手段，这是所有风险控制策略中最简单并且也是最消极的一种风险控制策略（谢非，2013）。

风险规避适用于由特定风险引起损失的可能性和程度非常大、采用其他风险处理技术所产生的收益超过其成本、客观上不必要的项目以及风险一旦发生公司将无法承担后果这几种情况。同时，风险规避不适用于某些事故造成的不可避免的损失，不适用于正在实施的项目，适用于项目的计划阶段，不适用于已经进入实施阶段的项目。风险规避的优点是可以避免损失的发生，缺点是在规避风险的同时也放弃了获得收益的机会，抑制了运营主体的创造力，挫伤了管理人员的积极性。

（二）风险转移

风险转移技术可以将运营主体不想要的风险转移出去，达到降低成本的目的，同时提高集中管理和担当风险的能力。风险转移包括非保险转移和保险转移。非保险转移是指风险管理单位将损失的法律责任转移给非保险业的另一个单位担当和管理的技术，签订合同是应对非保险转移风险的有效方法。保险转移是保险人提供转移风险的工具给被保险人或者投保人。风险转移同样也具有一定的局限性，那就是风险转移技术同样不适用于正在进行的项目。

（三）风险控制

风险控制是针对不愿放弃和转移的风险，通过减少损失的可能性和减少不利影响的损失来达到控制目的的各种控制技术和方法。与风险规避相比，风险控制是一种积极的风险处理方法。此类措施是应对未经预警的信息风险的主要对策之一。风险控制技术的使用通常需要提前做好两个方面的准备：首先，风险预防，在风险事故发生之前消除风险事故的起因可以降低发生损害事故的可能性；其次，抑制损失，发生风险事故后，可以采取事故控制措施，以降低损失的程度并控制损失。

（四）风险担当

风险担当也称为风险承担，是指风险管理部门承担由风险事故造成的损失。当他们面临的风险相对较小，通过保险或其他工具进行的风险转移或规避风险的成本大于独自承担风险的成本时，他们将考虑承担风险。风险担当一般分为主动担当和被动担当。

二 排球联赛运营风险应对策略选择

风险应对的四种策略分别是风险规避、风险转移、风险控制和风险担当。通过分析排球联赛运营风险的特征可以发现，排球联赛运营风险是伴随赛事运营而产生和存在的，运营风险存在客观性和不可规避性，如果完全将运营风险规避也就意味着赛事运营无法进行，甚至赛事无法正常开展。

风险规避和风险转移虽然是处理风险的有效办法，但风险规避并不适用于排球联赛运营风险的处理，其适用的情形主要是客观上不需要的项目，没有必要冒险，并且风险规避不适用于正在实施的工程，适用于某项工程的计划阶段，不适用于已经进入实施阶段的工程。风险转移技术是将运营主体不愿意承受的风险转移到外部去，以提高风险管理的聚焦度。排球联赛在市场化发展过程中，曾用将近10年的时间尝试采用打包出售运营权的方式规避和转移运营风险，但市场化推广效果饱受诟病。中国篮球之队的商务运营权自2006年开始，一直属于盈方中国公司，中国篮球协会与盈方中国合作了15年，2021年初中国篮协决定停止与盈方中国的合作，自此之后由中国篮协自己的专业团队进行运营，运营权以及运营风险通过第三方来管理并不能达到理想的效果。从篮球和排球以往运营权的处理方式来看，排球联赛运营风险采用风险转移的方式来化解是不合适的，之前不合适，现在也不合适。风险担当是指中国排球超级联赛组委会主动承担联赛运营所存在的一系列风险所引发的后果，用自己的资源来弥补所造成的风险损失。风险担当虽然是一种重要的风险应对策略，但对于排球联赛的风险应对不合适，因为排球联赛本身市场价值相对较小，且赛事盈利能力差，不具备承担现有风险所引发损失的能力，故风险担当策略也不适合当前排球联赛运营风险的应对。因此，笔者认为当前中国排球联赛的运营风险不宜采用风险规避、风险转移和风险担当策略。

风险控制属于比较积极的风险处理手段，对不愿放弃也不愿转移的风险通过降低其发生的可能性和减小其后果不利影响的损失程度来达到控制目的。绝大部分的排球联赛运营风险均可通过风险控制策略进行管控，按照风险控制的方式，可以将风险控制策略分为工程物理法、人们行为法和规章制度法。如排球联赛的配套设施故障风险、恶劣天气影响比赛风险就可以通过采用工程物理法进行控制，对配套设施故障风险的控制可以增加相关设施检查维护的人力、物力、材料投入，购置备用的器械，如空调设施、电源设置、装备设备等。对恶劣天气影响比赛风险的控制可以通过比赛场馆地理位置的选择、交通工具的配备以及发放实用的防风防雨装备等方式进行。人们行为法可以用来控制排球联赛的排球协会决策失误风险、俱乐部运营人员工作失误风险、教练员管理风险、赞助商招募风险、资金预算不合理风险以及球迷因素风险等。排球联赛的许多风险如排球协会决策失误风险、俱乐部运营人员工作失误风险、教练员管理风险、志愿者管理风险、全运会体制束缚加剧风险、俱乐部商务运营机制不畅风险、相关法律指导思想滞后风险都可以通过制定和执行相应的法律法规和制度来应对。

因此，本书认为排球联赛的运营应该采用以风险控制为主要方式，以风险转移、风险规避和风险担当为辅助方式的风险应对策略。

第二节 排球联赛运营风险的宏观层面应对策略

一 "协、俱、校"深度协同，培养联赛运营管理人才

习近平总书记在谈用才之道时提到，国家要发展，人才是关键。人才是社会发展最重要、最关键的要素。对排球联赛的运营管理也是同样的道理，需要专业的管理人员和高水平的参赛人员。专业的联赛管理人员对联赛的作用犹如一位好的将军对一支部队的作用，高水平的参赛人员犹如将军手下攻无不克、战无不胜的猛将。通过上文分析可知，排球联赛人员风险主要来自这两个主体。在排球协会即将与国家体育总局脱钩的背景下，排球专业管理人才的匮乏即将成为排球联赛以及排球运动市场化发展的重要障碍之一，由于当前排球联赛的运营环境错综复杂，各类风险交织融汇，复杂的赛事风险对风险管理人才的素质要求也是日益提高。排球联赛

运营风险管理人才不仅要精通赛事管理的知识，包括赛事风险识别、评估、风险预案、规避执行和防控等步骤，还要拥有体育产业管理的相关能力以及了解排球运动及排球联赛的特点。因此，排球协会和俱乐部是联赛风险管理人才的主要需求方，高校又是我国当前各类人才培养的主阵地。排球协会和俱乐部要梳理本单位的人才需求，即需要什么素质的、具备哪些知识技能的排球风险管理人才，然后高校针对协会和俱乐部提出的人才需求在现有体育管理人才培养课程的基础上，开设针对性和实践性较强的专业课程，以满足当前和未来协会和俱乐部的理论发展需求。但风险管理是一项实操性很强的工作，仅在学校进行培养是远远不够的，因此笔者提出"协、俱、校"深度协同合作培养高水平管理人才，即由协会牵头出资、俱乐部提供实习岗位或工作岗位、高校负责提供相关专业教学师资等保障，协同培养专业排球风险管理人才，使他们在高校充分学习风险管理的知识，在俱乐部进行充分实践，通过全程参与协会、俱乐部等部门实际运营和风险管理工作，在现实操作中发现问题，然后带着问题再回到学校继续学习相关理论知识，形成理论—实践—再理论的反复学习过程（见图6-1）。

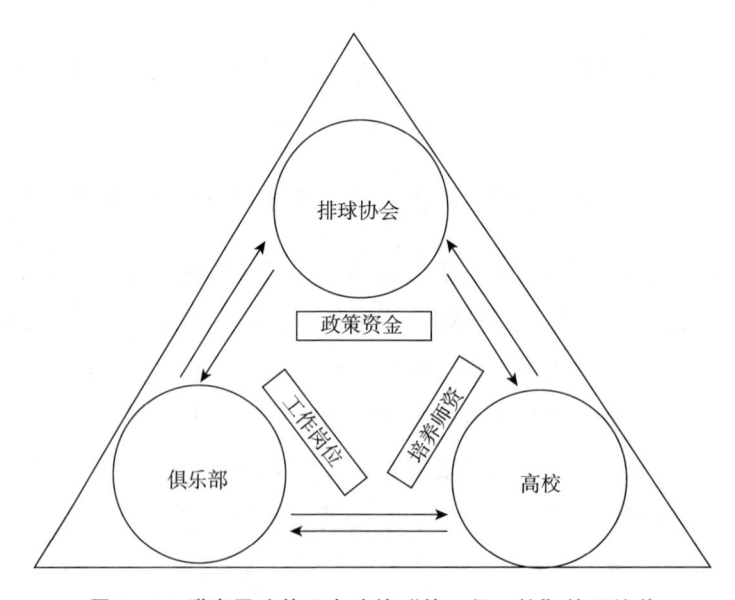

图6-1　联赛风险管理人才的"协、俱、校"协同培养

另外，联赛参赛人员的风险管理也是人员风险管理的一大重要组成部分，主要包括教练员、运动员、裁判员、媒体、志愿者以及球迷群体等各个要素，他们除了需要接受系统科学的管理外，还需要提高各成员的职业化水平，包括教练员的执教能力、运动员的竞技表演能力、裁判员执裁的艺术性、媒体的专业化水平等。他们专业技能水平的提高也同样需要排球协会、俱乐部和高校的协同培养，通过深度协同共同确保培养目标、培养方式以及培养出来的人才的质量。

二 加大资源"反哺"力度，提高联赛赞助资金额度

资金是赛事运营的血液，资金是否充足直接影响着赛事的水平，现阶段我国排球联赛的资金面临着较大的风险，通过二级指标权重的大小可以看出，资金筹集风险权重为 0.57、赛事创收风险权重为 0.35、资金管控风险权重为 0.07。赛事资金的筹集仍为联赛资金的关键风险。

排球运动在中国有着特殊的地位，尤其是中国女排作为女排精神的缔造者，广受社会资本的喜爱。排球运动的社会资本主要通过三种渠道承接，分别是中国排球协会、男女排国家队和排球联赛。从表面上看，社会资本的承接主体是三个，但其实际承接到的资金额度和赞助企业实力相差巨大。中国排球协会共有 34 家合作商家，分别是合作伙伴 8 家，即阿迪达斯、腾讯体育、腾讯赢德体育、光明乳业、太平洋保险、红旗、联想和怡宝；赞助商 8 家，即海尔空调、福临门、慕思寝具、惠达卫浴、贝壳、作业帮直播课、美陶瓷砖和匹克体育；供应商 18 家，即索菲亚、长城五星、雅迪、颜如玉、金锣、德意、自然堂、佳沃、水清清、快手、洁福地板、Mikasa、金陵体育、强槐体育、McDavid、岱宇、魔腾和阿芙·就是精油。中国男女排国家队也拥有众多的合作商家，以中国女排为例，截至 2020 年 1 月，中国女排合作商家共有 19 家，分别为官方合作伙伴 5 家，即太平洋保险、联想、腾讯体育、腾讯新闻、红旗；官方赞助商 7 家，即光明乳业、阿迪达斯、海尔空调、惠达卫浴、慕思寝具、福临门、贝壳；官方供应商 7 家，即金锣、颜如玉、德意、美陶瓷砖、水清清、百岁山和索菲亚。从 2019－2020 赛季中国排球联赛的合作商家来看，除了各俱乐部的冠名商外，赞助商仅有 9 家，分别是咪咕视频、

玲珑轮胎、匹克体育、纯悦、考满分、全体育、中视体育、瑞盖鹰眼和九牧王。

联赛作为选拔国家队队员的蓄水池，联赛水平直接影响着国家队运动员的成长环境，优秀运动员的培养离不开高水平赛事的历练。从以上分析可知，排球联赛与排球协会和国家队的合作商家从数量和质量上均不可同日而语，排球项目所吸引的社会资本绝大部分被排球协会和国家队占用，虽然排球国家队和排球联赛均在排球协会的管辖下，但两者社会资本的吸引能力相差巨大，这就形成了排球联赛为国家队源源不断地输送高水平教练员和运动员，国家队通过这批优秀的人才在国际赛场上争金夺银，为排球协会取得辉煌的成绩。然而，在资源分配方面，排球协会和国家队占据了大量的资源，最需要培育的排球联赛却获得了少量的社会资本，如图6-2所示。

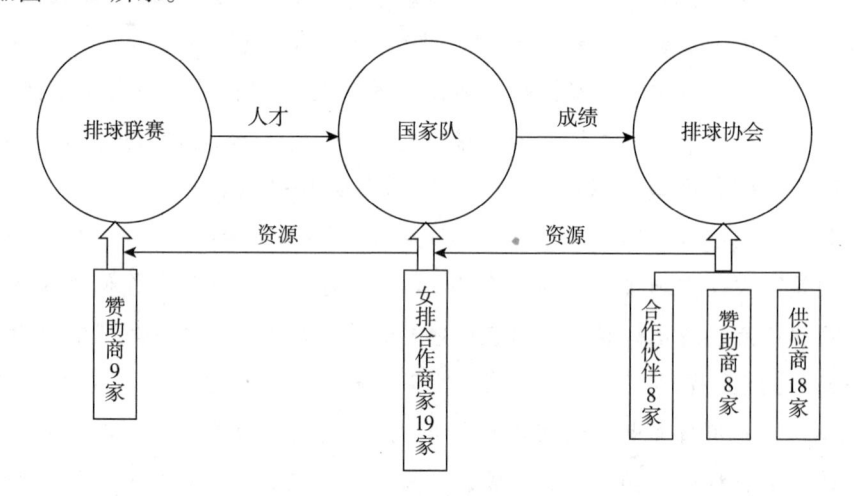

图6-2　资源承接主体间资源分配示意

基于此，笔者提出，打破三个社会资源承接主体间的壁垒，补齐排球联赛资源获取的短板，加大资源"反哺"力度，提高联赛赞助资金额度，为排球联赛的市场化、职业化发展营造一个良性环境。具体措施为，中国排球协会退出资源承接主体，国家队和联赛两者打包投入资本市场，建议在一定时期内将资源适度向联赛倾斜，根深才能叶茂，培育联赛市场，提高联赛参与者的收入，吸引更多有识之士加入排球联赛的大家庭，把排球联赛打造成真正的职业联赛。

三 创新比赛规则、联赛赛制，降低排球联赛自身特征风险

近年来，联赛不断扩军，致使俱乐部竞技水平参差不齐，排球联赛各队伍间强弱分明，导致比赛的观赏度大打折扣。笔者认为要科学分组，建议恢复联赛升降级制度，科学合理的分组能保证组内各队实力相当，凸显竞赛的杠杆作用，提高比赛的激烈程度。综观排球联赛的不同赛制尝试以及当下我国排球联赛的现实情况，笔者认为目前的男女各14支队伍最好能按照联赛上赛季排名分成两组，前六名为A组，后八名为B组，A组的后两名和B组的前两名在下赛季进行升降。另外，排球联赛仍需建立一个与之能对接的下级联赛，确保联赛不会成为无源之水，建议与大学生体育协会对接，尝试将大学生排球联赛的前几名队伍纳入联赛的培养梯队中，实现联赛多级化。关于比赛的积分方式可以尝试混合积分制，笔者认为胜局积分制更能激发各支队伍的求胜欲望，促使运动员每球必争，建议小组赛采用胜局积分制，增强小组赛的竞争性和观赏性，鼓励弱队不畏强手，敢打敢拼；排位赛、交叉赛以及决赛采用现在使用的胜场积分制，通过积分方式的变化激发运动队的主观能动性和运动潜能，提高赛事的观赏性和平衡性。

排球运动的技战术、场地、比赛规则等内容是排球有别于其他项目的根本特征，与排球联赛的竞技性、观赏性以及其他要素共同形成了排球联赛的特征。每个项目都有各自的特征，虽无好坏之别，但有是否符合职业化、市场化的需要之分。排球运动作为备受国人喜爱的球类运动之一，其与篮球和足球相比，项目人口远不及两者。从项目特征来看，排球运动的入门门槛更高，技术动作更难掌握，在没有经过长时间基本功训练的前提下，人们难以体会排球运动的乐趣，再加上比赛场地以及网高等因素更是制约了青少年参与排球运动。笔者认为要从降低排球入门门槛切入。排球运动入门难度大主要体现在排球运动的设施、比赛规则、技术要求三项内容上。比赛设施的问题主要包括室内排球比较硬，与身体接触会产生疼痛感，以及球网高度、球场的面积大小等方面。比赛规则主要包括球不能落地、球不能在手中停留、必须三次及以内过网等，还有就是需要学习的技术动作较多，且较难掌握，如传球手型、垫球姿势、扣球步伐等。因此笔者提出创新性地降低门槛的措施，如在青少年中大力推广小排球和气排

球,根据青少年不同年龄段、不同身高选择合适的网高和比赛场地,设计一种可以轻易调整网高的球网和可以随意变化场地大小的场地贴线等。对于比赛规则,可以在不改变排球根本属性的基础上进行大胆创新,如允许持球、球可以落地一次、允许连续击球两次、允许四次击球等,另外关于技术动作学习困难可以尝试通过改进教学方法提高学生的学习兴趣和效率等途径来解决。

四 明确各层级权责利范围,分层管控营造优质环境

明确各层级的权责利范围是对排球联赛运营风险进行管理的基础,排球联赛诞生于计划经济向市场经济转型的过程之中,虽然经历20余年的发展已在各个方面有了长足的进步,但计划经济体制的运行痕迹仍然很明显,还存在着政府与市场的界限不清晰、利益分配不合理、责任归属不明确的现象。目前我国排球运动的管理依然是排球运动管理中心与中国排球协会两块牌子、一套人马的模式,排球运动管理中心集管理和运营于一身,这种模式不仅造成联赛产权不清晰,还直接造成了参赛俱乐部实体化难以推进的现象。由于各省市体育局拥有运动员和教练员的编制,所以其对当下的排球俱乐部拥有绝对的话语权,这不仅仅是俱乐部股权的问题,还直接影响到整个职业排球联赛的发展方向和价值取向。当体育局与投资商出现冲突时,是以体育局的利益为中心还是以市场的发展为中心,两者关系的博弈是当前面临的重大风险。中国排球协会身份的多重性和各俱乐部的非实体性导致在处理联赛风险时权责不清,在风险责任分担上模糊不清。笔者认为国家体育总局要充分利用国家发改委要求的全面推开行业协会商会与行政机关脱钩改革的这一契机,实现中国排球协会与排球运动管理中心的彻底脱钩,使得职业排球联赛走向市场,构建新型职业排球联赛管理体制,明确联赛各主体的权责利,如图6-3所示。新型的联赛管理体制应该是国家体育总局与排球运动管理中心彻底脱钩,国家体育总局和民政部从宏观层面对中国排球协会的发展进行指导,发挥监督作用;排球联赛的赛事运营全部交由中国排球协会的联赛组委会负责;中国排球协会要建立一套完整的自我管理条例,明确自身义务与责任;具体的各类运营通过契约的形式交由各类中介公司负责,形成一种权利和义务相统一的管理

体制，为化解联赛运营风险奠定坚实的基础。

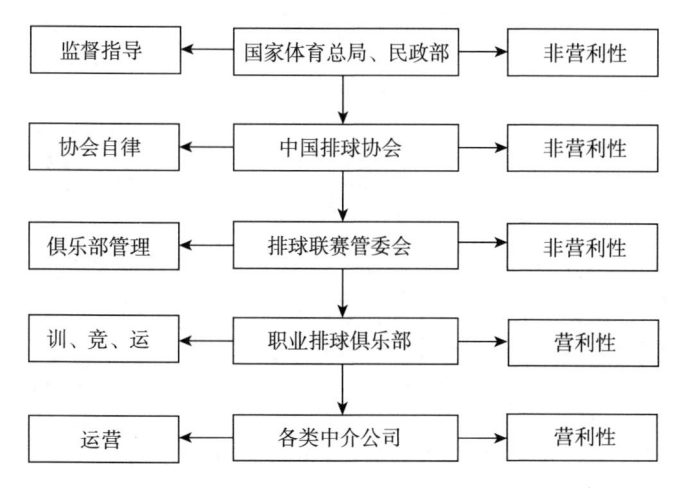

```
监督指导 ← 国家体育总局、民政部 → 非营利性
              ↓
协会自律 ← 中国排球协会 → 非营利性
              ↓
俱乐部管理 ← 排球联赛管委会 → 非营利性
              ↓
训、竞、运 ← 职业排球俱乐部 → 营利性
              ↓
运营 ← 各类中介公司 → 营利性
```

图 6-3 新型联赛管理体制下不同主体权责利示意

在厘清各层级权责利后，还需要一个专门管理联赛风险的机构，没有专门的风险管理机构，会导致各运营主体间风险不能层层压实，风险发生后果无人承担。为此笔者提出要建立专门的联赛风险管理团队，成立一个由排球协会直接领导的赛事组委会和由各参赛俱乐部主要负责人组成的排球联赛运营风险管理小组，根据距离比赛时间跨度的不同，将各部门负责的风险类型分为短期、中期和长期 3 类。从 3 个层面对联赛运营风险进行管理，即各参赛俱乐部主要负责赛事的短期风险，包括每一个主场比赛的比赛前、比赛中和比赛后 3 个阶段的风险管理；联赛组委会主要负责赛事中期的风险，主要包括赛季前、赛季中和赛季后 3 个阶段的风险管理；排球协会主要负责排球联赛长期的风险管理，要从联赛发展甚至项目发展的高度对赛事的运营风险进行管理，要从联赛发展的人力资源储备风险、资金来源渠道风险、项目发展大环境风险以及项目特征风险等维度进行宏观的审视和管理，如图 6-4 所示。确保排球联赛风险管理全面多元，满足赛事职业化、市场化发展需要，成立排球联赛赛事风险防控管理领导小组，通过层层风险把关，压实风险管理责任，有利于增强运营主客体的风险意识，统筹规划使组委会、排球协会及俱乐部甚至媒体及供应商等全面参与到风险管理过程中来，明确彼此职责，强化监督，深入开展赛事风险管理工作（蒲毕文、贾宏，2018）。

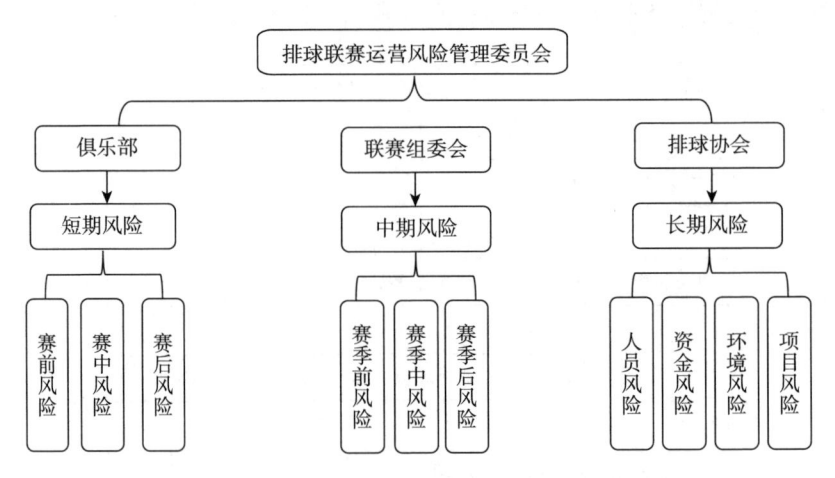

图 6-4　排球联赛运营风险分层管控示意

五　充分激发体育保险活力，合理转移赛事设施风险

赛事设施风险虽然在评估指标体系中权重占比最小，但并不代表其不值得被关注，看台坍塌、场馆火灾等情况时有发生，此类风险一旦出现，后果不堪设想。然而，此类风险虽属于赛事管理的一部分，但在很大程度上又超出了体育管理的范畴，仅靠现有的赛事管理者对其进行管理，难度较大，且没有必要把过多的精力放到此类风险的管理上，可以尝试通过保险来应对此类风险。

体育产业的发展离不开保险业的支持，社会经济离不开保险业的参与，其在经济社会发展中扮演着重要基础和必要前提的角色。2020年1月23日，国务院批准银保监会等13个部门联合发布《关于促进社会服务领域商业保险发展的意见》，其中就提出了要大力发展体育领域的商业保险，积极开发专属保险产品。虽然我国体育保险业的发展极为缓慢，但近些年随着体育产业的迅猛发展，保险行业也开始重视体育保险市场的开发，一些大型的保险公司推出了一些涉及体育行业的保险业务，如中国平安、中国人保、太平洋保险等均有涉及体育行业的保险。与此同时，我国出现了专业体育保险经纪公司，推出了如"跆拳道保险""游泳场馆综合保险"等一批保险产品，另外，还出现了一些小型的体育保险公司，如"运动保""保准牛"等。但是，当前我国体育保险业最主要的问题是缺乏系统化的顶层设计，体育保险业务处在严重的碎片化状态，具体表现为缺乏针对体育运动和体育产业的专门和专业化的保险产品体系和服务能力。在推动体育强国建设和发挥体育保险作用的大背景下，各级政府，特别是保险监管部门，应积极引导保险公司根据体育产业发展的需要，除了推出运动人身意外伤害保险外，还要开发与赛事相关的各种场馆、场地、器械等赛事必备设施的责任保险。一是要进一步推进体育保险的法制化进程。颁布促进和发展体育保险的指导方针。二是要进一步促进体育保险的专业化运作。根据体育风险的特点，指导保险机构开发个性化、专业化的体育保险产品。三是要鼓励和引导各类赛事积极投保，尤其是政府参与的大型体育赛事，通过保险来改善由行政管理模式造成的政府承担大量风险的局面，激发体育保险的活力，合理转移赛事设施风险。

第三节　排球联赛运营风险的中观层面应对策略

通过对排球联赛运营风险应对策略的分析，发现当前排球联赛的运营采用以风险控制为主要方式，以风险转移、风险规避和风险担当为辅助方式的风险应对策略较为合理。下面以一级指标权重排序下的各二级指标为抓手，逐一进行应对策略分析。通过第四章对各指标权重的分析可知，人员风险在所有排球联赛运营风险一级指标中的占比最大，其二级指标权重排序如下：外部合作者风险、内部管理者风险、比赛实现者风险和赛事消费者风险。资金风险在一级指标中排名第二，其二级指标权重排序分别为资金筹集风险、赛事创收风险和资金管控风险。项目风险在一级指标中排名第三，其二级指标排序分别为项目特征风险和联赛自身特征风险。环境风险在一级指标中排名第四，其二级指标排序分别是体制环境风险、法制环境风险和营商环境风险。设施风险在一级指标中排名第五，其二级指标排序分别是场馆建筑风险、赛事设施风险和救援设施风险。

一　外部合作者风险应对策略

外部合作者风险主要包括运营商运营能力风险、赞助商赞助能力风险、媒体支持力度风险、俱乐部商务运营风险、经纪人运作风险等。关于外部合作者的风险应对策略，笔者从两点提出建议。第一，建立健全筛查及退出保障机制。外部合作者作为负责联赛运营的主力，其运营资质和运营能力需要在签约前进行筛查和核实，要建立一套完整的筛查机制，防止一些具有一定经济实力但不具备运营能力的企业进入，并且要健全退出保障机制、定期考核机制，对其运营能力进行动态评估，对在前期筛查没有发现，但在实际运营过程中暴露出致命问题的企业要进行及时处理，利用完善的保障机制避免后果影响扩大化，及时止损。第二，建立联赛运营风险命运共同体。由于各类运营风险的发生存在较大的不确定性，如2019年底开始席卷全球的新冠肺炎疫情，其作为发生概率低但危害程度大且可控性低的重大突发公共卫生事件，对赛事运营产生了致命的影响。所以，赛事组委会及各赞助商、运营商等外部合作者要加强合作，密切沟通，及时调整赞助金额、运营范围以及营销策略，形成联赛运营风险的命运共同体，共克时艰，共同抵御风险。

二 内部管理者风险应对策略

联赛运营风险的内部管理者风险分为3个层面，分别是排球协会决策风险、省市体育局管理风险和志愿者管理风险。对内部管理者风险的管控，笔者认为核心的问题是管办不分，由权责利不清导致，内部管理者风险看似由3个层面构成，管办不分实则是根源。因此，笔者提出，管办分离，贯彻落实关于全面推开行业协会商会与行政机关脱钩改革的实施意见，加速协会实体化。第一，排球运动管理中心以及各省市排球运动管理中心要准确定位，把重心放到制定推动排球运动发展的相关政策、对排球运动社会组织进行引导和规范管理等方面上，确实为排球项目的发展以及排球联赛的职业化出台一批具有前瞻性的指导性意见以及工作方案。排球运动管理中心要尽快实现与各级排球协会的脱钩，退出具体社会性事务，包括各级排球赛事的筹办等，明确自身定位，从宏观层面对排球运动的发展进行指导。第二，在后脱钩时代，排球运动管理中心要切实提高自身的管理能力和专业化水平，加快推进国际化。排球运动在中国有良好的群众基础，而且中国排球在国际排坛一直具有重要的地位，因此，排球运动管理中心要主动与国际接轨，准确了解和掌握国内外相关领域的最新动态。

三　比赛实现者风险应对策略

比赛的成功举办离不开裁判员、教练员和运动员三者的团结协作和紧密配合。第一，裁判员是一场比赛的组织者和管理者，其能否做到严肃、认真、公正和准确，对一场比赛具有重要的影响，因此，为了避免出现因裁判员自身问题而产生假球、黑哨等运营风险，平时要加强裁判员的政治、业务学习和日常管理，建立裁判员风险管控机制，健全选拔、任用、等级升降以及退出制度，切实降低裁判员管理风险。第二，教练员是一支队伍的管理者，其性格品质、政治素养、技战术水平以及社会交往能力等都会对球队产生巨大的影响，因此要重视教练员的培养和管理工作，建立奖惩制度，激励教练员适应新时代职业体育发展的要求，鼓励并督促教练员学习新的技战术，降低因自身水平问题影响联赛职业化发展的风险。第三，运动员是比赛最直接的呈现者，其竞技水平的高低直接决定了赛事的质量。通过专家访谈发现，目前联赛运动员最大的风险是运动员水平整体不高同时高水平后备人才供给不足，不少球队在无法实现引援的情况下，只能把技战术水平还不够高的年轻运动员调到队伍中，直接造成队伍实力大打折扣。为此，笔者认为要加大对高水平后备人才的培养力度，资金、人员、管理全方位升级，提高后备人才培养质量；另外，要调整赛制，根据不同队伍水平分不同组别，采取不同的积分方法激励运动员快速成长。

四　赛事消费者风险应对策略

赛事消费者的数量和质量决定着排球联赛发展的远度和深度。第一，球迷管理风险。赛事消费者主要包括现场和通过电视、电脑等新媒体终端收看排球联赛的观众，远程观看者风险较小，因此风险主要来自现场观看者。现场观看者的管理风险主要存在于球迷赛前入场、观赛期间以及赛后退场的安全问题上。非关键场次现场观众数量相对较少，人员安全相对容易控制，但关键场次观众数量相对较多，情绪也更容易激动，因此，在关键场次要加派管理人员，科学引导现场观众文明、专业观赛，减少嬉闹、辱骂、投掷垃圾等不文明观赛行为。另外，也要重视非比赛时期的球迷管理，要通过微信群、球迷后援会等多种形式保持与球迷的联系，多组织线下球迷活动，增进感情，加固纽带。第二，球迷数量减少风险。观赛人数的减少也是联赛人员风险的一个重要因素，目前观众可选择的观赛项目越来越多，排球作为其中的一项要不断提升自身的吸引力，吸引更多的青少年加入其中，要借体教融合的东风，加快出版和研发适合中小学开展排球运动的教材和器材，让更多的青少年在更小的年龄喜欢上排球运动。

五　资金筹集风险应对策略

排球联赛筹集资金的总量取决于赞助商数量和赞助资金的多少，为降低联赛资金筹集的风险，笔者认为要从以下2个方面进行管理。第一，整合排球项目资源，推出更具市场吸引力的广告产品。排球联赛市场吸引力小不仅仅是因为排球人口少，还有一个原因是排球协会吸引了对排球项目有兴趣的大部分赞助商家，相较于排球联赛合作商数量的稀少，中国排球协会的合作商数量繁多，从中国排球协会官网展示出的合作商数量（合作伙伴8家，赞助商8家，供应商18家）就可以看到，两者在合作商数量上存在巨大差异。因此，笔者提出将排球协会的资源与联赛的广告资源强强联合，排球协会作为一个非营利性的项目协会，有能力同时也有义务为排球联赛的发展提供支持和帮助，建议把国家队资源与排球联赛的广告资源进行打包，以整体形式对外招商筹资，不能仅对中国排球国家队进行赞助，应拓宽排球联赛的资金筹集路径。第二，要明确各方权责利，加大对赞助商家的回馈力度。各方要签署并严格执行规范清晰的商业合同，从法律层面确保赛事资金筹集的顺利开展。中国排球协会作为中国排球联赛的组织方，应全力支持排球联赛的资金筹集工作，做好自身的管理工作，可以监督但不应过多干预具体筹资的细节。排球联赛组委会及各俱乐部作为接受赞助的一方要明确提出广告产品的规格，包括市场、展示位置、受众数量以及推广效果等，切实增强赞助商的获得感，提升赞助企业的社会美誉度。与此同时，赞助方要按时提供相应的赞助资金和赞助物品，严格按照合同规定执行赞助任务，如出现违约要及时启动备用方案，降低资金筹集风险。

六 赛事创收风险应对策略

赛事创收是职业排球联赛资金来源的一个重要部分，赛事创收能力代表着其在体育竞赛表演业中的地位及影响力，合理管控赛事创收风险对联赛造血能力的提升意义重大。对赛事创收风险的管控，笔者提出以下 3 点应对策略。第一，广开门票销售渠道。以线上和线下相结合的方式广开门票销售渠道，通过多种电子支付与电子球票的形式进行售卖，让喜爱排球运动的球迷更加便捷地购买到球票。另外，创新门票销售形式，与其他大型企业或相关活动相结合，以组合套票的形式进行出售，还可以以福利的形式向排球专业的在校学生以及球馆附近的学校师生赠票，提高赛事的知名度以及当地居民的参与度。第二，创新联赛广告销售模式。在运用高科技手段提升原有广告位的展示效果的同时，要加大力度开发更多的赛事广告位，如化整为零，开放每场比赛冠名，就像各高铁动车车厢的命名一样，排球联赛也要以每场比赛为单位进行冠名招商。第三，深度挖掘赛事 IP。在信息数字化时代，赛事转播权的销售将越来越成为赛事创收的重头戏，2019 年腾讯体育签下美职篮 5 年的数字媒体独家转播合同，费用高达 15 亿美元；2020 年中职篮与中国移动咪咕签下了一份长达 5 年的赞助及转播合同，总价值超过 40 亿元；中超也曾签下 5 年 80 亿元的天价版权合同。由此可见赛事转播权销售的重要性，因此排球联赛组委会要聘请专业的运营公司对赛事的 IP 优势进行深度挖掘，提升排球联赛赛事 IP 的市场价值。

七 资金管控风险应对策略

排球联赛的资金不仅要开源还要节流。对资金管控风险的管理，笔者提出以下 3 点应对策略。第一，要加强资金支出的顶层设计，根据上赛季发现的问题和联赛发展规划制定科学合理的资金预算，确保资金高效利用，把资金用到最需要解决的问题上。第二，对于联赛利益的分配，在全面均衡的基础上，要注重向比赛实现者倾斜，切实提高教练员、运动员的待遇，他们的劳动付出才是最核心、最关键的要素，当资金不够充裕时要首先兑现给他们的利益承诺，要保障资金的发放，做到专款专用，防止资金挪用、占用，建立俱乐部负责人为第一责任人的机制，切实保障利益分配合理到位。第三，对于工作人员的待遇，要根据"多劳多得"的原则，尤其注重基层无编制人员的利益分配，对处在一线的志愿者、普通管理人员和服务人员要给予其劳动足够的重视，排球协会要组织成立联赛相关人员维权热线电话组织，让他们的付出得到应有的回报。

八 项目特征风险应对策略

运动项目的特征决定了项目职业联赛的特点，排球运动的技战术入门相较于其他球类运动门槛更高，参加者的技术要求也更加全面，只有在熟练掌握基本的排球技战术的基础上才有可能从排球运动中获得项目带来的快乐和成功体验，而且单人进行练习很难获得排球运动带来的愉悦体验，对参与人数依赖度较高，对团队配合的要求更加苛刻。因此，入门难度大严重影响了参与排球运动的人数，使参加者短时间内无法体会到排球运动带来的快乐，也降低了青少年从事排球运动的兴趣。针对该风险笔者提出3点应对策略。第一，降低排球技战术入门难度。在排球技战术入门难度较大的背景下，笔者提出在青少年群体中开展排球运动要以小排球或者气排球为抓手，在青少年接触排球运动的初期，减小体积和重量以及降低规则难度，如降低球网高度、持球连击的尺度等，通过人为降低入门难度，提高青少年群体的参与度。第二，用科技拓展排球比赛空间。排球比赛场地相较于足球和篮球场地较小，对于商务活动的开展以及赛事广告的展示相对受限，要在时间、空间上进行拓展，运用高科技技术深度挖掘空间，化解场地受限风险。第三，比赛隔网对抗性风险。由于排球项目特征决定了排球运动是隔网进行的，隔网对抗在很大程度上影响了比赛的激烈程度。但通过提高运动员竞技水平，或者通过竞赛规则、竞赛规程（积分方式、奖励方式等）的改变来提高比赛的观赏性，可以最大限度地提高比赛的对抗性。

九 联赛自身特征风险应对策略

排球联赛自身特征风险主要包括竞争失衡和竞技表演水平降低两个风险。关于竞争失衡风险，笔者提出以下3点应对策略。第一，建立宏观调控机制，构建联赛命运共同体。各俱乐部要重新定义与其他参赛俱乐部的关系，它们是对手，更是舞伴。俱乐部之间要加强"命运共同体"意识，各俱乐部不能只顾自己的成绩和利益，避免造成整个联赛的竞争性和观赏性降低。第二，成立俱乐部成长基金，促进俱乐部间经济均衡。由于我国排球联赛没有类似的选秀制度，为避免强者越来越强、弱者越来越弱现象的出现，排球协会应组织成立俱乐部成长基金，主要任务是扶持弱队成长。俱乐部在联赛排名靠后，且个别位置无人可用，又无优秀后备梯队人才可培养的情况下，可向基金委员会提出申请，由排球协会和俱乐部共同挑选高水平队员，迅速补充弱队实力，提高联赛的平衡性。第三，恢复联赛升降级制度，从赛制进行突破。联赛队伍的不断扩军，致使俱乐部竞技水平参差不齐。笔者提出科学分组，恢复联赛升降级制度，保证组内各队实力相当，凸显竞赛的杠杆作用，提高比赛观赏性。赛制也要进行创新，建议实行分段激励，尝试混合积分制，通过积分方式的变化激发运动队的主观能动性和运动潜能，提高赛事的观赏性和平衡性。

关于排球俱乐部竞技表演水平降低风险，笔者提出，在大力引进外援的同时要最大限度地加强后备人才培养，通过促进运动员流动来规避竞技表演水平降低的风险。第一，关于运动员的培养，优秀运动员的选材至关重要，因此要加强对排球运动员科学选材的研究，根据当前排球运动的发展趋势，力求做到精准选材。另外就是排球运动员的出路，要建立一整套排球运动员的成长机制，不仅仅是退役后的简单培训，要鼓励运动员到大学深造，文武兼备，不愁没有好工作。第二，关于商务运营人员的培养，众所周知，排球联赛的商务运营难度较大，商家投资热情不高，在这种情况下商务运营人员的水平和能力直接决定着赛事产品卖得好不好。因此，要充分利用教育资源，排球运动管理中心可以牵头与近年来成立的排球学院培养一批专业排球营销人才，让他们成为既懂排球又懂销售的专业排球营销人才，为排球联赛的职业化发展做好人才储备。运动员顺畅合理的流动是一项赛事保持生机活力的标志。关于我国排球运动员的流动，笔者认为首先要改善运动员培养的模式，要逐步去编制化，使运动员真正地成为"商品"，使有编制的固定资产成为流动的资产。

另外，关于联赛比赛时间不可控风险，笔者认为这是竞技比赛的一部分，应该通过转播机构合理安排播放内容进行调整，该风险在整个联赛商务运营中不属于重要风险。

十　体制环境风险应对策略

对于联赛运行机制、俱乐部机制等风险，笔者认为排球运动管理中心、排球协会、省市体育局以及俱乐部之间关系错综复杂，是管理体制与运行机制风险的主要来源，因此，笔者提出构建中国职业排球联赛新机制。第一，国家体育总局、排球运动管理中心与中国排球协会需进一步明确权责。当前，中国职业排球联赛的举办权和运营权均归属于中国排球协会，需进一步明确国家体育总局、排球运动管理中心和中国排球协会的权责。第二，各省市体育局与排球俱乐部之间也要明确权责，目前，各排球俱乐部与其所在省市体育局之间的隶属关系较为复杂，大部分排球俱乐部的运动员和教练员归属于所在省市体育局，而各省市体育局的相关目标与任务和排球俱乐部的目标与任务之间在很多情况下出现了分歧，因此，排球俱乐部与所在省市体育局的权责也需进一步明确。基于此，应构建中国职业排球联赛的新机制，明确中国职业排球联赛各主体的权责。

十一　法制环境风险应对策略

我国法制化进程不断加快，各行业法律逐渐完善，体育法制化进程也要加速，因此针对排球联赛的法制环境风险，笔者提出以下策略。第一，相关法律指导思想滞后风险。职业联赛的成功运营离不开先进体育法的保驾护航，欧洲足球、美职篮等职业联赛的成功运营都是以完善的法律保障为基础的，中国现行的《体育法》颁布于1995年，至今已有20余年，而经济社会的发展发生了翻天覆地的变化，体育事业也已完全不是20世纪90年代初的模样，已经严重滞后于时代发展的需求，《体育法》的滞后严重制约了我国职业体育联赛的发展。因此，为降低相关法律与法规滞后的风险，要加快新时代《体育法》的修订。第二，相关法律内容全面性风险，笔者建议加快完善与我国职业体育发展相配套的法律法规，在职业体育赛事权利保障上，体育冠名权、运动员形象权、赛事转播权、体育无形资产的商业开发等相关法律制度不健全，在出现纠纷时容易产生无法可依的窘境。现行《体育法》主要包括八章，分别是总则、社会体育、学校体育、竞技体育、体育社会团体、保障条件、法律责任和附则。笔者认为不够全面，至少要增加体育产业一章，重点突出职业体育赛事的法律保障，填补职业体育发展相关法律的空白。第三，相关法律配套法规适用性风险，《体育法》内容的不全面导致在发生纠纷时要从其他法律条款中寻找适用条款，在参照其他行业法律条文时会存在条文分散的状况，势必会出现适用性不强的问题。因此，建议细化体育相关法律问题的条文，在体育行业协会与管理部门脱钩的背景下，尤其要明确对行政垄断、不公平竞争等问题的审查与处理。为提高相关法律的适用性，要定期对相关法律进行修改，建立定期更新制度，以适应当前职业体育赛事的发展要求。

十二　营商环境风险应对策略

营商环境风险的管控要针对不同的风险类型展开。第一，环境不可抗拒风险。对于环境不可抗拒风险，如恶劣气候、重大公共卫生事件、战争等，除了做好应急预案外，还要通过购买保险的形式尽可能地规避此类风险，为赛事购买保险已经成为保护赛事的一个重要手段，如国际奥委会就为奥运会的举办购买了赛事取消险，就像2020年东京奥运会一样，即使赛事取消，主办方以及承办方也不至于为此付出过于沉重的代价。第二，市场接受度风险。职业联赛的运营环境最重要的是市场的接受度，如果市场对排球联赛整个赛事的市场价值不认可，就会直接影响到联赛的营商环境，赞助商数量、媒体曝光度都会大打折扣，因此，笔者提出打造排球联赛的品牌，主推"女排精神"，把女排精神贯穿排球联赛的各个层面，树立一个顽强拼搏、无所畏惧、团结战斗和勇攀高峰的赛事形象，以优异的品牌形象赢得市场的信赖。第三，其他赛事挤压风险。在我国体育竞赛表演业快速发展的背景下，各项职业体育赛事的规模和影响力也在逐渐扩大，发展较好的项目有足球、篮球、排球、乒乓球、羽毛球等。排球作为职业联赛项目之一在市场运营中必然会与其他项目产生竞争，如何变压力为动力，使其在竞争中立于不败之地，笔者以为除了要树立自己独特的联赛形象外，还要形成自己特有的赞助圈，挖掘甚至培育一批热爱排球运动、热爱中国女排的企业家，使之成为排球联赛忠实的粉丝。稳定和谐的营商环境是排球联赛正常运营的必备条件。

十三　场馆建筑风险应对策略

针对不同类型的场馆建筑风险，笔者提出以下 3 点建议。第一，固有设施风险。场馆固有设施是排球联赛举办的必备场所，包括球馆主体、看台等在排球俱乐部签约前就有的固有设施，其建筑质量、通风、用电状况等均需定期进行检查，要建立定期检查备案制度，做好突发状况的应急备案，确保场馆固有设施的安全可靠性。第二，临时设施风险。临时设施包括为举办排球赛事临时搭建的看台、广告宣传板等，这类临时搭建的设施要 24 小时监控，不仅要定期检查，而且责任要严格落实到人，尤其是对人员生命财产可能存在风险的临时设施要格外注意，必要时可以为临时设施购买保险，合理规避相关风险。第三，配套设施风险。配套设施是为保证联赛正常进行所必须具备的设施，包括球架球网、裁判台、比赛球等，对于这类配套设施除了定期检查外，还要购置替补设备，当相关设施不能支持赛事正常开展时要及时更换设备以保证赛事的正常运行。

十四　赛事设施风险应对策略

针对不同类型的赛事设施风险，笔者提出以下 3 点建议。第一，比赛器材储存、运输风险。排球联赛所有阶段的比赛通常采用主客场制（突发公共卫生事件导致的赛会制除外），因此，大部分的比赛器材包括地胶、球网球柱、LED 显示屏等均在全国各地的俱乐部所在地储存，因此，非赛期比赛器材的储存和运输就是一个重要的问题，要设立专人负责，定期检查储存室的温湿度、是否有被损害的可能，以及保证在搬运、装卸、安装过程中的安全，建立定期汇报制度，确保赛期能正常使用。第二，媒体转播信号故障风险。比赛期间的赛事媒体转播是排球联赛提高社会关注度、推广赛事品牌的重要渠道，因此要特别重视比赛直播期间的转播设备故障，在保障安全供电、供网的基础上，赛前一周要提前排查所有可能影响媒体转播的故障因素，确保转播的顺利进行。第三，鹰眼、LED 等故障风险。赛场设备主要包括 LED 以及鹰眼设备。赛场 LED 以及大屏幕是赛事的宣传窗口，赛场 LED 是展示赞助商企业及产品的重要渠道，LED 大屏幕是实时比赛和球员信息的展示板，赛场 LED 的状况直接影响着联赛直播画面和广告宣传的效果。鹰眼设备作为提高裁判准确性的重要辅助设备，保障其顺利工作对比赛流畅性和观赛体验具有重要意义，因此，笔者提出现场要配备高水平的维修员，做到准确预判及时处理，确保赛事的转播效果。

十五　救援设施风险应对策略

针对不同类型的救援设施风险，笔者提出以下 3 点建议。第一，救援交通工具风险。救援设施是当风险发生后降低风险损失的关键一步，对加强救援保障、增强救援能力意义重大。对于救援交通工具风险的管控，要根据各赛区举办比赛场馆的位置选择恰当的救援交通工具，同时，要加强在比赛时段的演练，对出发点与目的地之间的每一阶段进行细化管理，确保最短时间实施救援。第二，现场医疗设施风险。现场医疗救治主要是针对比赛球馆内的人群，主要包括运动员以及现场观众，当运动员或观众出现意外受伤时能第一时间找到专业的医生及简易设备进行当场救治，及时控制伤情，为急性损伤争取救治时间，为此，各赛场要配齐专业医生以及医疗器械，降低现场医疗救治的风险。第三，其他设备风险。其他设备包括灭火器、安全出口、应急照明灯设备，对于此类设备要定期检查维护，虽然用到的概率不大，但也要做好全面的维护。

总之，在中观层面处理排球联赛的运营风险时要抓该类风险中的主要矛盾，避免因顾虑太多造成精力和资源的分散。

本章小结

本章分为 3 个部分。第一部分为风险应对策略及特征介绍和排球联赛运营风险应对策略的选择，认为应选择以风险控制方法为主，以风险规避、风险转移和风险担当方法为辅的应对策略。第二部分为排球联赛运营风险的宏观层面应对策略，提出从五个方面对排球联赛进行改革："协、俱、校"深度协同，培养联赛运营管理人才；加大资源"反哺"力度，提高联赛赞助资金额度；创新比赛规则、联赛赛制，降低排球联赛自身特征风险；明确各层级权责利范围，分层管控营造优质环境；充分激发体育保险活力，合理转移赛事设施风险。这有助于增强排球联赛运营风险的管理能力。第三部分为中观层面的应对策略，分别从外部合作者风险应对策略、内部管理者风险应对策略、比赛实现者风险应对策略等15个方面展开了分析。

第七章
排球联赛运营微观风险分析

由于受篇幅限制，本章把专家评估出来的关键风险（排球俱乐部商务运营风险和排球联赛高水平后备人才培养风险）和非关键风险中风险量最大的一项风险（联赛竞争失衡风险）作为微观风险的分析对象，对其进行了风险防控策略的分析。

第一节 排球俱乐部商务运营风险

调研时间：2019年10月～2021年3月。

调研形式：参与式调研。笔者在2018－2019赛季联赛赛前会议期间以中国排球协会实习生的身份对部分俱乐部商务负责人进行了半开放式访谈及问卷调查，由于得到的数据不够全面，笔者在相关领导的推荐下应聘成为某职业排球俱乐部2019－2020赛季中国男子排球联赛商务负责人，通过自身的参与，深入了解俱乐部商务运营情况，也借此机会与其他俱乐部商务负责人同行进行访谈，了解其他俱乐部商务运营开展情况，为本书提供第一手的素材。

一 俱乐部商务运营状况

以A俱乐部的商务运营状况探究我国排球联赛俱乐部商务运营的状况。A俱乐部在排球联赛的成绩及投入等方面均处在中上游水平，以电话访谈的形式对其俱乐部负责人就俱乐部成员组成、股权分配、俱乐部收入以及俱乐部运营面临的困境等问题进行访谈。

关于 A 俱乐部的股权分配问题，省体育局占股 50%、冠名商占股 40%、市体育局占股 10%。从该股权占比饼状图（见图 7-1）可以直观地看出，政府占俱乐部股份的 60%，拥有绝对话语权。

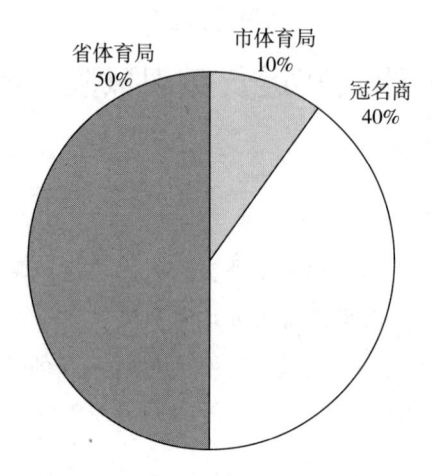

图 7-1　A 俱乐部股权分配情况

运动队参加比赛离不开各方力量的支持，A 俱乐部的成功参赛是 5 家单位协同运作的结果，它们分别是省体育局、市体育局、区体育局、冠名商和球队推广公司（见图 7-2）。省体育局负责运动队的训练和管理；市体育局负责竞赛协调；区体育局负责场馆、场地及安保等；冠名商负责运动队的衣食住行和接待等；商业运营开发商（即球队推广公司）负责运动队的商务运营、赛事推广以及门票销售等（该开发商是俱乐部签署的第三方运营机构）。

俱乐部的收入主要包括冠名商的冠名费用、组委会的名次奖金及主场补贴和门票收入等。A 俱乐部每年的冠名费用大概可以保持在 500 万元、门票收入大概在 20 万元，门票销售渠道多元，包括线上线下，线上主要通过大麦网、永乐票务等，线下主要有场馆门口及代售点售票。虽然销售方式较多，但整体的售票数量及总额不高，大部分球票是以赠送的形式给出。组委会下发的费用主要有名次奖金和主场补贴，主场补贴是固定的，举办一个主场比赛补贴 5 万元，名次奖金按实际比赛确定。

关于俱乐部商务运营最大障碍的问题，该俱乐部负责人表示："俱乐

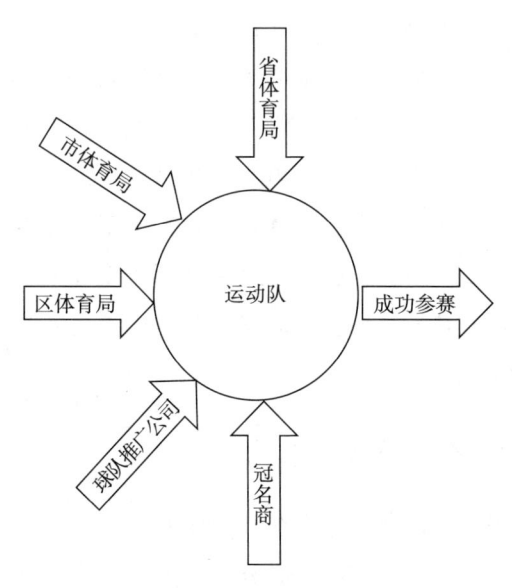

图 7-2 A 俱乐部的成功参赛贡献者示意

部拥有的商务权限太少，限定太多，组委会不能很好开发权限，我们俱乐部自己好不容易拉到个赞助，还要报送组委会审批，如此烦琐的程序导致不少广告资源浪费。"现有体制严重束缚俱乐部的商务运营，政府官员更加重视全运会，会出现球队缺少优秀运动员且赞助商同意支付购买外援的费用，但体育局不赞成引进外援的尴尬境况。他表示："联赛商务运营方管理不科学、不到位，不能对发现的问题及时提出意见并督促整改。还有就是排球联赛运营的大环境，市场份额太小，再加上曝光度不高，联赛电视转播困难，甚至出现付费转播。"

二 排球联赛运营不畅的影响因素分析

（一）管办不分致使权责利不清

联赛运行手册关于组委会的任务和组成等都有明确的规定，其是全面管理中国排球联赛运营的唯一机构，全面负责联赛的各项工作，总部及工作机构设在国家体育总局排球运动管理中心。也就是说国家体育总局排球运动管理中心在很大程度上就是赛事组委会，这就使本该属于两个完全独立的部门的事情混在一起。另外，职业排球俱乐部应该是一个向公众提供竞技表演服务及相关产品的企业化组织，是自主经营、自负盈亏、自我约束、自我发展的法人实体。但目前参加我国排球联赛的各俱乐部依然没有摆脱省市体育部门的实际管理，教练员、运动员等仍然在体育局拥有编制，从很大程度上说省市体育局影响到俱乐部的决策。由此可见，排球联赛依然存在着计划经济的烙印，联赛运营权分配不平衡也就成为现实。因为国家体育总局排球运动管理中心的管办不分，联赛在运作过程中权、责、利不清，从而直接导致即使及时发现问题也不能有效地解决问题，致使联赛的低水平徘徊。

（二）排球联赛市场认可度不高

在访谈中，俱乐部商务负责人在进行商务推广时提到"大环境整体疲软，排球市场小众""关注排球、从事排球运动的人口过少，排球联赛周期和回报率无法满足潜在赞助商的需要"等，以国内三大球职业联赛在中央五套的刊例价格为例，刊例价格是指媒体广告部门提供的可以在其平台上发布广告的价格，可以通俗地理解为在中央五套转播相关体育赛事时插播广告的价目。如图7-3所示，以5秒的广告价格为例，中国男子篮球职业联赛为16万元/次，中国足球超级联赛为13万元/次，而中国排球超级联赛的价格仅为6万元/次。从广告刊例价格的不同可以看出，国内三大球联赛中排球联赛的广告价值远不如篮球和足球。整个社会资本对排球联赛的企业宣传和推广效果不认可，排球市场不活跃，群众参与度低，不仅造

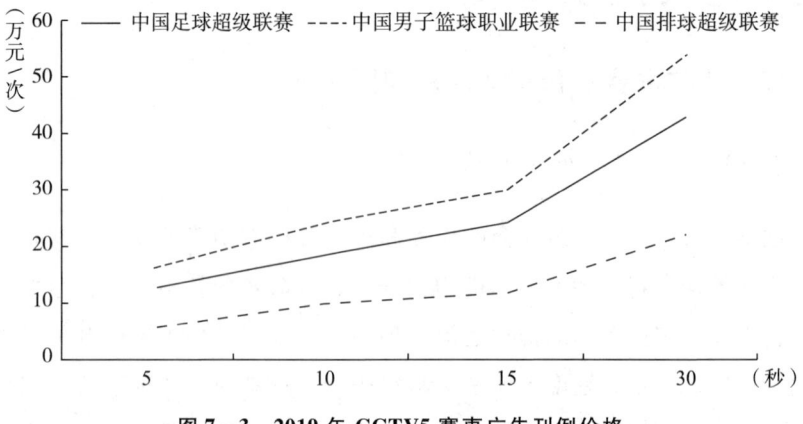

图7-3 2019年CCTV5赛事广告刊例价格

成组委会招商困难，俱乐部招商更是难上加难。

（三）广告招商权限分配不均衡

从前文分析可知，排球联赛组委会与俱乐部之间所拥有的商务运营资源分配严重不均衡，组委会占有了绝大部分的联赛广告资源，联赛招商权限共23项，其中组委会占了16项（见表7-1），占总数的69.6%，且这16项中，有14项属于100%拥有，另外两项分别拥有93%和92%。从招商权限的质量来看，最具商务运营价值的运动服装、服装广告、饮用水和LED广告等绝大部分属于组委会权限。俱乐部拥有的7项招商权限中仅俱乐部冠名权具有较高的商务推广价值。分配的不均衡极大地压缩了俱乐部的商务运营空间，直接打击了俱乐部商务运营的积极性，故联赛招商权限的分配不均直接影响了俱乐部的商务运营。

表7-1 组委会拥有的招商权限

序列	招商权名称	数量或比例	备注
1	运动服装的招商权	共1个	含比赛服、训练服、出场服
2	比赛服装广告招商权	共11个	
3	训练服装广告招商权	共1个	
4	赛场辅助人员服装广告招商权	共1个	
5	比赛饮用水招商权	共1个	
6	赛场LED广告招商权	93%	占比赛总时长93%的招商权归属组委会
7	大屏幕广告招商权	100%	
8	地贴广告招商权	11个	共12个
9	横幅广告招商权	100%	
10	竖幅广告招商权	100%	
11	门票正面广告招商权	100%	
12	二层看台广告的招商权	100%	
13	座椅及座席广告的招商权	100%	
14	虚拟广告的招商权	100%	
15	立体广告的招商权	100%	

续表

序列	招商权名称	数量或比例	备注
16	二圈广告的招商权	100%	

以 2018–2019 赛季排球联赛商务权限分配为例，分析联赛商务推广权限分配的实际情况。排球联赛的商务权利主要包括联赛招商权分配、赛场 LED 电子广告屏的权益分配、赛场地贴广告的权益分配和参赛俱乐部服装广告权益分配等。以上招商权原则上只属于组委会和俱乐部。① 下面对俱乐部拥有的各项权益进行详细分析。

1. 排球联赛招商权限分配

联赛的招商权由组委会和俱乐部共同拥有，但通过 2018–2019 赛季联赛招商权限的分配数量和质量情况来看，两者差距巨大。从数量上看，联赛招商权共 23 项，其中组委会占了 16 项，占总数的 69.6%，且在这 16 项中，有 14 项属于 100% 拥有，另外两项分别拥有 93% 和 92%。从招商权限的质量来看，最具商务运营价值的运动服装、服装广告、饮用水和 LED 广告等绝大部分属于组委会权限。俱乐部拥有 7 项招商权限，如表 7-2 所示，分别是球队冠名的招商权、比赛服装广告的招商权、比赛大巴车等自有产品的招商权、赛场 LED 广告的招商权、地贴广告的招商权、门票背面广告的招商权以及比赛场馆外巨幅广告招商权。俱乐部拥有的最具价值的权限是球队冠名的招商权，其次是赛场 LED 广告的招商权和地贴广告的招商权。其他四项比赛服装广告的招商权、比赛大巴车等自有产品的招商权、门票背面广告的招商权以及比赛场馆外巨幅广告招商权的市场价值较小，如属于俱乐部的比赛服装广告的 2 个招商权具有使用限制，对相关内容已经做了详细规定，商业价值大打折扣；针对比赛大巴车等自有产品的招商权，因为目前我国排球联赛的俱乐部并非真正意义上的实体公司，大部分比赛大巴车和体育场馆均为租赁而来，能否粘贴广告需征得所属公司同意，招商难度大；针对门票背面广告的招商权，据调查排球联赛将近有一半的俱乐部比赛门票以赠送为主，真正出售的门票数量较少，此招商权对商家的吸引力很小。

---

① 中国排球协会：《排球联赛运营手册》，2018，第 1 页。

表 7-2　俱乐部拥有的商务权限

序列	招商权名称	数量或比例	备注
1	球队冠名的招商权	共 1 个	唯一可以出现在球队名称里的商业名称
2	比赛服装广告的招商权	共 2 个	限制使用
3	比赛大巴车等自有产品的招商权	共 1 个	
4	赛场 LED 广告的招商权	7%	限制使用
5	地贴广告的招商权	1 个	共 12 个，且限制使用
6	门票背面广告的招商权	共 1 个	
7	比赛场馆外巨幅广告招商权	共 1 个	

从获得的招商权限来看，俱乐部所拥有的能够吸引赞助商的招商权限依次是球队冠名的招商权、比赛服装广告的招商权、赛场 LED 广告的招商权和地贴广告的招商权。

2. 球队冠名的招商权招商情况

球队冠名招商权是俱乐部拥有的最具商业价值的招商权限，俱乐部运营收入的大部分来自冠名招商，冠名权只有一个，例如上海光明优倍女子排球俱乐部、北京汽车男子排球俱乐部等，企业通过支付一定的费用获得球队俱乐部的冠名权，但通过分析发现，排球联赛俱乐部冠名的赞助金额与篮球和足球相差甚远，且仍有不少俱乐部没有球队冠名赞助商。

3. 赛场 LED 电子广告屏的权益分配及招商情况

LED 电子广告屏是指排球联赛比赛场地中，面对主摄像机的，位于场地边线、发球区两端线外，在无障碍区外设置的 64 平方米的 LED 电子广告屏。排球联赛各赛区被要求使用的 LED 电子屏的规格为 16 米（长）×1 米（高）×4 组，共计 64 平方米。关于 LED 电子广告权益的分配方式，排球联赛组委会以 LED 广告播放的时长为标准，按照赞助金额的不同，分配给各级赞助商和合作伙伴。LED 电子屏广告时间一共包括赛前 30 分钟+局间+赛后 20 分钟+赛时，赛前 30 分钟+局间+赛后 20 分钟的招商权限归中国排球协会和运营商排球之窗，俱乐部没有份额，另外赛时共 81 分钟，组委会占 75 分钟，一场比赛俱乐部拥有的权限仅 6 分钟（见表 7-3）。

表 7-3　LED 电子广告权益归属及分配情况

权益归属	播放时段	时长（分钟）	占比（%）
中国排球协会	赛前 30 分钟 + 局间 + 赛后 20 分钟		
排球之窗	赛前 30 分钟 + 局间 + 赛后 20 分钟		
俱乐部	赛时	6	7
组委会	赛时	75	93

4. 赛场地贴广告的权益分配及招商情况

排球联赛赛场的地贴广告由 1 号位置依次排序至 12 号位置。具体分配如下：组委会的地贴广告位置在 1 号、2 号、4 号、5 号、6 号、7 号、8 号、9 号、10 号、11 号和 12 号，俱乐部拥有招商权限的地贴广告位置为 3 号，位于场地右后方，如图 7-4 所示。

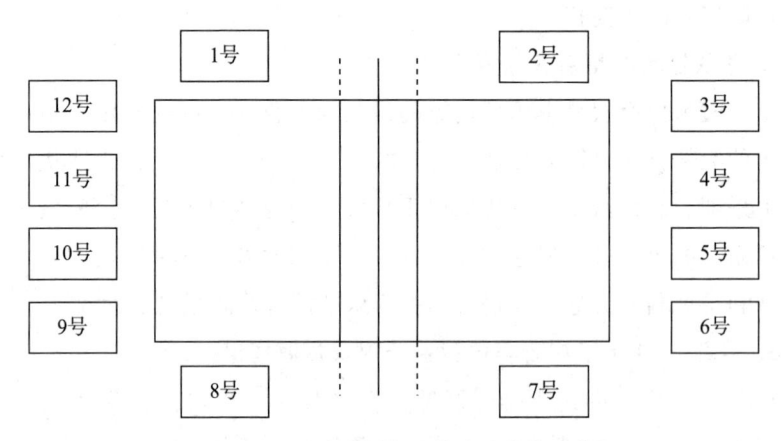

图 7-4　排球联赛赛场的地贴广告示意

5. 参赛俱乐部服装广告权益分配及招商情况

短袖比赛服和无袖比赛服可由组委会和俱乐部开发的广告位分别是 11 个和 2 个，俱乐部拥有的 2 个分别位于胸前［广告规格为 27cm（宽）× 10cm（高）］和左胸口［广告规格为 7cm（宽）×7cm（高）］，左胸口广告仅用于俱乐部标识或赛区所在城市中文名称，即只有一个胸前广告位置可以用于俱乐部招商。

从以上权限分配来看，俱乐部与组委会之间的权益存在巨大差异，俱乐部作为联赛的主体，应该属于运营的主要成员，其所拥有的商务开发权限与其身份极不匹配,对整个联赛的市场化和职业化发展产生巨大的影响,构成巨大的威胁。

(四) 俱乐部商务运营能力不足

成功的俱乐部商务运营离不开充足的广告资源和成熟的商务运营团队,通过问卷调查得知,现阶段我国排球俱乐部组建超过3人的运营团队的不到半数,而且还有个别俱乐部没有专职商务推广人员;通过问卷调查发现,有个别俱乐部还提出急需一份标准的商务推广模板,由此可知,现阶段商务运营负责人缺乏必备的商务运作技能。本来俱乐部所拥有的广告资源就有限,再加上没有高水平的商务运营团队,直接加重了俱乐部糟糕的商务运营状况。

三 俱乐部商务运营能力提高的策略

(一) 落实管办分离,促进俱乐部实体化发展

管办分离分为两个层面。第一层是排球运动管理中心与中国排球协会分离,目前中国排球协会与国家体育总局排球运动管理中心未分离,仍然处于两块牌子、一套人马的情况,当前排球联赛的实际控制权和举办权均由中国排球协会和排球运动管理中心拥有。排球运动管理中心属于国家的事业单位,主要任务是从宏观层面指导排球运动的发展,是一位指导者;中国排球协会作为全国性群众组织,应该属于独立的民间团体。其可以拥有某些具体赛事的举办权,而排球运动管理中心不能具体参与到某项赛事的筹办上,现阶段是管理和举办均由排球运动管理中心负责,难免在操作上会造成身份的混乱,这是要管办分离的第一层。第二层是各省市体育局与俱乐部之间的分离,目前各俱乐部与其所属的省市体育局的关系也较为复杂,俱乐部运动员和教练员的人事关系在省市体育局,省市体育局的工作任务与俱乐部的目标之间在很多情况下存在较大分歧,两者也要实现分离,构建股份制实体化俱乐部,合理协调,实现双赢。

(二) 深挖群众基础,引女排精神为市场价值

排球运动虽然在国内具有强大的影响力,尤其是中国女排以及女排精

神鼓舞着一代代中华儿女不畏艰难、奋发图强，但不可否认的是排球运动与篮球运动和足球运动相比群众基础非常薄弱，这也是为什么很多排球联赛的观众席冷冷清清，叫好不叫座。没有观众的比赛无论如何也谈不上市场化和职业化；赛场没有观众，俱乐部进行商务推广更是无从谈起，因此，相关部门要集中精力加大对排球运动的普及和推广，深挖群众基础，积极引导群众参与排球运动，尤其是在校大学生群体，通过开展形式多样的排球运动吸引在校大学生的参与，努力把他们培养成为排球运动的忠实参与者，通过扩大群众基础吸引更多社会资本的加入。

（三）资源重新分配，协会要充分放权并兜底

从现阶段的广告资源分配来看，联赛广告资源在组委会和俱乐部之间存在着较大差距，组委会占据了绝大部分广告资源，俱乐部商务运营呈"巧妇难为无米之炊"态势，赛事组委会要重新研究联赛广告资源的分配方案，广告资源的过于集中不利于俱乐部市场化的成长，笔者建议排球协会要充分放权并兜底。放权是指让有商务运营能力的俱乐部自行组织商务运营，只需要缴纳一定比例的收入给组委会即可；兜底是指协会和组委会要对当前没有足够运营能力的俱乐部的商务运营进行指导和协助，如果俱乐部同意，甚至可以承接俱乐部的商务推广权限，待时机成熟再把俱乐部商务运营权返还给俱乐部。2018－2019赛季排球联赛商务推广商排球之窗曾发布俱乐部商务合作的邀请，随后由于种种原因又不了了之。

（四）培养商务人才，构建复合型商务运营团队

排球联赛俱乐部商务推广人员是一个技术含量较高、技巧性很强的职业，不仅要了解排球联赛的特点，掌握招商管理方面的知识以及谈判技巧，更重要的是要有丰富的社会资源，目前符合以上条件且从事排球俱乐部商务推广的人才几乎没有，即使有就目前排球联赛的商务运营状况也留不住这些人才。因此，笔者针对现阶段各俱乐部商务负责人的情况提出两大解决途径：首先，对现有的具有一定社会资源的各俱乐部商务负责人进行培训，向他们提供基本的商务推广文件范本，使他们了解并掌握基本的商务推广规范和策略；其次，要由排球运动管理中心牵头利用中国排球学

院这一教学平台，培养能够满足排球联赛俱乐部商务推广的专门人才，双管齐下提高俱乐部商务推广能力。

四　小结

本部分主要对排球联赛运营关键风险——俱乐部商务运营风险进行了分析，研究发现该风险主要来自4个方面，分别是管办不分致使权责利不清、排球联赛市场认可度不高、联赛招商权限分配不均衡和俱乐部商务运营能力不足。针对以上情况，本节提出假设性建议：管办分离，加快推进俱乐部实体化；深挖群众基础，做大排球市场；广告资源重新分配，协会充分放权并兜底；培养商务运营人才，构建复合型俱乐部商务运营团队。

第二节　排球联赛高水平后备人才培养风险

调研时间：2017年9月~2019年3月。

调研形式：参与式调研。笔者在2017年9月以专家助理身份跟随专家组对我国男子排球高水平后备人才基地训练营的全体运动员的基本身体形态、素质和基本技术等进行了测试，并连续3年追踪该训练营情况，获得了一手的后备人才运动员的基本数据，并借此机会对专家组的专家及部分教练员就后备人才培养等问题进行了开放式访谈，为本书分析后备人才培养存在的风险提供了富有建设性的素材。

国家体育总局、教育部于2017年联合印发《关于加强竞技体育后备人才培养工作的指导意见》（以下简称《指导意见》），这是新中国成立以来第一个专门针对竞技体育后备人才培养工作出台的指导性文件。《指导意见》对完善竞技体育后备人才培养体制、创新竞技体育后备人才培养工作机制都具有重要战略意义。高水平运动员是竞赛得以正常开展的核心要素，是联赛能够正常运营的基础，任何一项赛事能够保持高质量举办都离不开新鲜血液源源不断的加入。运动员竞技水平的高低决定了运动竞赛的激烈水平和精彩程度，更是直接影响着联赛的市场价值。没有高质量的后备人才作为储备就不能给观众提供新鲜感和期待感，会使联赛呈现一潭死水的境况。通过风险识别发现排球联赛高水平运动员的培养风险是影响联赛可持续运营的重要风险，目前排球联赛不乏高水平后备人才匮乏的案例，不少运动员已经退役了，省市体育局又出面劝其再复出征战，甚至有的运动员已经走上了教练的岗位，如河南男排主教练崔建军、北京青年女排主教练初辉还要回到球队兼职球员，主教练兼球员在职业联赛中闻所未闻，但是在排球联赛的赛场上还在发生，暴露出我国排球联赛高水平后备人才断层问题严重。

一 排球高水平后备人才的现状

国家体育总局排球运动管理中心自 2001 年起，面向全国各级各类体校连续开展排球"高水平后备人才基地"的认定和建设工作，以排球"高水平后备人才基地"建设为抓手，着力排球后备人才的培养建设工程。经过几个周期的认定和建设，后备人才基地数量稳中有升，2018 年国家体育总局排球运动管理中心在全国确立了 44 所排球高水平后备人才基地。国家体育总局排球运动管理中心确立的高水平后备人才基地涵盖了绝大多数排球运动开展突出的体育运动学校和业余运动体校，还有部分优质的排球传统校，这些基地已经成为排球联赛的国内高水平运动员的主要"供应商"（连道明，2016）。本书以国家体育总局排球运动管理中心命名的全国排球高水平后备人才基地的男排运动员为分析对象，通过分析近年来男排青少年运动员的身体形态、身体素质和技术水平，探究我国排球高水平后备人才的培养现状，发现其中的问题，探究出现问题的原因，提出创新发展的策略，消除联赛运营的后备人才培养风险。

身体形态和身体素质是排球运动员专项体能的基础和核心，身体形态和素质决定着运动员未来发展的高度。笔者通过参与全国高水平后备人才基地训练营活动，对 2016 年、2017 年和 2018 年连续 3 年的男子排球高水平后备人才的身体形态和身体素质数据进行分析，参加训练营的运动员年龄均为 14~16 周岁，通过分析男排后备人才身体素质和身体形态的发展趋势探究后备人才的形态和素质现状。技术是战术的基础，运动员青少年时期学好基本技术对其以后的成长和发展具有重要意义，排球运动的基本技术包括发球、垫球、传球、扣球和拦网，本书选取 2018 年参加男子高水平后备人才训练营运动员（277人）的发球、垫球、传球和扣球的测试成绩，探究青少年运动员的基本技能状况。

（一）运动员身体形态

从表7-4可以看出，2016年和2017年高水平后备人才的身高相差不大，平均值相差0.21cm，但近三年男排高水平后备人才的身高存在逐渐降低的趋势，且存在显著差异，p＝0.014＜0.05，2017年与2018年高水平后备人才运动员身高平均值相差3.17cm。身高的最大值、最小值、均值连续三年都呈下降趋势。世界高水平排球赛事网口竞争激烈，对运动员的身高高度具有较高要求，因此后备人才身高的普遍降低对联赛高水平运动员的培养是个巨大的威胁。后备人才体重情况：单从表7-4的体重情况可以看出，运动员的平均体重呈现先增加后下降的趋势，p＝0.081＞0.05，不存在显著差异，BMI指数均在正常范围之内。后备人才手足间距和指间距均呈明显下降趋势，手足间距p＝0.026＜0.05，指间距最大值和最小值均呈现减小趋势，且p＝0.003＜0.01，存在非常显著的差异。简而言之，从以上四项指标可以看出，我国2016~2018年高水平男排运动员的四项体能测试数据没有明显的上升迹象，身高、手足间距和指间距呈明显下降趋势，这表明过去三年我国男排后备人才的身体状况不容乐观。

表7-4 后备人才身体形态指标

类别	年份	队数（个）	平均值±标准差（cm）	标准误	最大值（cm）	最小值（cm）	p值
身高	2016	18	186.44±3.42	0.81	194.21	180.83	0.014
	2017	24	186.23±3.95	0.81	194.00	176.20	
	2018	21	183.06±4.52	0.97	191.10	173.20	
体重	2016	18	70.50±5.38	1.27	78.53	60.80	0.081
	2017	24	71.59±5.22	1.06	81.90	58.20	
	2018	21	68.30±3.89	0.85	75.00	60.60	
手足间距	2016	18	239.46±4.86	1.15	250.86	231.58	0.026
	2017	24	239.25±5.26	1.07	248.80	226.10	
	2018	21	235.40±5.66	1.24	243.80	223.70	

续表

类别	年份	队数（个）	平均值±标准差（cm）	标准误	最大值（cm）	最小值（cm）	p值
指间距	2016	18	188.48±4.11	0.97	198.57	181.69	0.003
	2017	24	186.64±4.36	0.89	193.90	176.20	
	2018	21	183.30±5.16	1.13	191.50	170.90	

资料来源：全国排球高水平后备人才基地资料汇编，下同。

（二）运动员身体素质

弹跳和速度是排球运动员必备的两项指标，本书以助跑摸高高度、立定跳远距离代表弹跳素质，以30米跑的时间和半米字移动的时间代表速度素质。

从表7-5可以看出，2016~2018年男排高水平后备人才的助跑摸高高度整体呈下降趋势，微弱上升后急速下降，且组间存在显著性差异，p=0.00，2017年与2018年高水平后备人才运动员身高平均值相差3.17cm，但2017年与2018年助跑摸高高度相差15.26cm，说明男排后备人才助跑摸高能力下降明显。立定跳远距离在2016~2018年也呈总体缩短趋势，但组间不存在显著差异，p=0.54，2018年跳远平均成绩较2016年和2017年跳远成绩呈下降趋势，2017年与2018年相差3.55cm。总之，2016~2018年后备人才弹跳素质呈下降趋势。

表7-5 后备人才助跑摸高和立定跳远情况

类别	年份	队数（个）	平均值±标准差（cm）	标准误	最大值（cm）	最小值（cm）	p值
助跑摸高	2016	18	311.53±8.07	1.90	327.57	296.38	0.00
	2017	24	317.05±7.56	1.55	328.25	299.17	
	2018	21	301.79±9.44	2.06	315.62	279.92	
立定跳远	2016	18	251.08±11.57	2.73	266.67	230.85	0.54
	2017	24	252.09±10.13	2.06	270.14	232.92	
	2018	21	248.54±11.05	2.41	265.62	227.21	

从表 7-6 可以看出，2016~2018 年男排后备人才 30 米跑平均用时呈先增加后又减少的趋势，说明直线加速移动能力提高，p = 0.008，3 年数据呈显著差异。半米字移动平均用时呈减少趋势，p = 0.32，不存在显著差异，最大值和最小值均有所减小，说明变向移动能力提高。分析原因有二：一是移动能力确有提高；二是相比 2016 年和 2017 年观测对象的身高高度，2018 年身高相对较低，重心较低，变向移动更占一定优势，移动能力有所提高。

表 7-6 后备人才移动能力

类别	年份	队数（个）	平均数 ± 标准差（cm）	标准误	最大值（cm）	最小值（cm）	p 值
30 米跑	2016	18	4.37 ± 0.14	0.03	4.63	4.14	0.008
	2017	24	4.49 ± 0.11	0.02	4.80	4.29	
	2018	21	4.38 ± 0.15	0.03	4.71	4.12	
半米字移动	2016	18	17.12 ± 0.41	0.09	18.06	16.59	0.32
	2017	24	16.99 ± 0.54	0.11	18.10	15.86	
	2018	21	16.87 ± 0.54	0.11	17.76	15.80	

总之，从 2016~2018 年运动员的身体形态和身体素质变化情况来看，身高、手足间距和指间距呈逐年下降的趋势，助跑摸高的平均高度和立定跳远平均距离较 2016 年和 2017 年呈明显下降的趋势。各项指标不同程度的下滑可以说明当前我国高水平后备人才的选材出现了一些问题，这是后备人才培养风险的根源。

（三）运动员技术水平

青少年时期是运动员"成形"的关键期和敏感期，为了掌握我国男排后备人才基本技术掌握现状，对 2018 年男排高水平后备人才训练营的 20 支队伍的 277 名运动员进行传、垫、扣、发四项基本技术的测评。为了提高测试工作的效度与信度，男排后备人才训练指导组围绕测评的内容、指标、方式方法，多次进行了商讨。每项技术评定结束后，针对测试出现的问题，进行了归纳与总结，并通过教练员例会的形式，对测试过程中出现的问题进行了反馈与沟通，通过运动员出现错误动作的情况进行扣分，动作越规范扣分越少，以下为具体评分规则和测试得分。

1. 传球技术测评

传球技术主要从击球点、手型和动作3个方面评分，权重分别为3.0、3.5和3.5。扣分标准是上下前后是否偏离击球点。其中击球点总分为10分、传球手型总分为10分、传球动作总分为10分，笔者根据运动员的技术情况进行打分。

从表7-7可以看出，传球技术主要的扣分集中在传球手型环节，平均扣分5.56分，传球手型的好坏直接影响着传球的稳定性，在运动员初期要严格要求技术规范。

表7-7 传球测试成绩

队伍简称	击球点扣分	传球手型扣分	传球动作扣分	传球总得分（分）
潍坊	1.35	4.65	3.05	69.00
台山	2.15	4.00	4.40	64.15
宁波	3.00	5.30	1.53	67.11
新乡	2.00	4.11	4.17	65.03
南京	3.42	4.33	2.72	65.06
烟台	1.75	3.98	3.65	68.06
太原	2.05	5.35	3.00	64.63
山东	4.70	5.45	1.30	62.28
连云港	4.03	2.25	3.40	68.15
河北	4.35	7.30	2.45	52.83
济南	5.25	7.05	2.08	52.31
襄阳	3.41	5.19	3.19	60.47
杭州	5.40	5.70	1.80	57.55
周南	3.40	5.90	3.35	57.43
南通	2.70	4.65	4.95	58.30
洛阳	3.64	6.79	2.86	55.32
秦皇岛	4.08	5.83	4.61	51.19
开封	4.00	6.44	6.88	41.41

续表

队伍简称	击球点扣分	传球手型扣分	传球动作扣分	传球总得分（分）
唐 山	4.30	8.85	3.93	42.39
阳 江	8.00	8.00	3.75	34.88
平均数	3.65	5.56	3.35	57.88

2. 垫球技术测评

垫球技术主要从垫球身体姿势、垫球手臂姿势和垫球击球动作3个方面评分，权重分别为3.0、3.5和3.5。垫球身体姿势、手臂姿势、击球动作的总分均为10分，笔者根据不同情况进行扣分。

从表7-8可以看出，垫球技术主要的扣分集中在垫球击球动作，平均扣分为3.49分。

表7-8 垫球测评成绩

队伍简称	垫球身体姿势扣分	垫球手臂姿势扣分	垫球击球动作扣分	垫球得分（分）
潍 坊	1.40	1.18	1.55	86.26
台 山	1.15	0.85	2.00	86.58
宁 波	0.50	1.60	2.25	85.03
新 乡	1.89	1.28	2.78	80.14
南 京	0.56	0.89	1.39	90.36
烟 台	1.98	1.13	2.10	82.79
太 原	0.18	1.50	1.50	88.98
山 东	1.33	2.08	4.13	74.33
连云港	0.75	1.50	2.70	83.05
河 北	1.35	1.48	3.80	77.49
济 南	1.50	2.83	5.53	66.28
襄 阳	1.22	2.16	4.25	73.92
杭 州	1.73	2.53	4.58	69.98
周 南	1.43	2.58	3.95	72.89
南 通	2.00	1.73	2.20	80.26
洛 阳	1.89	1.71	4.68	71.95

续表

队伍简称	垫球身体姿势扣分	垫球手臂姿势扣分	垫球击球动作扣分	垫球得分（分）
秦皇岛	1.58	2.61	3.56	73.67
开封	2.53	2.09	2.81	75.24
唐山	1.48	2.40	5.48	68.01
阳江	2.00	4.25	8.63	48.94
平均数	1.42	1.92	3.49	76.81

3. 扣球技术测评

扣球技术主要从助跑起跳、挥臂击球和击球点3个方面进行评分，权重分别为3.0、3.5和3.5。助跑起跳以及击球点满分均为10分，分为四个关键扣分点，挥臂击球满分也为10分。20支男排高水平后备人才队伍扣球测评情况如表7-9所示。

从表7-9中可以看出，扣球技术动作扣分最为严重，3个扣分项均在4分以上，扣球击球点与挥臂击球环节存在的问题较为明显。

表7-9 扣球测评成绩

队伍简称	助跑起跳扣分	挥臂击球扣分	击球点扣分	扣球得分（分）
潍坊	1.80	2.20	5.25	68.53
台山	1.80	2.68	6.10	63.89
宁波	4.60	3.10	3.65	62.58
新乡	2.11	2.92	5.22	65.18
南京	5.08	6.89	3.78	47.42
烟台	2.80	4.08	6.65	54.06
太原	4.00	6.75	3.75	51.25
山东	4.80	2.65	3.43	64.34
连云港	4.25	6.50	5.35	45.78
河北	5.55	3.85	4.38	54.56
济南	4.60	2.90	3.25	64.68
襄阳	3.50	6.13	3.63	55.38
杭州	3.95	5.25	4.10	55.43

续表

队伍简称	助跑起跳扣分	挥臂击球扣分	击球点扣分	扣球得分（分）
周 南	4.48	7.50	4.85	43.35
南 通	3.45	4.63	7.55	47.04
洛 阳	7.21	5.93	4.93	40.36
秦皇岛	5.50	8.22	5.83	34.31
开 封	4.00	5.09	8.19	41.52
唐 山	7.00	6.15	4.70	41.03
阳 江	8.75	7.25	6.13	26.94
平均数	4.46	5.03	5.04	51.38

4. 发球技术测评

发球技术主要从抛球、挥臂击球、击球点和发球失误4个方面评分，前三项权重分别为3.0、3.5和3.5，总分均为10分，发球失误按个数计算，每失误一次扣0.5分，2分封顶。20支男排高水平后备人才队伍发球测评情况如表7-10所示。

表7-10 发球测评成绩

队伍简称	抛球扣分	挥臂击球扣分	击球点扣分	发球失误扣分	发球得分（分）
潍 坊	1.55	0.75	1.45	1.40	86.25
台 山	1.55	2.60	2.45	1.20	76.48
宁 波	2.35	3.10	1.50	1.10	75.75
新 乡	0.28	4.56	2.06	1.22	74.81
南 京	0.47	3.33	1.61	1.17	80.11
烟 台	1.45	3.30	2.15	0.70	75.88
太 原	0.20	5.00	1.60	1.30	75.00
山 东	3.80	3.55	0.60	1.30	72.78
连云港	0.78	4.20	2.10	1.20	74.43
河 北	2.20	2.85	0.88	0.75	79.61
济 南	3.10	2.40	0.55	1.25	79.13
襄 阳	0.47	5.56	2.13	1.13	70.56

续表

队伍简称	抛球扣分	挥臂击球扣分	击球点扣分	发球失误扣分	发球得分（分）
杭州	0.35	4.70	1.60	1.30	75.60
周南	0.48	5.55	1.80	0.90	71.95
南通	3.65	5.60	2.75	1.15	58.68
洛阳	3.36	5.36	1.82	1.43	63.38
秦皇岛	0.61	5.83	3.06	1.61	65.44
开封	3.69	5.41	3.31	1.44	56.99
唐山	4.10	5.40	2.33	1.40	59.26
阳江	5.50	6.25	3.25	1.75	48.51
平均数	2.00	4.27	1.95	1.24	71.03

从表 7-10 可以看出，发球技术主要扣分在挥臂击球环节，其次是发球抛球、发球击球点。

综上所述，通过对 2018 年男排高水平后备人才训练营中来自全国 20 支省市队伍 277 人基本技术的测评，客观地反映了当前我国排球高水平后备人才基本技术水平的现状。从各队总体平均得分情况可以说明，当前我国后备人才在基本功扎实程度方面确实存在不足。从 4 项技术测评结果的总体情况分析，技术粗糙、动作规范性较差是突出的问题。从单项技术测试情况分析，发球技术主要在挥臂击球环节存在严重问题；垫球技术主要在击球动作环节扣分较多；传球技术主要在手型与击球点环节问题突出；扣球技术主要在击球点与挥臂击球环节存在的问题较为明显。此外，后备人才在移动步法等其他环节也存在着共性问题。从总评得分情况分析，此次技术评价总平均分在 70 分以上的队伍仅有 7 支。上述情况基本反映了我国排球高水平后备人才技术水平的现状及存在的问题。后备人才基地的运动员作为联赛高水平运动员的人才库，基本技术不扎实和不规范将会直接影响到联赛的精彩程度。上述情况也验证了风险识别的结果，后备人才培养风险是一个重大运营风险，由此也说明了今后一个时期，在后备人才队伍中开展"狠抓基本技术规范"的重要性与必要性。

二　排球后备人才培养风险的主要影响因素

前人对排球后备人才培养的影响因素进行了大量的研究，学者张欣（2013a）的研究认为，我国排球运动水平出现滑坡，与后备人才匮乏、培养质量不高等因素有直接关系。廖鲁顗等（2016）运用层次分析法将权重系数最大的因素确定为主要因素，排在前三位的是选拔培养标准、培养目标和体教结合式的培养模式。樊谦（2012）在我国男排竞技水平与后备人才培养之关联研究中认为，后备人才管理体制和运动员选材对男排后备人才培养和竞技水平存在较大影响。张欣（2013b）的研究认为，排球后备人才培养过程中存在以下问题：培养制度建设缺乏、执行力差；教练员队伍结构不合理，理念、知识与方法手段落后；竞赛管理理念落后；经费来源单一、配置不均衡；缺乏明确的培养目标；教练员和培养单位的评价机制不完善。前人关于后备人才培养的影响因素总结下来就是选材和育才两个方面，下面笔者将对选材难和育才难的原因进行剖析，为后续后备人才培养策略的提出提供依据。

（一）排球高水平后备人才选材难

1. 后备人才基数减小，造成无才可选

中国男排名将、北京汽车青年女排主教练初辉在全国各地挑选后备人才后表示："现在排球人才奇缺，为找到好苗子，我动用能够利用的一切人脉资源，总算在今年年初把这支球队组建了起来。"可见选材难度之大。我国排球后备人才培养的"三集中"模式近年来受到了前所未有的冲击。第一，人口红利逐渐消失，青少年群体的数量减少，再加上家长对孩子学习的重视程度越来越高，留给青少年参加体育锻炼的时间越来越少，导致参加竞技体育运动的人数大幅度减少。由于排球运动属于较为小众的项目，所以，相比其他球类项目，排球的后备运动员数量和质量下滑更为严重。第二，鉴于全运会及省运会的运作机制，许多省市把有限的经费和精力投入到了消耗少、见效快的传统优势项目，直接导致全国各地参加排球训练的青少年人数大幅减少。第三，排球市场化发展远不及其他项目，从事排球运动与从事其他运动项目相比，付出回报率较低，直接导致优秀运动人才流向其他项目。连道明（2016）通过对后备人才基地主教练的调研发现，接近48%的教练员认为现在遇到的主要问题是"无才可选"，仅有的一部分优秀运动人才还从事了其他项目。

2. 系统科学的排球后备人才选拔体系亟待完善

排在制约运动员竞技水平提高的3个要素之首的就是科学选材，选材是否成功直接就意味着训练能否成功，科学训练和科学管理排在科学选材之后也就更加说明了选材的重要性。连道明（2016）在研究中发现，32%的教练认为现阶段排球运动员的选材手段落后，根据我国目前现有的后备人才教练员的水平及选材的标准，仅凭自身经验判断已难以全面地挑选出具有发展潜力的青少年，因此，为了选拔出更加优质的排球后备人才，亟须建立一套符合我国排球运动技战术发展特点的后备人才培养选拔体系。中国排球运动管理中心及中国排球协会应牵头组织创编不同年龄段青少年排球运动员选材标准，完善选拔与退出机制，实时追踪运动员的成长，提高高水平后备人才的培养效率，最大限度地避免资源浪费，只有从运动员培养的源头抓起才能有效地提升我国高水平后备人才的培养质量。因此，当前排球运动员选材亟须建立一套完善的评价和选拔机制。

（二）排球高水平后备人才育才难

人才培养需要全方位的保障，是一个漫长的过程，某一个环节出现疏忽都有可能造成育才失败。调查中，超过70%的被调查者认为本单位后备人才的成材率一般或较低，这一比例也基本反映了目前我国排球后备人才整体成材率偏低的状况（张欣，2013b）。造成这一现象的原因有如下4点。

1. 后备人才培养理念落后

我国基层排球教练对年轻运动员的训练往往侧重于眼前的利益，忽视了运动员整体身体素质和基本技能的训练，过分追求各个年龄段的运动员的竞技能力最大化，以求快速地出成绩，例如违反竞争体育训练原则等训练问题普遍存在。从近几年的全国排球联赛来看，许多球员的基本功差、技术不全、基本动作不规范。有些球员的身体条件很好，但是基本功很粗糙、很不扎实。青少年运动员自身潜力的过度和不合理开发，不仅不能充分发挥其潜力，而且会严重影响青少年运动员竞技能力的可持续发展（汪庆波、李毅钧，2015），造成这一现象的根源是后备人才培养理念滞后，违背运动员成长规律，过早对运动员进行专位训练争得了一时的成绩却造成了其整个职业生涯的残缺。

2. 教练员综合能力不强

教练员是训练过程的设计者、组织者和管理者，对球队的发展起着主导作用。教练员整体素质与能力对年轻运动员的成长和管理尤为重要。但目前我国后备人才教练员水平及实际情况令人担忧，目前担任后备人才教练员的有相当一部分是专业队退役下来的运动员，甚至有些后备人才队伍的教练员是在一队或二队打不上球的运动员，他们从小的培养模式限制了其全面掌握排球教练员的必备知识。

技能基本功是教练员的训练之基、成效之道，它贯穿整个训练过程，扎实的技能基本功是提高训练质量、减少运动员无效付出的重要保障。2019年，全国男排高水平后备人才集训对全体教练员的技能进行了测评，包括单手敲网前球、双手抛调整球、打两侧防守球和发定点球共四项，这是首次在全国后备人才（男线）训练营中进行测评，技能测评结果显示，参加测评的教练员四项测评总分（百分制）最高分72.5分、最低分30.0分。[①] 由此可见，教练员自身的运动技能水平不高，最基本的训练技术都不过关，怎么可能训练出高水平的运动员。此外，教练员考核机制不完善，教练员自我学习的积极性不高，使大多数基层排球教练员缺乏先进排球理论的学习与更新，训练的科学化程度不高（张欣，2013b）。

3. 社会资本难引进，政府经费投入不足

随着我国社会主义市场经济体制和机制的不断完善，计划经济模式下的后备人才资金投入模式及资金配置方式已远不能满足当前排球高水平后备人才的培养，依赖政府"输血"的模式不仅增加了政府的经济负担也阻碍了排球运动的社会化发展进程。但是，目前在经费投入上，全国高水平后备人才基地的经费来源主要还是上级拨款，社会资本对后备人才培养，

[①] 《全国高水平后备人才（男线）训练营举行教练员业务交流与技能测评活动》，中国排球协会官网，2019年8月9日，http://www.volleychina.org/nm/2019/0809/6238.html。

尤其是群众参与度不高的项目投资兴趣严重不足。这些高水平后备人才培养单位除了每年省市体育部门专项拨款和教委对"基地"进行额定行政拨款外，国家体育总局还会按照"基地"认定等级给各基地发放 2 万~4 万元不等的资助，用于基地的建设与发展，改善排球训练、科研、教学等条件，保证运动员和教练员参加全国青少年排球比赛、训练营、培训等活动的差旅费和补贴等。从总体来看，我国排球高水平后备人才基地经费来源渠道单一，政府财政投入有限，严重缺乏社会赞助（连道明，2016）。稳定、充足的资金投入是我国排球后备人才培养实现可持续发展的物质基础，如何开拓排球市场、拓宽资金渠道、寻求多元化发展道路、奠定坚实的物质基础，将在很大程度上决定着排球青少年运动员培养的可持续发展进程（汪庆波、李毅钧，2015）。

4. 资源整合不力，运动员文化教育缺失

体育部门在培养竞技后备人才时往往重视运动训练而忽略对文化知识的学习。青少年排球运动员人才培养离不开良好训练环境，同时文化知识的学习也离不开良好的师资和积极的环境。青少年排球运动员在其生理、心理以及智力发展的最佳时期，不能只进行排球专项技术的训练，不重视该年龄段应该接受的文化素质教育。回看上一代专业运动员的培养，我们就会发现仅靠专业技术即使是退役后直接到体校当教练也不能做好教学及训练工作，基本文化素质的不足、学习能力的缺失，直接导致其在社会上严重缺乏竞争力，根本无法适应当今社会的激烈竞争，也直接影响退役以后的再就业。同时，接受良好的文化知识学习与教育，也可以极大地促进青少年运动员智力发育，有利于形成良好的思维方式，增强对运动技能、战术，以及教练员意图的理解和领悟，为今后竞技能力的持续提高提供保证。目前，基层体校系统的优秀文化课教师资源普遍缺乏，但教练员资源充足。而一些开展排球运动的传统院校、普通学校则拥有大批优秀的文化课教师，唯独缺乏优秀教练员。因此，如何整合资源、探讨真正意义上的体教结合，将是排球后备人才培养要解决的重要问题。

三 构建排球后备人才"五位一体"培养模式

排球联赛的后备人才其实就是我国竞技排球的后备人才，排球联赛的运动员就是我国后备人才培养三级训练体制中的顶层部分。自排球进入中国后，排球运动在我国迅猛发展，且中国女排取得了举世瞩目的骄人成绩，这些成就的背后都不开高水平后备人才的培养。众所周知，近年来中国排球运动的后备人才培养举步维艰，各级各类体校招生越发困难，这一态势已经成为我国竞技排球可持续发展、排球联赛正常运营的一大重要潜在风险。当前我国面临的排球后备人才匮乏的现状及断层风险不可能只通过一两个手段就可以解决，需要全方位立体化的改革，笔者提出放"体"归"育"，建立"五位一体"的排球后备人才培养模式。

（一）放"体"归"育"，更新育才、成才理念

"体"是"育"的一种方式，而且"体"有其他任何学习内容都无法替代的优势，但是，目前我国"体"和"育"存在严重的割裂现象，体教结合改革任重道远。我国现行的三级后备人才培养体系人为地把"体"和"育"分开了，而且过分地强调"体"，而忽视"育"，不但不能培养运动员的完全人格，反而导致一系列后果，如退役运动员再就业问题。排球后备人才培养也面临着同样的问题，迫切需要更新理念，推动体教深度结合。第一，排球高水平后备人才培养工作重点突出体教融合，坚决贯彻党和国家关于做好体教融合的指示，高水平后备人才梯队管理模式要从"封闭圈养"向不脱离家庭、不脱离社会、不脱离学校的"三不脱离"进行转变（梁伟，2019）。把后备人才的培养定位为体育的育人功能，培养全面的人格。在培养过程中要遵循人才培养和运动员成长成才的规律，技能培养的过程也是育人的过程，把排球后备人才培养融入教育系统的大学、中学、小学，从取消各级各类体校的招生开始，逐渐过渡到把体育部门合并到教育部门。第二，要清楚地认识到后备人才培养是一项长期的系统工作，是处于孕育阶段，不具有花期，竞赛成绩和基本训练之间的细微变化反映在年轻后备人才的训练过程中，最终将导致训练目标的较大偏差，甚至存在成年队和青年队争夺运动员，忽视青年运动员的训练成才规律，为实现短期目标，加速促进青年运动员快速成长的问题。在成年队和青年队之间，各个地方之间存在利益冲突，尤其是围绕大型综合运动会青少年运动员的年龄进行选拔和训练，这一现象已经导致某些年龄段的后备人才严

重脱节。运动员在青少年时期不能过分关注竞赛成绩，要把注意力放到该年龄段该关注的事情上，严格按照青少年运动项目训练教学大纲的要求进行系统扎实的训练，促进青少年运动员基本技能的全面提高，坚决杜绝拔苗助长、弄虚作假。也就是要有十年磨一剑的耐力，持续狠抓基本功。没有扎实的基本功，任何战术都难以完美执行。

（二）扩大选材基数，科学提高选材成功率

随着我国社会经济的大繁荣，体校招生难度越来越大已成为我国竞技体育后备人才培养的瓶颈。体校招生难度越来越大已经成为大趋势，因为随着我国经济社会的发展，家长更希望自己的孩子去读大学而不是通过体校的训练成为一名运动员，教练员无才可选的局面将会越来越严重。因此，在这种大背景下，相关部门要有壮士断腕的勇气和决心，原有三级训练机制已经到了必须改革的时刻。笔者提出要全面推行体教融合，取消各级各类体校单独招生资格，弱化体育部门的文化教育职能，还学生于学校；由原来主要从体育系统选材扩大到教育系统，整合教育系统的学生资源和体育系统的教练和设施资源；普通学校原有的体育教师仍然主要从事体育课的教学，具体运动队的训练和培养由体育部门派专门人才进行，体校教练编制仍然归体育部门，但工作岗位由体校直接调动到各学校；教练员实行持证上岗，进行合同聘任制，体校教练由体育部门和教育部门双重考核。这样不仅可以解决后备人才的学训矛盾，更重要的是扩大选材基数。

好的选材是成功的一半，运动员先天的条件决定其未来发展潜质。运动员仅靠后天的刻苦训练是远远不够的。排球运动员属于特殊人才，具有发展潜质的青少年群体的数量相对于普通人群比例极小。因此，要科学制定选材指标，从身体形态、机能、素质以及专项能力和心理等方面全面考察，同时结合教练员自身经验，实现科学选材。另外，排球运动员选材不是一蹴而就的事情，是一个长期反复的过程，在培养过程中持续选材，要做到选育结合，提高成材率。有关部门要制定一套科学的排球后备人才选拔体系，有效提高选材的成功率，创造良好的选材环境和氛围，彻底改变无才可选的局面，使更多的青少年参与排球运动，从而有力推动排球事业的可持续发展。另外，要提高对科学选材的重视程度，建立人才档案，定期开展测试评估和科学追踪，为青少年运动员选材和训练提供科学依据。①

（三）教练分级考核，提升教练员执教能力

排球教练员不仅是训练的主要设计者、组织者和实施者，同样是队伍的管理者。科学、严格的管理能增强整个队伍的凝聚力和战斗力，提高队伍的竞技水平。教练员在后备人才培养中属于核心主导因素，一支排球队竞技水平的高低，同教练员的执教水平和管理能力有着最为直接的关系。在运动员培养的过程中，从选材到制订训练计划、调控训练过程，再到监督与管理，教练员的思想政治素质与业务水平对青少年运动员思想水平、竞技水平往往起着决定性的作用。尤其是随着社会发展和科技进步，后备人才培养对教练员提出了更高的要求。教练员除了具备比较扎实的专业知识外，还应具有心理学、教育学等多学科的科学文化知识。因此，加强教练员先进教学训练理念的学习与知识更新，提高执教能力迫在眉睫。目前，我国基层排球教练员大多是专业运动员退役后直接走上教练员工作岗位，计划经济体制下的传统的竞技体育人才培养体系造成他们缺乏必要的文化基础和理论知识、训练观念落后、学习能力不强、执教水平较低。尤其是目前排球教练员岗位培训和继续教育制度还不健全，使他们的知识更新缓慢，没有明确的训练大纲及技术动作规格要求，往往延续着师傅带徒弟的方法，这一现象直接影响我国排球后备人才培养的可持续发展。笔者认为在促进教练员水平提升的基础上要对教练员进行分级，推行教练员等级考核制度，明确后备人才各阶段的主要任务和目标，全员持证上岗。不同等级教练员的考核内容是不同的，对不同等级的教练员培训和培养不能泛泛而谈，要切实提高教练员训练水平，要具体细化到每一堂训练课的组织与安排。根据学生不同的学习成长阶段设立不同的训练任务和要求，根据不同的训练阶段配备不同等级的教练员，根据不同的训练阶段设立不同的考核标准，真正形成环环相扣、循序渐进的后备人才培养模式。

---

① 《关于加强竞技体育后备人才培养工作的指导意见》，国家体育总局官网，2017 年 11 月 10 日，https：//www.sport.org.cn/search/system/gfxwj/qsnty/2018/1115/193581.html。

(四) 改革现有赛事，取消全运会成年组比赛

前人研究发现，全运会成年组比赛是阻碍排球后备人才培养的主要原因（潘迎旭，2014）。由于参加全运会的运动员有代表省市的限制，竞赛成绩计入各省市体育部门的业绩，在运动员年龄较小的时候，即在不影响代表地方参加全运会时，体育系统与教育系统结合较好。但这些中学毕业的运动员要进入大学时，为了提高本地区全运会排球比赛的成绩，部分体育部门想办法留住人才。众所周知，在当今社会没有过硬的高等教育文凭作为敲门砖很难找到心仪的工作，也就是说会直接影响到就业，这一现象导致后来的家长不支持孩子从事排球专项训练。与此同时，优秀运动员不能进入高校也对高校排球运动水平产生影响，不利于大学生排球联赛的开展。因此，笔者建议取消全运会成年组比赛，主抓青少年比赛，增设行业组比赛。在竞技体育后备人才培养中，青少年体育赛事的组织与安排对竞技体育后备人才培养的影响巨大。青少年比赛中要含有基本技战术的比赛内容，在最后计算总分时要提高基本功成绩的比重，如比赛成绩与基本功测试成绩权重相同，弱化青少年参加比赛的成绩考核，增加基本技战术规范性考核，增强基层教练员狠抓队员基本功的动力，促进后备人才打好基础。增设行业组比赛可以拓宽运动员的就业渠道，解决运动员和高校排球毕业生的就业问题。另外，取消全运会成年组比赛，可以加速促使排球后备人才到高校去接受训练，在大学通过参加大学生排球联赛提高自己的竞技水平，经过四年的训练和竞赛，水平够高的运动员可以通过参加联赛选秀进入俱乐部职业队，让大学体育成为后备人才培养的一个重要环节，这样既可以解决运动员上大学的问题，又可以解决联赛运动员流动问题。

(五) 多方筹措资金，全方位加大保障力度

资金是推动后备人才培养的基本保障，排球后备人才培养向社会化和市场化转型已成为必然的发展趋势。而在面向市场的过程中，社会赞助少、有偿训练可行性差、不同地区投入差异大等问题一直困扰着排球后备人才的平稳可持续发展。较多学者提出后备人才培养要大力引进社会资本，笔者也非常同意和期望看到有大量社会资本投入排球后备人才的培养

之中，为后备人才高质量发展提供资金保障。但是，笔者认为当前想把社会资本大量引入后备人才培养难度巨大，因为社会资本的根本属性是逐利，在我国最高水平的排球联赛融资都比较困难的情况下，期望社会资本大量投入风险巨大、投资回报周期长的后备人才培养中显然不太现实。本着谁受益、谁出资的原则，把后备人才培养的受益方主要分为：①政府，为国家和政府输送高质量竞技人才，在国际大赛上为国争光；②教育部门，促进学生全面发展，增强体质，提高培养质量；③各省市体育部门，在全运会上争金夺银，提高业绩；④企业，通过合作可以提高企业的知名度和美誉度；⑤后备人才家长，培养孩子社会适应能力，增强孩子的竞争力，拓宽孩子就业渠道。因此，笔者提出政府主导的教育部门、体育部门、社会资本和后备人才家长有偿训练的多元资金投入模式（见图7-5）。

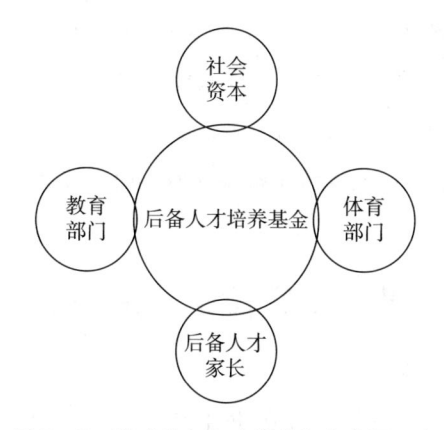

图7-5 排球后备人才培养资金来源示意

在各单位投入比例上，以政府投入为主，社会资本和后备人才家长投入为辅为后备人才培养提供财力保障。所有募集的资金由教育部门统筹安排，社会资本要在政府引导和管理下有序平稳地介入，形成稳定合理的资金募集和使用模式。

四 小结

本部分主要内容是联赛高水平后备人才培养风险的分析，以全国男子排球高水平后备人才训练营的队员为调查对象，通过了解他们的身体形态、身体素质和基本技术水平探究我国排球高水平后备人才的培养现状。

身体形态和身体素质是排球运动员专项体能的基础和核心，身体形态和素质决定着运动员未来发展的高度。笔者通过参与全国高水平后备人才基地训练营活动，对2016年、2017年和2018年连续3年的男子排球高水平后备人才的身体形态和身体素质数据进行分析，参加训练营的运动员年龄均为14~16周岁，通过分析男排后备人才身体素质和身体形态的发展趋势探究后备人才的形态和素质现状。技术是战术的基础，运动员青少年时期学好基本技术对其以后的成长和发展具有重要意义。排球运动的基本技术包括发球、垫球、传球、扣球和拦网，本节选取2018年参加男子高水平后备人才训练营运动员（277人）的发球、垫球、传球和扣球的测试成绩，探究青少年运动员的基本技能状况。从身体形态、身体素质和基本技术的测量数据来看，形态素质不容乐观，基本技术存在较大问题，主要是由后备人才选才难和育才难两大因素造成。根据当前的状况，笔者提出构建排球"五位一体"后备人才培养模式，分别是放"体"归"育"，更新育才理念；扩大选材基数，加强科学选材；推行教练员分级考核，促进教练员升级；改革现有赛事，取消全运会成年组比赛以及加大财政投入，保障财力充足。

第三节 排球联赛竞争失衡风险

调研时间：2019年8月~2020年1月。

调研形式：在通过文献资料法梳理了前人关于竞争平衡的研究成果后，主要运用专家问卷调查法对影响排球联赛竞争平衡的因素进行评价，对相应的结果进行分析与讨论。

一 排球联赛竞争平衡性状况分析

（一）排球联赛竞争平衡性纵向分析

赛事结果的不确定性或竞争平衡关系到职业体育联盟的生存和发展，也关系到职业体育联盟的市场价值和市场需求（张铭鑫等，2016）。如果某支球队一直赢球或者一直输球，观众对这支球队的关注度就会受到影响,如不及时调整,项目的市场份额将被进一步压缩,势必会对项目的可持续发展构成威胁。本书首先对排球联赛竞争平衡性的纵向发展情况进行研究,从宏观、中观和微观三个层面分析我国排球联赛的竞争平衡状况;然后将国内外其他赛事和排球联赛的竞争平衡状况进行对比,通过多方比较,对当前我国排球联赛的竞争平衡性进行客观的评价。

1. 宏观层面——联赛冠军及前三名归属

截至2020-2021赛季,女排联赛共走过了25个赛季,有8支队伍曾获得过联赛冠军,排在夺冠次数前三位的球队分别是天津女排、上海女排和八一女排。天津女排独得13次冠军,其次是上海女排和八一女排(已解散),她们分别获得5次和2次联赛冠军,江苏女排、浙江女排、辽宁女排、广东恒大女排和北京女排各获得过1次冠军,其他队伍如山东女排、福建女排、河北女排等均未染指过冠军。从队伍夺冠集中度来看,天津女排和上海女排夺冠次数占总次数的72%(见图7-6)。从女排联赛冠军归属来看,冠军归属的悬念较小。

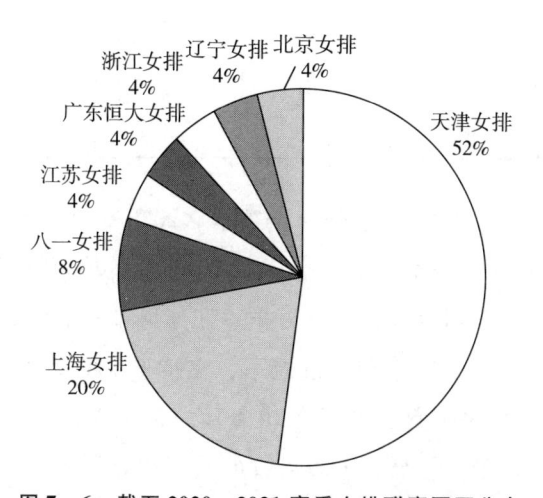

图7-6 截至2020-2021赛季女排联赛冠军分布

女排联赛:从25个赛季女排联赛队伍进入前三名的次数来看,共有10支队伍进入过前三名,其中天津女排19次、上海女排16次、八一女排(已解散)和江苏女排均10次,分别占据前三甲。按照各俱乐部进入联赛前三名次数的多少,可以将14支俱乐部分成3个等级:第一级,10次及以上的有4支球队〔天津女排、上海女排、八一女排(已解散)和江苏女排］；第二级，6次及以上、10次以下的有2支队伍（浙江女排和辽宁女排），其余为第三级，均为三次及以下。其中有多支队伍从联赛开始至今从未进入过前三名，如山东女排、福建女排、河北女排和云南女排。从联赛队伍进入前三名的次数来看，各队竞争实力存在较大差距，详见表7－11。

表7－11　女排联赛队伍进入前三名次数及总数情况

单位：次

次序	队伍名称	冠军次数	亚军次数	季军次数	总次数
1	天津女排	13	3	3	19
2	上海女排	5	6	5	16
3	八一女排（已解散）	2	5	3	10
4	江苏女排	1	5	4	10
5	浙江女排	1	2	4	7
6	辽宁女排	1	2	3	6
7	广东恒大女排	1	2	0	3
8	北京女排	1	0	1	2
9	四川女排	0	0	1	1
10	河南女排	0	0	1	1

男排联赛：男排联赛经过了24个赛季（2020－2021赛季因疫情延迟，故仅对男排联赛24个赛季数据进行分析），共有5支队伍获得过联赛冠军，分别是上海男排、四川男排、北京男排、江苏男排和浙江男排。四川男排仅在联赛开始的前3个赛季获得过冠军，在接下来的21个赛季再未获得过冠军，之后最好的成绩是2017－2018赛季的第3名。从冠军归属来看，男排联赛的竞争平衡性较低，上海男排的实力和夺冠概率远高于其他球队（见图7－7）。从男排联赛队伍进入前三名的分布来看，共有10支队伍进入过前三，队伍数量虽然不少，但集中度较高。上海男排、四川男排、北京男排和江苏男排夺冠次数排在前三甲，从进入联赛前三名的次数来看，上海男排18次、八一男排（已解散）10次、江苏男排9次、浙江男排7次、辽宁男排7次、北京男排7次、山东男排5次、四川男排4次、河南男排4次、成都部队（已解散）1次（见表7－12）。按照各俱乐部进入联

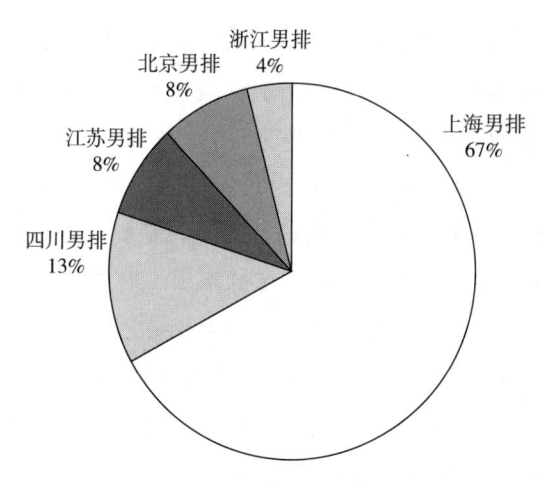

图 7-7 男排联赛冠军分布比较

赛前三次数的多少（含 0 次），可以将 14 支俱乐部大致分成 3 个等级：进入联赛前三 7 次及以上的 6 个队划分到第一级，分别是上海男排、八一男排（已解散）、江苏男排、浙江男排、辽宁男排和北京男排；另外，中游的山东男排、四川男排、河南男排及成都部队（由其他队伍顶替）划分为第二级；其余 4 支俱乐部（福建男排、河北男排、广东男排、湖北男排）未进入前三，组成第三级。

表 7-12 男排联赛队伍进入前三名次数及总数情况

单位：次

次序	队伍名称	冠军次数	亚军次数	季军次数	总次数
1	上海男排	16	2	0	18
2	八一男排（已解散）	0	4	6	10
3	江苏男排	2	5	2	9
4	浙江男排	1	4	2	7
5	辽宁男排	0	3	4	7
6	北京男排	2	4	1	7
7	山东男排	0	1	4	5
8	四川男排	3	0	1	4
9	河南男排	0	1	3	4
10	成都部队（已解散）	0	0	1	1

从男女排联赛冠军归属来看，男排联赛冠军集中度高于女排联赛，上海男排夺得16次联赛冠军，占总数的67%，天津女排夺冠次数最多，一共是13次，占总数的52%。从联赛前三名的分布来看，女排和男排相差不大，上海男排和天津女排冠军竞争力远超过其他俱乐部。

2. 中观层面——联赛竞争平衡的标准差与竞争平衡率

本书采用获胜率标准差来表示排球联赛单个赛季的竞争平衡性，赢球率标准差是测量职业联赛竞争平衡的一种常用方法，许多研究者运用此种方法评估联赛的竞争平衡。竞争平衡率用来表示整个赛事的竞争平衡水平，竞争平衡率是目前较为客观的测量竞争平衡的分析方法，利用竞争平衡率公式计算每个赛季排球联赛的竞争平衡系数，这一方法突破了目前"静态的纵向分析"的局限性，克服了不同规模的职业体育联盟、不同比赛项目以及不同赛季的局限，可以对多个国家、多个项目、多个赛季的竞争平衡进行对比分析。这个指标不仅可以用来测量同一联赛内部长期以来的竞争平衡，还可以用于比较多国之间、不同项目之间联赛的竞争平衡。竞争平衡的标准差计算公式：

$$\sigma_L = \sqrt{\frac{\sum_{t=1}^{T}\sum_{i=1}^{N}(WPCT_{i,t}-0.500)^2}{NT}}$$

其中，N 代表排球联赛中俱乐部的数量，T 是赛季的数量。$WPCT$ 是赛季的获胜率，$WPCT_{i,t}$ 是俱乐部 i 在 t 赛季的获胜率。在排球联赛内部，多个赛季间的获胜与失败的百分比变化可以用两种不同的方式计算：反映在赛季中具体俱乐部获胜、失败百分比的队内变化，以及反映具体联赛内的获胜、失败百分比的变化。

$$\sigma_{T,i} = \sqrt{\frac{\sum_{t=1}^{T}\sum_{i=1}^{N}(WPCT_{i,t}-\overline{WPCT_i})^2}{T}}$$

联赛中的每个俱乐部将有一个 $\sigma_{T,i}$ 矢量。$\sigma_{T,i}$ 的值越小，俱乐部 i 在赛季的获胜率的变化越小。联赛中全部俱乐部的每个赛季获胜、失败百分比的标准差可以通过赛季内获胜、失败的百分比变化测量。

$$\sigma_{N,t} = \sqrt{\frac{\sum_{t=1}^{T}\sum_{i=1}^{N}(WPCT_{i,t}-0.500)^2}{N}}$$

$\sigma_{N,t}$ 是每个赛季被检查的一个价值矢量,每个赛季 $\sigma_{N,t}$ 与 σ_L 相同。这两类获胜、失败百分比的变化量可以被平均到职业体育联盟范围内变化的每种类型的测量中,俱乐部的获胜、失败百分比的平均变化测量可以通过职业体育联盟俱乐部间的平均 $\sigma_{T,i}$ 计算。以此类推,在每个赛季内,获胜、失败百分比的平均变化可通过每个赛季平均 $\sigma_{N,t}$ 计算,公式是:

$$\overline{\sigma}_T = \frac{\sum_{i=1}^{N}\sigma_{T,i}}{N} \qquad \overline{\sigma}_N = \frac{\sum_{t=1}^{T}\sigma_{N,t}}{T}$$

如果相同的 N 个俱乐部在每个赛季有相同的比赛数量,这个比例就等于 σ_L。但由于联盟扩张、赛制调整等种种原因,赛事数量出现了变化,在这种情况下,每个俱乐部获胜、失败百分比的平均变化与每个赛季的获胜、失败百分比的平均变化是相同的,使用平均变化的这两个变量,把竞争平衡率称为 CBR,$CBR = \dfrac{\overline{\sigma}_T}{\overline{\sigma}_N}$(何文胜等,2009)。

国外许多体育经济学专家使用获胜率标准差测量职业体育联盟赛事竞争平衡,经过不断改良,形成了目前较为客观的测量竞争平衡的全新分析方法,竞争平衡率可以用来测量联赛内部长期以来的竞争平衡。本书也采用竞争平衡率(CBR)对排球联赛的竞争平衡性进行分析,由于联赛从 2017-2018 赛季开始扩军,所以只选取 2012-2013 赛季至 2016-2017 赛季进行分析,其间俱乐部数量均为 12 支。由于这期间联赛存在升降级,为了方便研究,本书用升级队伍的获胜率数值代替被其取代的降级队伍的获胜率来进行分析。计算结果显示,男女排联赛的竞争平衡率(CBR)分别为 0.766 和 0.651,女排联赛的竞争平衡性比男排联赛稍好,但与理想值 0.5 的竞争平衡率仍存在一定差距。

另外,本书还计算了 2012-2013 赛季至 2018-2019 赛季共 7 个赛季获胜率标准差的灰色发展系数 a。a 的数值表示系统的发展变化趋势。当 a 为负数时,表明效益增强;当 a 为正数时,表明效益减弱。本书以通常采用的 ±0.1 作为判别标准,即当 $a < -0.1$ 时,获胜率标准差上升;当 $a > 0.1$ 时,获胜率标准差下降;当 $-0.1 \leq a \leq 0.1$ 时,获胜率标准差处于稳定状态(陈亮、田麦久,2011)。计算结果显示,男排联赛获胜率标准差的灰色发展系数为 -0.106,女排联赛获胜率标准差的灰色发展系数为

−0.116，由此认为中国男女排联赛 7 个赛季的获胜率逐步趋于离散，即竞争平衡性逐步降低。

2012—2013 赛季至 2016—2017 赛季男排联赛和女排联赛 5 个赛季的获胜率标准差均在 0.2 左右（见表 7—13），各赛季变化不大，但从 2017—2018 赛季开始获胜率标准差增加到 0.3 左右，具体变化趋势如图 7—8 所示。笔者认为获胜率标准差发生显著变化的原因主要是联赛队伍的扩军，新加盟的 2 支队伍与原来的 12 支队伍间实力存在较大差距，这是造成竞争失衡的主要原因。

表 7—13 2012—2013 赛季至 2018—2019 赛季排球联赛获胜率标准差

赛季	2012—2013	2013—2014	2014—2015	2015—2016	2016—2017	2017—2018	2018—2019
男排联赛	0.201	0.202	0.204	0.224	0.220	0.305	0.308
女排联赛	0.205	0.188	0.215	0.155	0.208	0.317	0.302

资料来源：http：//www.volleychina.org/。

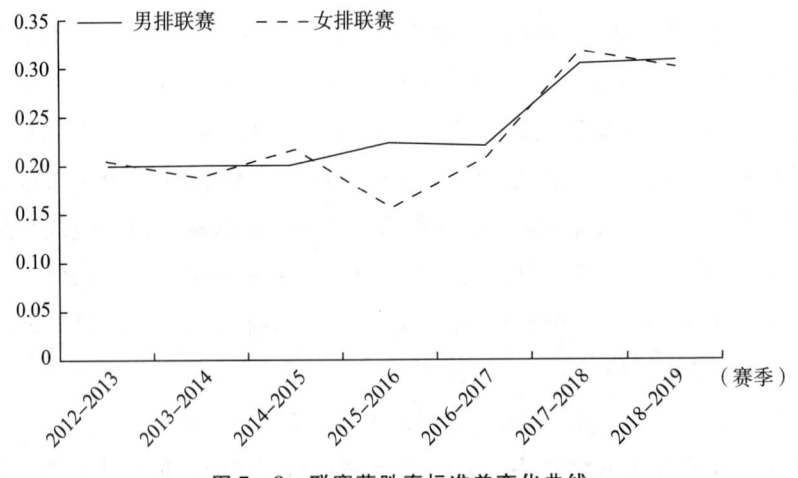

图 7—8 联赛获胜率标准差变化曲线

另外，采用竞争平衡率（CBR）来测量联赛内部近年来的竞争平衡性，男女排联赛两项赛事（只选取 2012—2013 赛季至 2016—2017 赛季，因为从 2017—2018 赛季开始联赛扩军）的竞争平衡率分别为 0.766 和 0.651，与理想值 0.5 的竞争平衡率存在一定差距。男排联赛的竞争平衡率高于女排联赛，说明女排联赛的竞争平衡性比男排联赛要高，这一点也可以从男排联赛在5个赛季里冠军归属和进入前三名的队伍数量上得到验证，男排联赛只有北京男排和上海男排两支球队获得过冠军，进入过前三名的只有北京男排、上海男排、山东男排、八一男排和河南男排5支队伍，且河南男排仅在2012—2013赛季获得过一次第三名；女排联赛在5个赛季里有4支不同的球队获得过冠军，且进入前三名的队伍多达6支。

3. 微观层面——获胜场次局比分变化特征

排球、篮球和足球比赛在比赛规则上存在较大差异，在排球比赛中若某方球队想取得比赛的胜利，获胜的局比分有三种且只有三种情况3∶0、3∶1或者3∶2，不存在足球中的平局情况（杨升平，2005）。通常来说某一方若以局比分3∶0取胜，说明两队实力差距较大，比赛很可能呈一边倒的趋势，比赛结果的不可预测性低，平衡性较差，对观众的吸引力不大；若是以局比分3∶2取胜，说明比赛双方势均力敌，比赛结果的不可预测性较高，观赏性更强，比赛的平衡性较好。本部分以排球联赛（包括男排、女排联赛）2009—2010赛季至2018—2019赛季的局比分情况为分析对象，探究排球联赛微观层面的竞争平衡性。

近10年，排球联赛中局比分为3∶0结束的比赛占当赛季所有比赛的比例整体呈上升趋势，最高的达51.3%，也就是说有一半以上的比赛呈一边倒的趋势。而局比分为3∶2结束的比赛的场次占比呈明显的下降趋势，由2009—2010赛季的32.7%降至2018—2019赛季的20.5%，也就是说结果预测性低的比赛数量在逐步减少（见图7-9）。

从图7-9可以看出，以3∶0比分结束的比赛数量明显多于以3∶2比分结束的比赛，10个赛季中以3∶0比分结束的比赛占各赛季所有比赛的比例均在40%以上，2010—2011赛季和2011—2012赛季这2个赛季出现了超过5成的比赛比分为3∶0，最高的达到了51.3%，说明这2个赛季球队间的实力差距较大。

2009—2010赛季以3∶2比分结束的比赛占32.7%，主要原因是采用了胜局积分制，该赛季以3∶0结束比赛的场次明显减少，队伍的锻炼价值提高，说明胜局积分制鼓励弱队不畏强敌、每球必争的效果显著。2010—

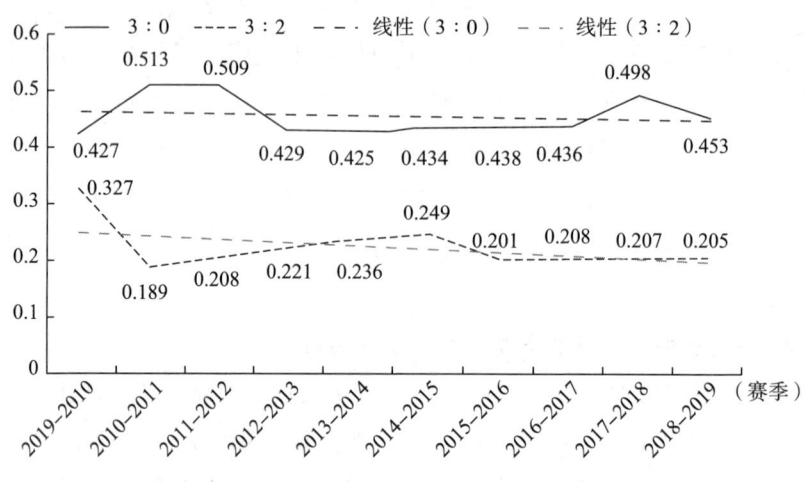

图 7-9 2009–2010 赛季至 2018–2019 赛季局比分变化趋势

2011 赛季以 3∶2 结束的比赛比例出现大幅度降低,降低到 18.9%,主要原因是积分方式发生了改变,由胜局积分制变为胜场积分制(3∶0 或 3∶1 的场次胜队积 3 分,3∶2 的场次胜队积 2 分,负队积 1 分),相较于胜局积分制,这种积分方式对于弱队的激励程度较低。在接下来的 2011–2012 赛季至 2018–2019 赛季以 3∶2 结束的比赛的比例均在 25% 以下,主要原因是联赛扩军,新加入联赛的"弱队"增加,竞争平衡遭到破坏。2015–2016 赛季和 2016–2017 赛季虽然这期间赛制较为平稳,但大比分为 3∶2 结束的场次总体数量仍在较低水平徘徊。主要原因是外援的引入不均衡造成队伍间实力差距拉大,如男排联赛在 2014–2015 赛季共有 4 支俱乐部引进外援,到 2015–2016 赛季变成只有 3 支俱乐部引进外援且上海男排引入了 3 个外援;2015–2016 赛季和 2016–2017 赛季,北京男排和上海男排赛季胜率均在 80% 以上。从引入外援的队伍来看,大多是联赛前几名的队伍,成绩靠后的俱乐部反而没有引进外援,造成联赛俱乐部之间出现强者更强、弱者更弱的恶性循环,破坏了联赛的整体平衡。

(二)排球联赛竞争平衡性横向分析

世界三大球职业联赛中,篮球联赛职业化发展最好的当数美国男子篮球职业联赛,西班牙 ACB 联赛同样是仅次于 NBA 的世界第二大篮球联赛;足球发展最好的当数欧洲五大职业联赛;目前排球联赛职业化发展较好的当数土耳其女排超级联赛。本书选取三大球职业联赛中比较有代表性的联赛作为调查对象,均选取第一阶段的比赛作为分析对象。篮球联赛选取 2017－2018 赛季美国男子篮球职业联赛和西班牙男子篮球职业联赛,足球联赛选取 2017－2018 赛季德国男子足球甲级联赛和2018－2019 赛季英格兰足球超级联赛,排球联赛选取 2016－2017 赛季土耳其女排联赛、2017－2018 赛季意大利男子排球职业联赛,另外还有 2017－2018 赛季中国男女排超级联赛。用赛事小组赛胜率高于 0.8、最高胜率、最低胜率和胜率极差等指标代表各职业联赛的竞争平衡性(见表 7－14),通过比较充分了解排球联赛的竞争平衡性。

表 7－14　不同职业联赛胜率比较

赛事名称	球队数量（个）	比赛场数（场）	胜率>0.8	最高胜率	最低胜率	胜率极差	排名
美职篮	30	82	0.00	0.79	0.26	0.53	8
西职篮	18	306	0.06	0.88	0.21	0.67	6
德甲足	18	34	0.00	0.79	0.15	0.64	7
英超足	20	380	0.05	0.84	0.08	0.76	5
土女排	12	22	0.17	0.95	0.09	0.86	3
意男排	14	182	0.21	0.88	0.08	0.80	4
中男排	14	12	0.21	1.00	0.08	0.92	1
中女排	14	12	0.33	0.92	0.00	0.92	1

注:美职篮全称为美国男子篮球职业联赛;西职篮全称为西班牙男子篮球职业联赛;德甲足全称为德国男子足球甲级联赛;英超足全称为英格兰足球超级联赛;土女排全称为土耳其女排联赛;意男排全称为意大利男子排球职业联赛;中男排全称为中国男子排球超级联赛;中女排全称为中国女子排球超级联赛。

通过表 7－14 的各联赛胜率极差排名可以看出,中国男女排球联赛的胜率极差最大,中国男子排球超级联赛和女子排球超级联赛的胜率极差值均为 0.92,并列第一,2017－2018 赛季男排联赛小组赛北京汽车男子排球队 12 战全胜,胜率为 100%;辽宁男子排球队,12 场比赛仅胜一场;河北男子排球队、天津全运村男子排球队、湖北男子排球队、福建师范大学男子排球队小组赛均仅胜两场，从小组赛胜率来看，这五支队伍比赛胜率远低于其他比赛。女排比赛中河北女排一场不胜，小组赛结束时累计胜局仅为 3 局。总之，从以上数据可以发现，排球联赛与其他职业联赛相比在胜率方面存在明显差距，排球联赛的竞争失衡现象严重。

二 排球联赛竞争失衡影响因素分析

（一）排球联赛竞争失衡影响因素的确立与提取

通过前文研究发现排球联赛竞争失衡现象严重，为解决我国排球联赛竞争失衡的问题，首先要弄清楚是什么导致了联赛的竞争失衡，因此笔者首先通过文献资料法初步确定排球联赛竞争失衡的影响因素，然后通过专家访谈，对指标进行删减合并，最终剩余 14 个指标。将这 14 个指标编制成问卷（见附录 8）发放给 40 位排球运动和体育竞赛方面的专家和学者，然后将所得数据输入到 SPSS 19.0 进行处理。该问卷采用五级李克特量表的形式进行赋值，每一个条目后面都有五个选项，分别是"A. 完全不同意""B. 不同意""C. 不做评价""D. 同意""E. 完全同意"，它们分别被赋值为 1 分、2 分、3 分、4 分和 5 分，将所得数据运用探索性因子分析中的主成分分析法进行处理。

1. 问卷信效度分析

对竞争失衡影响因素问卷内在一致性信度进行检验，检测题目间的一致性。采用 SPSS 19.0 尺度分析进行数据处理计算。采用较为常见的信度测量方法——克隆巴赫 α 系数（Cronbach's Alpha）对专家填写的答案进行信度检验。本书构建的排球联赛竞争失衡影响指标问卷整体克隆巴赫 α 系数为 0.831，符合克隆巴赫 α 系数 0.8 评价标准，说明问卷内在一致性和稳定性符合信度要求。

本问卷的效度检验采用专家评定法，采用专家评阅的形式进行，笔者分别请 8 位排球运动相关专家对问卷的效度进行评价，具体人选见表 7-15，问题为"采用本问卷对排球联赛竞争失衡的影响因素进行调查效度如何？"，答案分别有效度较高、效度一般和效度较低，其中有 6 位专家选择较高，2位专家选择一般，说明本问卷的效度符合要求。

表7–15　效度检验专家一览

评价人	职务	评价
钟1××	中国排球协会副主席	较高
徐××	中国排球协会副主席	较高
薛××	主教练	较高
滕××	主教练	较高
陈××	联赛资深裁判	一般
褚××	联赛资深裁判	较高
孙×	教授	一般
连××	教授	较高

2. 探索性因子分析

将40位专家（由于笔者时间、精力以及能力的限制，仅找到了40位相关专家）的问卷结果进行KMO和Bartlett球形检验，结果如表7–16所示。根据Kaiser给出的标准，本书的KMO值为0.601，Bartlett球形检验统计量所对应的显著性概率$p=0.000<0.05$，拒绝相关关系矩阵是一个单位阵的原假设，因此，这两个数据可以说明该问卷所得数据基本适合进行因子分析（梅雪雄，2008）。

表7–16　KMO值和Bartlett的检验

指标		值
KMO		0.601
Bartlett球形检验	卡方	389.927
	df	91
	p	0.000

通过对相关数据进行主成分分析，确定了各变量共同度，即公因子方差比，具体结果如表7–17所示。14个指标的变量共同度均较高，可见该因子分析的结果较为理想。

表 7-17　变量共同度

因子	初始值	提取值
$X1$ 联赛不断扩军,致使俱乐部竞技水平参差不齐,导致竞争失衡	1.000	0.896
$X2$ 商务运营难度大,商家投资热情不高,导致竞争失衡	1.000	0.862
$X3$ 相关法律、制度等保障不健全、不规范,导致竞争失衡	1.000	0.952
$X4$ 运动员转会制度不规范,流动不畅,导致竞争失衡	1.000	0.906
$X5$ 某些省市重全运会、轻联赛,导致竞争失衡	1.000	0.963
$X6$ 排球协会行政干预过多,导致竞争失衡	1.000	0.823
$X7$ 排球联赛利益分配不合理,导致竞争失衡	1.000	0.930
$X8$ 排球联赛比赛规则及赛制不合理,导致竞争失衡	1.000	0.872
$X9$ 各省市体育局对排球联赛的经济支持力度不同,导致竞争失衡	1.000	0.874
$X10$ 协会、组委会对竞争失衡不够重视,缺乏相应的干预,导致竞争失衡	1.000	0.743
$X11$ 俱乐部之间"命运共同体"意识落后,导致竞争失衡	1.000	0.922
$X12$ 一些俱乐部投机意识明显,过分追求排球"外部"效益,导致竞争失衡	1.000	0.815
$X13$ 赞助商赞助力度和赞助实力差别巨大,导致竞争失衡	1.000	0.810
$X14$ 俱乐部高水平后备人才储备存在较大差异,导致竞争失衡	1.000	0.885

经过旋转共提取到 6 个公因子,如表 7-18 所示。这 6 个公因子的方差贡献率依次为 18.817%、15.294%、15.087%、15.075%、14.559% 和 8.693%,累计方差贡献率达 87.526%,表明所提取的 6 个公因子可以解释原始变量总方差的 87.526%。

表 7-18　因子提取及因子旋转结果

成分	初始特征值 合计	方差贡献率(%)	累计贡献率(%)	提取平方和载入 合计	方差贡献率(%)	累计贡献率(%)	旋转平方和载入 合计	方差贡献率(%)	累计贡献率(%)
$X1$	3.607	25.762	25.762	3.607	25.762	25.762	2.634	18.817	18.817
$X2$	2.434	17.386	43.147	2.434	17.386	43.147	2.141	15.294	34.112
$X3$	2.079	14.854	58.001	2.079	14.854	58.001	2.112	15.087	49.199
$X4$	1.738	12.415	70.416	1.738	12.415	70.416	2.110	15.075	64.274
$X5$	1.375	9.825	80.241	1.375	9.825	80.241	2.038	14.559	78.833

续表

成分	初始特征值			提取平方和载入			旋转平方和载入		
	合计	方差贡献率（%）	累计贡献率（%）	合计	方差贡献率（%）	累计贡献率（%）	合计	方差贡献率（%）	累计贡献率（%）
X6	1.020	7.285	87.526	1.020	7.285	87.526	1.217	8.693	87.526
X7	0.554	3.954	91.480						
X8	0.387	2.766	94.246						
X9	0.308	2.198	96.444						
X10	0.220	1.572	98.016						
X11	0.105	0.749	98.765						
X12	0.089	0.638	99.403						
X13	0.059	0.420	99.823						
X14	0.025	0.177	100.000						

图7-10为特征值散点图，可以看到从第6个特征值以后曲线趋于平缓，因此，提取前6个公因子即可对原变量的信息表述产生显著作用。

图7-10 特征值散点图

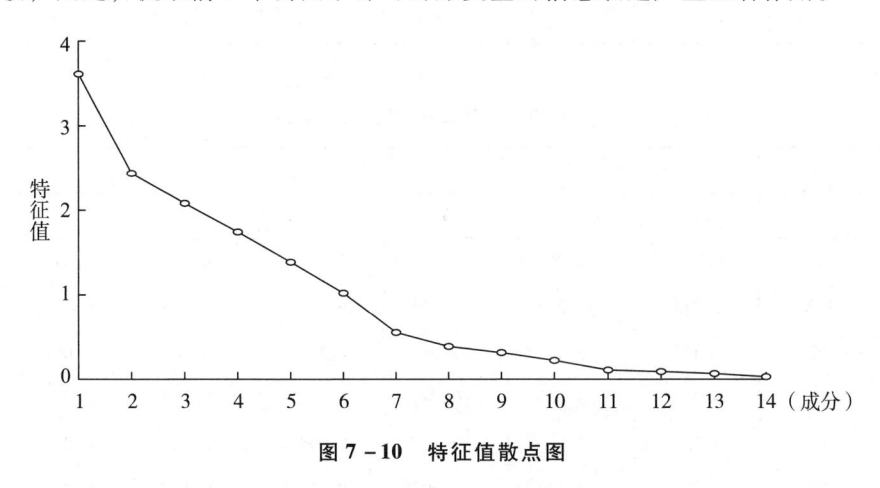

表7-19为旋转前的因子载荷，为了更加清晰地对各因子进行判断，对其进行了旋转，设定迭代次数为25次，在7次迭代后收敛，表7-20为旋转后的因子载荷。

表7-19　旋转前的因子载荷矩阵

成分	因子					
	1	2	3	4	5	6
X6	0.788	-0.348	-0.011	0.246	0.017	-0.137
X7	0.775	-0.229	-0.359	0.178	0.316	-0.131
X3	-0.662	-0.353	-0.204	-0.078	0.585	0.009
X5	-0.661	-0.399	-0.110	0.344	0.476	-0.103
X2	0.589	-0.016	0.452	-0.229	0.480	0.166
X11	-0.268	0.903	0.062	0.097	-0.149	-0.023
X12	-0.431	0.708	0.105	-0.023	0.341	0.002
X9	0.397	0.611	0.106	0.224	0.476	-0.235
X8	0.045	-0.076	0.902	0.163	-0.016	0.154
X4	-0.448	-0.231	0.746	0.296	0.081	-0.033
X10	-0.051	0.376	-0.509	0.507	0.113	0.263
X13	0.487	0.148	0.172	0.674	-0.072	-0.249
X14	-0.526	-0.243	-0.053	0.645	-0.293	-0.208
X1	0.170	-0.070	-0.066	0.409	0.015	0.831

表7-20　旋转后的因子载荷矩阵

成分	因子					
	1	2	3	4	5	6
X11	0.899	-0.290	-0.034	0.081	-0.151	0.013
X12	0.872	0.201	0.029	0.015	0.113	-0.028
X6	-0.653	-0.224	-0.044	0.556	0.180	0.053
X3	0.043	0.925	-0.049	-0.300	-0.025	-0.041
X5	-0.005	0.915	0.132	-0.015	-0.328	0.032
X8	-0.004	-0.144	0.902	0.076	0.165	0.064
X4	0.072	0.299	0.878	-0.022	-0.191	-0.057
X13	-0.077	-0.271	0.177	0.811	-0.175	0.106
X9	0.440	-0.042	-0.067	0.721	0.390	-0.048
X7	-0.531	0.008	-0.413	0.605	0.319	0.097

续表

成分	因子					
	1	2	3	4	5	6
X14	-0.030	0.263	0.215	0.099	-0.869	0.055
X2	-0.161	-0.066	0.275	0.240	0.835	0.038
X1	-0.121	-0.044	0.080	0.004	0.050	0.933
X10	0.333	0.114	-0.409	0.295	-0.242	0.553

（二）排球联赛竞争失衡影响因子的命名与分析

1. 影响因子命名

将各变量归入相应的因子后，根据相关的含义把6个因子分别命名为认知因子、保障因子、制度因子、经济因子、人才因子和管理因子，见表7-21。

表7-21 因子命名

因子	高载荷指标	载荷	命名
1	X6 排球协会行政干预过多，导致竞争失衡	0.653	认知因子
	X11 俱乐部之间"命运共同体"意识落后，导致竞争失衡	0.899	
	X12 一些俱乐部投机意识明显，过分追求排球"外部"效益，导致竞争失衡	0.872	
2	X3 相关法律、制度等保障不健全、不规范，导致竞争失衡	0.925	保障因子
	X5 某些省市重全运会、轻联赛，导致竞争失衡	0.915	
3	X4 运动员转会制度不规范，流动不畅，导致竞争失衡	0.878	制度因子
	X8 排球联赛比赛规则及赛制不合理，导致竞争失衡	0.902	
4	X7 排球联赛利益分配不合理，导致竞争失衡	0.605	经济因子
	X9 各省市体育局对排球联赛的经济支持力度不同，导致竞争失衡	0.721	
	X13 赞助商赞助力度和赞助实力差别巨大，导致竞争失衡	0.811	
5	X2 商务运营难度大，商家投资热情不高，导致竞争失衡	0.835	人才因子
	X14 俱乐部高水平后备人才储备存在较大差异，导致竞争失衡	0.869	
6	X1 联赛不断扩军，致使俱乐部竞技水平参差不齐，导致竞争失衡	0.933	管理因子
	X10 协会、组委会对竞争失衡不够重视，缺乏相应的干预，导致竞争失衡	0.553	

2. 影响因子分析

（1）认知因子

认知因子包括 $X6$ 排球协会行政干预过多，导致竞争失衡；$X11$ 俱乐部之间"命运共同体"意识落后，导致竞争失衡；$X12$ 一些俱乐部投机意识明显，过分追求排球"外部"效益，导致竞争失衡。之所以把这三个指标命名为认知因子，是因为排球协会的行政干预过多、俱乐部之间"命运共同体"意识落后和一些俱乐部投机意识明显分别属于联赛重要的三个主体在认知上的错位问题。当前中国排球协会和排球运动管理中心仍然是两块牌子、一套人马，中国排球协会应该是一个赛事组织者，主要任务应该是辅助联赛和俱乐部朝市场化和职业化方向发展，应该加大放权力度，让市场发挥其应有的作用，而非过多地以领导者的身份进行管理，这是排球协会在认知上的偏差；俱乐部之间"命运共同体"意识落后，各俱乐部只顾自己的成绩和利益造成整个联赛的竞争性和观赏性降低，如某些俱乐部在某个位置上有多余的运动员，没法同时培养和使用这么多的运动员，而其他俱乐部在这个位置上正无人可用，想通过交易引进该位置的运动员，如果能顺利达成协议，对运动员和联赛来说是一个双赢的交易，但由于俱乐部需要权衡的利弊过多，本该顺理成章的转会出现层层障碍，造成的结果是有的俱乐部有些优秀的运动员得不到联赛的锻炼，有的俱乐部无人可用，只能矮子里拔将军，造成双输的局面，这属于俱乐部的认知偏差；俱乐部投机意识明显，过分追求排球联赛"外部"效益，如恒大女排的昙花一现就是典型的赞助商投机意识明显事例，短期内对某一支俱乐部过多的投入不但不会加速排球联赛的健康可持续发展，还会影响到其他俱乐部的正常运营，这属于赞助商的认知偏差。

（2）保障因子

保障因子包括 $X3$ 相关法律、制度等保障不健全、不规范，导致竞争失衡；$X5$ 某些省市重全运会、轻联赛，导致竞争失衡。联赛的正常运营需要全方位的保障，相关法律如体育法及其实施细则和联赛运营的相关制度等属于宏观层面的基本保障，这是联赛运营合法合规、正常开展的基础。另外，最直接的保障还要数俱乐部所属的各省市体育局，因为当前参加排球联赛的所有俱乐部均未彻底脱离省市体育局的管理，绝大部分运动员和教练员都拥有体育局的编制，属于体制内的工作人员，但是各省市体育局肩负的任务众多，其中一个主要的任务是保证本省市在四年一届的全运会上取得好成绩，为本省市争光。因此，当联赛与全运会在资源上发生冲突时，各省市体育局的态度会直接影响其投入力度，也就直接影响对联赛的资源保障。

（3）制度因子

制度因子包括 $X4$ 运动员转会制度不规范，流动不畅，导致竞争失衡；$X8$ 排球联赛比赛规则及赛制不合理，导致竞争失衡。运动员是竞技比赛的最直接生产者，运动员的转会属于正常的人才流动，正常的转会应该是双方各取所需、互利共赢，但由于当前我国转会制度的不健全、不规范，经纪人制度、强制挂牌转会制度等形同虚设，造成运动员流动无序，这属于典型的顶层制度设计不足问题。排球联赛的比赛规则及赛制频繁更改也属于制度范畴，比如赛会制、主客场单循环制、不同积分制、分组方式、决赛的赛制、升降级制度等，这些都属于制度范畴。

（4）经济因子

经济因子包括 $X7$ 排球联赛利益分配不合理，导致竞争失衡；$X9$ 各省市体育局对排球联赛的经济支持力度不同，导致竞争失衡；$X13$ 赞助商赞助力度和赞助实力差别巨大，导致竞争失衡。这三个指标的关键词分别是利益分配、经济支持和赞助力度，三者均与经济有关，而且这三者都是当前排球联赛及俱乐部的主要经济来源，因此将三者命名为经济因子。

（5）人才因子

人才因子包括 $X2$ 商务运营难度大，商家投资热情不高，导致竞争失衡；$X14$ 俱乐部高水平后备人才储备存在较大差异，导致竞争失衡。俱乐部后备人才储备作为人才因子可以理解，因为高水平后备人才是俱乐部的新鲜血液，属于专业竞技人才。另外，商务运营难度大，商家投资热情不高，可以理解为商务运营人员的水平和能力欠缺，产品卖得好不好与推销员的水平和能力关系巨大。

（6）管理因子

管理因子包括 $X1$ 联赛不断扩军，致使俱乐部竞技水平参差不齐，导致竞争失衡；X10协会、组委会对竞争失衡不够重视，缺乏相应的干预，导致竞争失衡。联赛扩军是管理者的决定，虽然扩军的原因有很多，但是不可否认新进入联赛的俱乐部的水平与大多数原有俱乐部之间存在较大差距，有些新进来的俱乐部小组赛一场不胜，整个赛季下来胜场寥寥，直接导致比赛局比分3∶0结束的场次增多，直接影响赛事的竞争平衡性。由于扩军的决定来自排球联赛的管理层，所以可以命名为管理因子。另外，协会和联赛组委会对竞争失衡不够重视，没有提出针对性的干预措施也属于管理范畴。

三　提高排球联赛竞争平衡性的策略

（一）提高主体认知水平，加快推进联赛市场化发展

排球协会和各俱乐部分别是排球联赛的组织者和赛事产品的生产者，两者对排球联赛市场化、职业化发展的认知水平直接影响着赛事组织和运营。由于我国体育事业特殊的发展背景，即便是在体育产业发展如此迅速的当下，中国排球协会和排球运动管理中心仍然紧密地缠绕在一起，中国排球协会跟排球运动管理中心依然被认为是排球运动管理的最直接领导，不仅对排球联赛具有管理权还拥有举办权，仍然属于管办不分。在这种特殊背景下，中国排球协会要提高站位，不能把联赛仅仅当作国家队的后备人才库，还要充分挖掘其经济价值，充分放权，让市场真正成为影响联赛发展的力量。各俱乐部要科学规划俱乐部的发展目标，有些俱乐部赞助商投机意识明显，追求排球联赛"外部"效益远大于投资联赛，短期内对某一支俱乐部过度投入，一旦达到或者达不到目的就会立即撤资，这种行为不但不会加速排球联赛的健康可持续发展，还会影响到俱乐部正常的运营。另外，各俱乐部也要重新定义与其他参赛俱乐部的关系——是对手，更是舞伴。俱乐部之间要增强"命运共同体"意识，各俱乐部不能只顾自己的成绩和利益，以免造成整个联赛的竞争性和观赏性降低。因此，协会和俱乐部要提高认知水平，促进联赛市场化、职业化发展。

（二）加强联赛运营保障，促进各俱乐部间经济均衡

联赛的正常运营需要全方位的保障，法律法规是联赛运营合法性的基

础，体育法及其实施细则的落实和联赛运营的相关制度等属于联赛的基本保障，但目前我国体育法的更新明显滞后于体育产业的发展，因此，国家体育总局要主动联合相关部门对体育法进行实时的修改以适应我国体育竞赛表演业的快速发展。另外最直接的保障还要数俱乐部所属的各省市体育局，因为当前参加排球联赛的所有俱乐部均未彻底脱离省市体育局的管理，绝大部分运动员和教练员都拥有体育局的编制，属于体制内的工作人员，但是各省市体育局肩负的任务众多，其中一个主要的任务是保证本省市在四年一届的全运会上取得好成绩，为本省市争光。因此，当联赛与全运会在资源上发生冲突时，各省市体育局的态度会直接影响其投入力度，也就直接影响对联赛的资源保障。除了各省市的资金投入外，最大的一部分资金来源是俱乐部赞助商，由于各省市经济发展水平和各运动队的成绩存在差异，赞助商的赞助额度也存在较大差异，经济充足的运动队就有资金请外援，努力取得更好的成绩，资金短缺的俱乐部只能靠现有的运动员参加联赛，直接造成竞技实力差距的拉大。鉴于此，笔者提出成立联赛成长基金扶持弱队。美职篮竞争平衡性高的一个重要原因是其拥有完善的选秀制度，弱队拥有优先选秀权，这一制度很好地缩小了强弱球队之间的差距，快速提升了弱队的竞争实力。然而由于我国排球联赛没有类似的选秀制度，为避免强者越来越强、弱者越来越弱现象的出现，排球协会应组织成立联赛成长基金，主要任务是扶持弱队成长，由排球运动管理中心统筹管理、中国排球协会主要负责，在联赛排名靠后，且个别位置无人可用，又无优秀后备梯队人才可培养的情况下，可向基金委员会提出申请，由中国排球协会和俱乐部共同挑选高水平队员，迅速补充弱队实力，费用由基金会和申请队伍共同承担，这在促进高水平运动员流动的同时也可以让高水平外援带动弱队球员的成长，提高联赛的平衡性。

（三）推进联赛赛制改革，建设创新型赛事制度体系

近年来，联赛不断扩军，致使俱乐部竞技水平参差不齐，导致竞争失衡。笔者提出科学分组，恢复联赛升降级制度。科学合理的分组能保证组内各队实力相当，凸显竞赛的杠杆作用，提高各队伍的锻炼价值，只有比赛双方势均力敌才能演绎出精彩激烈的比赛。职业联赛按队伍数量变化情

况可以分为两种，即封闭式和开放式。封闭式如美职篮，一共30支球队，不论成绩好坏队伍不会发生变化。开放式联赛如足球联赛中的德甲、英超，排球联赛中的意甲等，综观国外发展较好的联赛大部分是开放式的，且均有低一级的联赛或成熟的后备人才体系作为支撑，大部分都是采用升降级制度。排球联赛历经25个赛季的发展，联赛由开放式变为封闭式，在2017－2018赛季取消了升降级，将联赛队伍数量定为男女各14支。分组方式也进行了多种尝试，由不分组，到分成两组、三组和四组等，分组的方式包括按照上赛季名次的奇偶数排列、蛇形排列以及前八名或前十名为一组、靠后的名次为一组等，2006－2007赛季还出现了按南北分区的赛制。综观排球联赛的不同赛制尝试以及当下我国排球联赛的现实情况，笔者认为目前的男女各14支队伍最好能按照队伍实力进行分组，然后进行组间升降，正如2005－2006赛季按上赛季的排名分4组先进行主客场双循环，后进行组间交叉，根据成绩进行组间升降，再经过各组间的交叉进入总决赛，这样就可以确保小组赛队伍间不会出现实力悬殊的情况。另外，排球联赛仍需建立一个与之能对接的下级联赛，确保联赛不会成为无源之水，建议与大学生体育协会对接，尝试将大学生排球联赛的前几名队伍纳入联赛的培养梯队中来，实现联赛多级化。

分段激励，尝试混合积分制。排球联赛积分方式在25年里发生了3次变化，由胜场积分制（胜队积2分，负队积1分）的原始积分方式，到胜局积分制（3∶2的场次胜队积3分，负队积2分；3∶1的场次胜队积3分，负队积1分；3∶0的场次胜队积3分，负队积0分）按各队胜的局数进行积分，再到胜场积分制（3∶0或3∶1的场次胜队积3分；3∶2的场次胜队积2分，负队积1分）。从实施情况和效果来看，胜局积分制更能激发各支队伍的求胜欲望，促进运动员每球必争，如在2009－2010赛季，以3∶0结束比赛的场次明显减少，以3∶2比分结束的比赛占赛季比赛总数的32.7%，主要原因是采用了胜局积分制，胜局积分制激励弱队不畏强敌、每球必争的效果显著。因此，在积分方式上建议采用混合积分制，小组赛实行胜局积分制，增强小组赛的竞争性和观赏性，鼓励弱队不畏强手、敢打敢拼，排位赛、交叉赛以及决赛采用现在使用的胜场积分制。通过积分方式的变化激发运动队的主观能动性和运动潜能，提高赛事的观赏性和平衡性。

另外，要加快推进排球协会的管办分离，放权于俱乐部，放权于市场，让市场发挥其应有的作用；并且要加快深化俱乐部市场化运作程度，减少行政干预。借鉴国外职业联赛关于预留条款、自由转会、选秀制度、收入分享、工资帽和奢侈税等制度、规则与措施的经验，建立排球联赛竞争平衡性的调控机制，并对竞争平衡性进行监控。

（四）全面加强人才培养，促进运动员合理有序流动

联赛后备人才培养主要包括运动员的培养和商务运营人员的培养，因为前者决定着比赛的竞技水平，后者代表着能够把精彩的比赛卖出一个好价钱。首先，关于运动员的培养，学者张欣（2013a）的研究发现，影响我国排球后备人才可持续发展排在前两位的因素是运动员选材和运动员出路。优秀运动员的选材至关重要，因此要加强对排球运动员科学选材的研究，根据当前排球运动的发展趋势，力求做到精准选材；另外一个就是排球运动员的出路，要建立一整套排球运动员的成长机制，不仅仅是退役后的简单培训，要鼓励运动员到大学深造，文武兼备不愁没有好工作。其次，关于商务运营人员的培养，众所周知，排球联赛的商务运营难度较大，商家投资热情不高，在这种情况下商务运营人员的水平和能力直接决定着赛事产品卖得好不好。因此，要充分利用教育资源，排球运动管理中心可以牵头与近年来成立的排球学院定制一批专业排球营销人才，让他们成为既懂排球又懂销售的排球专业人才，为排球联赛的职业化发展做好人才储备。运动员顺畅合理的流动是一项赛事保持生机活力的标志。关于我国排球运动员的流动，笔者认为首先要关注的是运动员的培养模式，要逐步去编制化，使运动员成为商品，要使有编制的固定资产成为流动的资产。

四 小结

本部分分析的主要内容是排球联赛竞争平衡现状、影响因素及对策。首先分析了联赛竞争平衡性的概念以及竞争平衡的研究背景，然后从横向和纵向两个维度对排球联赛的竞争平衡性状况进行分析，发现存在较大的竞争失衡风险，通过因子分析提出排球联赛竞争失衡的影响因素，主要有

认知因子、保障因子、制度因子、经济因子、人才因子和管理因子。最后提出排球联赛竞争失衡的调控策略，分别是提高主体认知水平，加快推进联赛市场化发展；加强联赛运营保障，促进各俱乐部间经济均衡；推进联赛赛制改革，建设创新型赛事制度体系；全面加强人才培养，促进运动员合理有序流动。

本章小结

本章对排球联赛运营风险的三个微观风险进行了分析，对根据评估指标体系评估出来的关键风险（俱乐部商务运营风险和联赛高水平后备人才培养风险）和非关键风险中风险量最高的联赛竞争失衡风险进行了案例剖析，首先对这三个风险的状况进行了分析，然后对这三个风险的主要影响因素进行了调研，最后提出了针对性的应对策略。

第八章
结论与展望

一 研究结论

排球联赛运营风险是指排球联赛在运营过程中,由内外部环境的复杂性和变动性以及运营主体对环境的认知能力和适应能力的有限性,而导致的运营达不到预期的目标的可能性及其损失。排球联赛运营风险管理的主体为中国排球协会,运营风险管理的客体是风险管理的实施对象,在排球联赛中具体来讲就是人员、资金、设施、环境和项目。

以历年排球联赛和排球比赛中出现的风险事件为基本素材,主要运用笔者编制的排球联赛运营风险检查表作为联赛运营风险识别的一个重要工具,从风险构成内容维度,即人员、资金、设施、环境和项目,风险呈现方式维度,即显性和隐性两个层面,共同识别出我国排球联赛的运营主要存在55项风险源。

本书构建了一个由5个一级指标、15个二级指标、45个三级指标构成的排球联赛运营风险评估指标体系,并求出了不同层级指标的权重系数。运用该评估指标体系对当前我国排球联赛的运营风险进行了评估,求出了所有风险指标的风险量。

排球联赛运营风险的应对策略主要有风险规避、风险转移、风险控制和风险担当等,研究认为:排球联赛运营风险的应对策略应该采用以风险控制为主,风险转移、风险规避和风险担当为辅的风险应对策略。

经灰色差异信息法处理后发现风险量排前2位的俱乐部商务运营风险和后备人才培养风险的差异信息增量斜率明显较高,认为俱乐部商务运营风险和后备人才培养风险是当前排球联赛运营面临的关键风险，其余风险为非关键风险。

本书从"协、俱、校"深度协同、加大资源"反哺"力度、创新比赛规则及联赛赛制、明确各层级权责利范围和充分激发体育保险活力等5个方面提出了排球联赛运营风险的宏观调控对策。从外部合作者风险、内部管理者风险等15个层面提出了排球联赛运营风险的中观调控对策。

二 创新之处

第一，内容新。国内外关于体育赛事风险管理的研究对象主要集中在奥运会等大型赛事，关于某一单项的职业联赛的运营风险管理涉及较少，国内关于体育职业联赛的风险管理的系统研究更少，对中国排球联赛运营风险的管理进行研究，属于研究内容方面的创新。

第二，视角新。前人关于排球联赛的研究主要从赛事理论研究、现状与对策、俱乐部发展、队伍技战术运用效果以及新技术运用和运动员流动等方面展开。本书从风险管理视角出发，遵照风险管理的研究范式进行识别风险、评估风险并提出针对性应对策略，这属于一种视角方面的创新。

三 研究局限

（一）调研范围存在局限

由于笔者能力、时间及研究经费的限制，本书仅对中国排球协会、排球学者、体育产业专家、部分省市体育局领导和部分俱乐部负责人进行了访谈调研，在专家检查表、德尔菲法等专家问卷调查时，可能存在调研对象不够全面和丰富的问题。在实证研究中调查对象可能存在不够全面的问题，如仅以全国高水平后备人才基地训练营的队员为调查对象，不能全面涵盖排球联赛俱乐部后备人才。

（二）经验借鉴存在局限

从全球范围来看，职业排球联赛开展较好的国家有意大利、土耳其、日本等，它们的职业联赛发展历程及风险管理经验最值得系统研究。然而，由于笔者未能找到了解以上国家联赛详细情况的学者及著作，再加上语言方面也存在一定障碍，就未过多涉及国外排球联赛风险管理的内容，没能充分挖掘其发展经验、教训，实在是一大缺憾。

四 研究展望

（一）中国排球协会及排球职业俱乐部实体化研究

中国排球联赛是由中国排球协会主办，各俱乐部参加的全国最高水平的联赛，可是由于受到我国举国体制及其他因素的影响，至今中国排球协会仍然是一个非实体的团体，仍未与国家体育总局排球运动管理中心脱钩，造成在赛事组织时难以摆脱一些强势因素的干扰，直接影响赛事的市场化发展，因此排球协会与排球运动管理中心的脱钩及脱钩后的运作是一个值得探究的问题。另外，联赛各俱乐部目前仍然不是真正意义上的俱乐部，仍未以营利为最根本目的，仍以运动队与赞助商"捆绑"合作为主，因此如何解决俱乐部实体化问题也需要进一步探究。

（二）大学生排球联赛与排球超级联赛对接问题研究

实现大学生排球联赛与排球超级联赛的对接不仅可以解决排球联赛后备人才紧缺的问题，还可以为高校高水平排球运动员多提供一条出路。众所周知，我国竞技排球后备人才培养困难重重，选材难、育才难问题突出，主要原因除了人口数量减少外，还有就是越来越多的家长希望自己的孩子进入大学校园而不是进入体工队，所以在本来基数就很小的情况下，还有一大部分优秀的后备人才进入了高校。因此，提高高校排球的训练比赛水平，大学生排球联赛与排球超级联赛的对接对中国排球的健康可持续发展具有重要意义，是一个非常值得研究的课题。

（三）职业排球联赛与全运会、奥运会等大赛协调发展研究

当前排球联赛的处境不容乐观，每当提起排球联赛，每个人都承认其对中国排球走向世界的贡献，但每到排球联赛，总有一些因素在干扰着排球联赛的职业化、市场化发展，从其赛制年年调整就可以看出赛事的不稳

定性。究其原因还是联赛的市场化与国家的奥运争光计划存在冲突，如何协调职业排球联赛的市场化与奥运争光是一个非常值得研究的问题。

（四）国外职业排球联赛的开展经验及启示研究

国外排球职业化发展早于我国，虽然职业化水平没有美职篮及欧洲足球联赛那样火爆，但总有一些值得我们借鉴的经验和教训，只有充分了解国外排球联赛的运作模式，才能做到取其精华、为我所用、吸取教训、少走弯路。

（五）公共卫生事件对大型体育赛事的影响研究

在本书即将完成之际，新冠肺炎疫情正席卷全球，奥运会以及各单项体育赛事受到重大冲击，疫情作为公共卫生事件的一种是赛事运营所面临的一个重要风险，因此，以突发公共卫生事件为切入点对大型体育赛事的风险管理进行研究也是一个重要的课题。

附　录

附录1　联赛商务运营状况访谈提纲

尊敬的商务负责人：

您好！

为了更好地推动排球超级联赛商务运营的开展，请您对贵俱乐部的商务运营状况信息进行填写，感谢您的配合。

俱乐部名称：_____

1. 贵俱乐部拥有商务推广人员共（　　）位。

2. 贵俱乐部现有的商务人员能否满足俱乐部的商务推广需要？

　　A. 完全可以

　　B. 勉强可以

　　C. 基本不可以

　　D. 完全不可以

3. 贵俱乐部冠名收入每年大概为（　　）万元，俱乐部每年的门票收入大概为（　　）万元。

4. 您所在的俱乐部门票销售的主要渠道为（　　）？

　　A. 线下售票

　　B. 线上售票

　　C. 线上、线下相结合

　　D. 以赠票为主

5. 贵俱乐部所在城市转播媒体对排球联赛的支持力度（　　）？
   A. 很大　　　　　　　　　B. 较大
   C. 一般　　　　　　　　　D. 较小
   E. 不支持

6. 请根据您所在俱乐部商务运营的实际情况，按运营难度的大小对以下项目进行排序。
   （　　）俱乐部冠名招商
   （　　）赛场 LED 广告招商
   （　　）地贴广告招商
   （　　）比赛服装广告招商
   （　　）比赛大巴等自由产品的招商
   （　　）门票背面广告招商
   （　　）比赛场馆外巨幅广告招商

7. 您在进行商务运营过程中遇到的困难是什么？最大的困难是什么？

附录 2　中国排球超级联赛运营风险专家检查表

专家姓名：_____
专家类型：排球运动管理专家（　　）、俱乐部管理专家（　　）、高校排球专家（　　）、体育产业专家（　　）
从事专业年限：_____ 年
通信地址：_____
电子邮箱：_____
联系电话：_____

尊敬的专家：

　　您好！

　　鉴于您在排球运动及体育产业方面的学识与成就，我们诚挚地邀请您参加本书的专家调查！首先，非常感谢您能在百忙之中抽出时间来参与这项研究，请允许我对您所付出的辛勤劳动表示最诚挚的谢意！

中国排球超级联赛（简称排球联赛）是国内参与主体众多，运营环境复杂，发展严重滞后但市场前景广阔的一项国内最高水平的排球赛事，联赛正处在职业化发展过程中，其间面临着诸多困难和风险，风险管理是如何在项目或者企业一个肯定存在风险的环境里把风险可能造成的不良影响降至最低的管理过程，对排球联赛的运营风险进行研究有十分重要的意义。排球联赛运营风险是指联赛在运营过程中，由内外部环境的复杂性和变动性以及主体对环境的认知能力和适应能力的有限性，而导致的运营失败或使运营活动达不到预期的目标的可能性及其损失。

根据排球联赛的运营风险特征，结合前人关于体育赛事风险管理理论和实践的研究成果，初步制定排球联赛运营风险识别体系，采用检查表的风险识别方法进行专家咨询。希望通过本次专家调查，为科学制定排球联赛运营风险识别体系提供科学依据。本调查的答案无所谓对错，只要是您的真实意见即可。如您有新的意见或建议请一并提出。

温馨提示：请您从风险的显性和隐性两个维度对联赛运营风险进行检查。

由于时间紧迫，请您最好能在6月20日前将填好的问卷寄回。为了感谢您的大力支持，在调查结束后我们将向您支付一定的报酬。再次向付出辛勤劳动的您表示万分的感谢，祝您生活愉快，工作顺利！真诚期待您对本书的任何建议与意见。

若有垂询，请致电 136××××××××
　　　　邮箱：8×××××××@qq.com

2016 级博士生：×××
2018 年 4 月 20 日

填写说明：

请您从显性风险和隐性风险两个方面进行评判，根据您的判断在相应位置打√，并提出宝贵建议，本调查的答案无所谓对错，只要是您的真实意见即可。

表 1　排球联赛运营风险一级指标专家检查表

检查目的	因素	判断		
		存在	不存在	不清楚
影响排球联赛职业化运营的主要因素有哪些方面？	人员风险			
	资金风险			
	设施风险			
	环境风险			
	项目风险			

其他新增建议：

表 2　排球联赛运营风险二级指标专家检查表

风险因素	分类	判断		
		存在	不存在	不清楚
人员风险	内部管理者风险			
	外部合作者风险			
	赛事实现者风险			
	赛事消费者风险			
资金风险	资金筹集风险			
	赛事创收风险			
	资金管控风险			
设施风险	场馆建筑风险			
	赛事设施风险			
	救援设施风险			
环境风险	自然环境风险			
	体制环境风险			
	法制环境风险			
	社会环境风险			

续表

风险因素	分类	判断		
		存在	不存在	不清楚
项目风险	技术特征风险			
	联赛自身特征风险			

其他新增建议：

表3 排球联赛运营风险三级指标专家检查表

因素	因子	判断		
		存在	不存在	不清楚
人员风险	内部管理者风险	高层管理者决策风险			
		一般管理者决策风险			
		志愿者管理风险			
	外部合作者风险	运营商运营能力风险			
		赞助商消极赞助风险			
		媒体支持力度风险			
		俱乐部非实体化风险			
		经纪人运作风险			
	赛事实现者风险	裁判员管理风险			
		教练员管理风险			
		运动员管理风险			
	赛事消费者风险	球迷骚乱风险			
		球迷素质降低风险			
		球迷数量减少风险			
资金风险	资金筹集风险	赞助商数量减少风险			
		赞助资金减少风险			
		赞助商撤资风险			

续表

因素	因子	判断		
		存在	不存在	不清楚
资金风险	赛事创收风险	门票及衍生品销售风险			
		赛事包装及推广风险			
		新媒体版权销售风险			
	资金管控风险	利益分配风险			
		资金预算风险			
		相关人员工资待遇风险			
设施风险	场馆建筑风险	场馆位置风险			
		固有设施风险			
		临时设施风险			
		配套设施风险			
	赛事设施风险	比赛器材的储存、运输风险			
		媒体转播信号系统故障风险			
		鹰眼、LED等故障风险			
		供电系统风险			
		空调系统风险			
	救援设施风险	救援交通工具风险			
		现场医疗设施风险			
		救援通道风险			
		灭火器及其他设备风险			
环境风险	自然环境风险	恶劣天气影响比赛风险			
		地震、洪水等灾害风险			
		瘟疫、传染病等威胁			
	体制环境风险	举国体制风险			
		联赛机构设置不合理风险			
		奥运会、全运会体制束缚加剧风险			
		资源流动机制不畅风险			

续表

因素	因子	判断		
		存在	不存在	不清楚
环境风险	法制环境风险	相关法律指导思想严重滞后风险			
		相关法律更新完善缓慢风险			
		相关法律配套法规不健全风险			
	社会环境风险	我国经济发展环境风险			
		市场对排球联赛接纳度风险			
		其他赛事挤压排球生存空间风险			
项目风险	技术特征风险	技战术入门困难风险			
		规则限制风险			
		项目对抗性风险			
	联赛自身特征风险	联赛竞争失衡风险			
		联赛竞技表演水平降低风险			
		比赛时间不可控风险			
其他新增建议					

注：高层管理者决策风险是指体育总局、排球运动管理中心及省市体育局领导等对排球联赛运营有决定作用的人员在联赛重大问题上的决策失误。一般管理者指俱乐部执行人员以及场馆、酒店、交通等具体事务的负责人。志愿者管理风险指招募、培训和管理风险。

附录3 一级指标专家权威程度调查

填表说明：

1. 在指标熟悉程度表格中，请根据您实际熟悉程度，在相应的空格中打"√"。

2. 在判断依据表格中，根据影响您做出判断的实际程度的大小，在对应的空格中打"√"。

表 1 指标熟悉程度

一级指标	指标熟悉程度					
	很熟悉	熟悉	较熟悉	一般	较不熟悉	很不熟悉
人员风险						
资金风险						
设施风险						
环境风险						
项目风险						

表 2 指标判断依据

一级指标	实践经验			理论分析			同行了解			直觉		
	很大	中等	较小	很大	中等	较小	很大	中等	较小	很大	中等	较小
人员风险												
资金风险												
设施风险												
环境风险												
项目风险												

附录4　中国排球超级联赛运营风险评估指标体系构建

第一轮调查

尊敬的专家：

　　您好！

　　鉴于您在排球运动及体育产业方面的学识与成就，我们诚挚地邀请您参加本书的专家调查！首先，非常感谢您能在百忙之中抽出时间来参与这项研究，请允许我对您所付出的辛勤劳动表示最诚挚的谢意！

　　中国排球超级联赛（简称排球联赛）是国内参与主体众多、运营环境复杂、发展严重滞后但市场前景广阔的一项国内最高水平的排球赛事，联赛在职业化发展过程中面临着诸多困难和风险。风险管理是指如何在项目或者企业一个肯定存在风险的环境里把风险可能造成的不良影响降至最低的管理过程，对排球联赛的运营风险进行研究有十分重要的意义。排球联赛运营风险是指联赛在运营过程中，由内外部环境的复杂性和变动性以及主体对环境的认知能力和适应能力的有限性，而导致的运营失败或使运营活动达不到预期的目标的可能性及其损失。

　　根据排球联赛的运营风险特征，结合前人关于体育赛事风险管理理论和实践的研究成果，初步制定出了排球联赛运营风险识别体系，采用风险检查表的风险识别方法进行专家咨询。希望通过本次专家调查，为科学制定排球联赛运营风险识别体系提供科学依据。本调查的答案无所谓对错，只要是您的真实意见即可。如您有新的意见或建议请一并提出。

　　由于时间紧迫，请您最好能在6月20日前将填好的问卷寄回。再次向付出辛勤劳动的您表示万分的感谢，祝您生活愉快，工作顺利！真诚期待您对本书的任何建议与意见。

　　若有垂询，请致电136××××××××

　　　　　邮箱：8×××××××@qq.com

2016级博士生：×××

专家姓名：_____

专家类型：排球运动管理专家（　　）、俱乐部管理专家（　　）、高校排球专家（　　）、体育产业专家（　　）

从事专业年限：_____年

通信地址：_____

电子邮箱：_____

联系电话：_____

表1　排球联赛运营风险评估指标体系

一级指标	二级指标	三级指标
人员风险	内部管理者风险	高层管理者决策风险
		一般管理者决策风险
		志愿者管理风险
	外部合作者风险	运营商运营能力风险
		赞助商消极赞助风险
		媒体支持力度风险
		俱乐部非实体化风险
		经纪人运作风险
	赛事实现者风险	裁判员管理风险
		教练员管理风险
		运动员管理风险
	赛事消费者风险	球迷骚乱风险
		球迷素质降低风险
		球迷数量减少风险
资金风险	资金筹集风险	赞助商数量减少风险
		赞助资金减少风险
		赞助商撤资风险
	赛事创收风险	门票及衍生品销售风险
		赛事包装及推广风险
		新媒体版权销售风险

续表

一级指标	二级指标	三级指标
资金风险	资金管控风险	资金预算风险
		利益分配风险
		相关人员工资待遇风险
设施风险	场馆建筑风险	场馆位置风险
		固有设施风险
		临时设施风险
		配套设施风险
	赛事设施风险	比赛器材的储存、运输风险
		媒体转播信号系统故障风险
		鹰眼、LED等故障风险
		供电系统风险
		空调系统风险
	救援设施风险	救援交通工具风险
		现场医疗设施风险
		救援通道风险
		灭火器及其他设备风险
环境风险	自然环境风险	恶劣天气影响比赛风险
		地震、洪水等灾害风险
		瘟疫、传染病等威胁
	体制环境风险	举国体制风险
		联赛机构设置不合理风险
		奥运会、全运会体制束缚加剧风险
		资源流动机制不畅风险
	法制环境风险	相关法律指导思想严重滞后风险
		相关法律更新完善缓慢风险
		相关法律配套法规不健全风险
	社会环境风险	我国经济发展环境风险
		市场对排球联赛接纳度风险
		其他赛事挤压排球生存空间风险

续表

一级指标	二级指标	三级指标
项目风险	技术特征风险	技战术入门困难风险
		规则限制风险
		项目对抗性风险
	联赛自身特征风险	联赛竞争失衡风险
		联赛竞技表演水平降低风险
		比赛时间不可控风险

填表说明：

请对以下表格中每一个指标的重要性、可操作性进行判定，并在相应的空格中打"√"，从很好到很差，依次代表指标的重要性和可操作性逐渐降低，采用了9、7、5、3、1的五级评分模式。

指标的重要性是指在评价指标体系中，该指标的重要程度和代表性。

指标的可操作性是指评价指标在实际评价过程中获得调研数据资料的难易程度和可信程度。指标数据越是容易获得，可行性就越高，可操作性就越强。

表2　一级指标评价

指标名称	重要性					可操作性				
	很好	较好	一般	较差	很差	很好	较好	一般	较差	很差
1 人员风险										
2 资金风险										
3 设施风险										
4 环境风险										
5 项目风险										

表3 二级指标评价

指标名称	重要性					可操作性				
	很好	较好	一般	较差	很差	很好	较好	一般	较差	很差
1 人员风险											
1.1 内部管理者风险										
1.2 外部合作者风险										
1.3 赛事实现者风险										
1.4 赛事消费者风险										
2 资金风险											
2.1 资金筹集风险										
2.2 赛事创收风险										
2.3 资金管控风险										
3 设施风险											
3.1 场馆建筑风险										
3.2 赛事设施风险										
3.3 救援设施风险										
4 环境风险											
4.1 自然环境风险										
4.2 体制环境风险										
4.3 法制环境风险										
4.4 社会环境风险										
5 项目风险											
5.1 技术特征风险										
5.2 联赛自身特征风险										

表4 三级指标评价

指标名称	重要性					可操作性				
	很好	较好	一般	较差	很差	很好	较好	一般	较差	很差
1.1.1 高层管理者决策风险										
1.1.2 一般管理者决策风险										

续表

指标名称	重要性					可操作性				
	很好	较好	一般	较差	很差	很好	较好	一般	较差	很差
1.1.3 志愿者管理风险										
1.2.1 运营商运营能力风险										
1.2.2 赞助商消极赞助风险										
1.2.3 媒体支持力度风险										
1.2.4 俱乐部非实体化风险										
1.2.5 经纪人运作风险										
1.3.1 裁判员管理风险										
1.3.2 教练员管理风险										
1.3.3 运动员管理风险										
1.4.1 球迷骚乱风险										
1.4.2 球迷素质降低风险										
1.4.3 球迷数量减少风险										
2.1.1 赞助商数量减少风险										
2.1.2 赞助资金减少风险										
2.1.3 赞助商撤资风险										
2.2.1 门票及衍生品销售风险										
2.2.2 赛事包装及推广风险										
2.2.3 新媒体版权销售风险										
2.3.1 资金预算风险										
2.3.2 利益分配风险										
2.3.3 相关人员工资待遇风险										
3.1.1 场馆位置风险										
3.1.2 固有设施风险										
3.1.3 临时设施风险										
3.1.4 配套设施风险										
3.2.1 比赛器材的储存、运输风险										
3.2.2 媒体转播信号系统故障风险										
3.2.3 鹰眼、LED 等故障风险										

续表

指标名称	重要性					可操作性				
	很好	较好	一般	较差	很差	很好	较好	一般	较差	很差
3.2.4 供电系统风险										
3.2.5 空调系统风险										
3.3.1 救援交通工具风险										
3.3.2 现场医疗设施风险										
3.3.3 救援通道风险										
3.3.4 灭火器及其他设备风险										
4.1.1 恶劣天气影响比赛风险										
4.1.2 地震、洪水等灾害风险										
4.1.3 瘟疫、传染病等威胁										
4.2.1 举国体制风险										
4.2.2 联赛机构设置不合理风险										
4.2.3 奥运会、全运会体制束缚加剧风险										
4.2.4 资源流动机制不畅风险										
4.3.1 相关法律指导思想严重滞后风险										
4.3.2 相关法律更新完善缓慢风险										
4.3.3 相关法律配套法规不健全风险										
4.4.1 我国经济发展环境风险										
4.4.2 市场对排球联赛接纳度风险										
4.4.3 其他赛事挤压排球生存空间风险										
5.1.1 技战术入门困难风险										
5.1.2 规则限制风险										
5.1.3 项目对抗性风险										
5.2.1 联赛竞争失衡风险										
5.2.2 联赛竞技表演水平降低风险										
5.2.3 比赛时间不可控风险										

以上三级指标是否合理？请提出宝贵意见。

附录 5　中国排球超级联赛运营风险评估指标体系构建

第二轮调查

尊敬的专家：

您好！

通过对第一轮专家咨询结果的数理统计分析，并综合各位专家的意见，对评估指标体系进行了修改，形成了第二轮专家咨询问卷。

本次咨询的目的是请各位专家在第一轮指标修改反馈意见的基础上，进一步对评估指标进行选择和判断（原则上不再增加新的指标），从而最终确定中国排球超级联赛运营风险的评估指标体系。

非常感谢您能参加这项研究的德尔菲法专家调查，感谢您在百忙之中抽出时间来完成问卷填写工作，对您所付出的辛勤劳动表示最诚挚的谢意！您的选择和建议对我们完善这项研究来说非常重要。我们真诚期盼能够继续得到您的指导和帮助。

衷心感谢您的支持和帮助！

若有垂询，请致电 136×××××××

邮箱：8×××××××@qq.com

2016 级博士生：×××

专家姓名：＿＿＿＿＿＿

专家类型：排球运动管理专家（　　）、俱乐部管理专家（　　）、高校排球专家（　　）、体育产业专家（　　）

从事专业年限：＿＿＿＿年

通信地址：＿＿＿＿＿＿＿＿＿＿＿＿＿＿＿＿＿＿＿＿＿

电子邮箱：＿＿＿＿＿＿＿＿＿＿＿＿＿＿＿＿＿＿＿＿＿

联系电话：＿＿＿＿＿＿＿＿＿＿＿＿＿＿＿

填表说明：

第一轮专家咨询的数据列于表的前半部分，供您参考。带*的数据代表其变异系数大于等于0.25，表示其重要性和可操作性有较大的不协调性，结合专家意见，充分权衡，在第二轮调查中进行了剔除、修改。对表格中的内容做简要说明。

（1）均值：表示专家意见的集中程度，其值越大代表重要性和可操作性越强。第一轮调查中，采用了9、7、5、3、1的五级评分模式。

（2）标准差：表示数据集的离散程度。

（3）变异系数：表示专家意见的协调程度，其值越小，代表对指标判断的协调性越好。变异系数大于等于0.25，一般就认为专家评判的变异性与离散度较大。

（4）指标修改情况：

1）二级指标"1.3赛事实现者风险"改为"比赛实现者风险"，专家认为比赛实现者更能准确表达该风险的含义，因为赛事实现者包括的范围和主体较多，无法准确表达教练员、运动员和裁判员这三者为赛事最直接实现者的身份。2）二级指标"4.1自然环境风险"和"4.4社会环境风险"合并为"营商环境风险"更为贴切。3）二级指标"5.1技术特征风险"表达较为笼统，容易产生歧义，故把"技术特征风险"改为"项目特征风险"。4）三级指标"1.1.1高层管理者决策风险"改为"排球协会决策风险"，高层管理者较为模糊，不能清晰地表达该风险的主体。其实，排球联赛的运营权、归属权绝大多数是由排球协会分配和管理，排球协会就基本可以代表联赛的高层管理者，因此，把高层管理者直接改为排球协会。5）三级指标"1.1.2一般管理者决策风险"表述过于笼统，改为"省市体育局管理风险"。6）三级指标"1.2.4俱乐部非实体化风险"表述不够细化，直接改为"俱乐部商务运营风险"；"1.2.2赞助商消极赞助风险"改为"赞助商赞助能力风险"。"1.3.3运动员管理风险"改为"高水平后备人才培养风险"。7）三级指标"1.4.2球迷素质降低风险"与"1.4.1球迷骚乱风险"存在交叉，两者均与球迷管理有关，故将此两项指标合并为"球迷管理风险"。8）三级指标"2.1.2 赞助资金减少风险"包含"2.1.3 赞助商撤资风险",故删掉"2.1.3 赞助商撤资风险"。9)三级指标"2.2.1 门票及衍生品销售风险"改为"门票销售风险",有专家认为联赛衍生品销售目前几乎处在萌芽阶段,还未成为联赛资金来源的重要组成部分,因此它的销售状况还不能作为联赛运营的风险。10)三级指标"3.1.1 场馆位置风险"有画蛇添足之嫌,因为排球协会已经针对球馆选址进行了详细严格的规定,且在联赛开始之前报告审批,故删除该指标。11)三级指标"3.2.4 供电系统风险"和"3.2.5 空调系统风险"与三级指标"3.1.4 配套设施风险"存在交叉,有专家提出不应该把"3.2.4 供电系统风险"和"3.2.5 空调系统风险"单独列出,故删去二者。12)三级指标"3.3.3 救援通道风险"与"3.1.4 配套设施风险"存在交叉,故删去此处的救援通道风险。13)三级指标"4.2.1 举国体制风险",多位专家提出举国体制是我国体育事业的根基,且对我国体育事业的发展具有巨大积极作用,不应该作为风险因素进行评判和分析,故删去该指标。14)三级指标"5.1.2 规则限制风险"与"5.1.1 技战术入门困难风险"存在一定交叉,且比赛场地对排球比赛的体育展示存在影响,故将规则限制风险改为"场地限制风险"。15)三级指标"4.1.1 恶劣天气影响比赛风险""4.1.2 地震、洪水等灾害风险""4.1.3 瘟疫、传染病等威胁"均属于环境不可抗拒风险,专家建议把这三个三级指标合并成一个,即"4.1.1 环境不可抗拒风险"。16)个别指标的措辞也进行了调整,在此不一一列出。

为了提高评判准确性,第二轮选用 1~10 分的评分标准。请您填写 1~10 的数字,数值越大,代表指标的重要性及可操作性越强。

表1 第二轮排球联赛运营风险评估指标评价

序号	指标名称	第一轮						第二轮	
		重要性			可操作性			重要性 (1~10)	可操作性 (1~10)
		均值	标准差	变异系数	均值	标准差	变异系数		
1	人员风险	8.6	0.80	0.09	8.0	1.28	0.16		

续表

序号	指标名称	第一轮 重要性 均值	标准差	变异系数	第一轮 可操作性 均值	标准差	变异系数	第二轮 重要性 (1~10)	第二轮 可操作性 (1~10)
2	资金风险	7.0	0.89	0.13	7.4	1.14	0.15		
3	设施风险	6.2	1.60	0.26*	6.6	1.66	0.25*		
4	环境风险	8.6	0.80	0.09	8.2	0.93	0.11		
5	项目风险	7.4	1.20	0.16	7.4	1.14	0.15		
1.1	内部管理者风险	7.8	0.98	0.13	7.8	0.93	0.12		
1.2	外部合作者风险	7.2	0.60	0.08	7.2	0.57	0.08		
1.3	比赛实现者风险	8.2	1.33	0.16	8.2	1.26	0.15		
1.4	赛事消费者风险	6.8	0.60	0.09	6.8	0.57	0.08		
2.1	资金筹集风险	8.4	0.92	0.11	8.2	1.26	0.15		
2.2	赛事创收风险	7.8	1.33	0.17	8.0	0.95	0.12		
2.3	资金管控风险	6.0	1.34	0.22	6.2	1.53	0.25*		
3.1	场馆建筑风险	5.8	1.60	0.28*	5.8	1.53	0.26*		
3.2	赛事设施风险	7.2	1.08	0.15	7.2	1.03	0.14		
3.3	救援设施风险	6.2	0.98	0.16	6.6	1.14	0.17		
4.1	营商环境风险	0.0	0.00	0.00	0.0	0.00	0.00		
4.2	体制环境风险	7.8	0.98	0.13	7.4	1.14	0.15		
4.3	法制环境风险	7.2	1.40	0.19	7.2	1.33	0.18		
5.1	项目特征风险	6.8	1.08	0.16	6.8	1.33	0.20		
5.2	联赛自身特征风险	7.0	0.89	0.13	6.6	0.76	0.12		
1.1.1	排球协会决策风险	7.4	1.20	0.16	7.4	1.14	0.15		
1.1.2	省市体育局管理风险	6.8	1.66	0.24	6.6	1.66	0.25*		
1.1.3	志愿者管理风险	6.4	1.28	0.20	6.6	1.43	0.22		
1.2.1	运营商运营能力风险	7.6	0.92	0.12	6.4	1.49	0.23		
1.2.2	赞助商赞助能力风险	8.2	0.98	0.12	7.4	1.43	0.19		
1.2.3	媒体支持力度风险	7.8	0.98	0.13	7.4	1.43	0.19		
1.2.4	俱乐部商务运营风险	9.0	0.00	0.00	8.8	0.57	0.06		

续表

序号	指标名称	第一轮 重要性 均值	第一轮 重要性 标准差	第一轮 重要性 变异系数	第一轮 可操作性 均值	第一轮 可操作性 标准差	第一轮 可操作性 变异系数	第二轮 重要性 (1~10)	第二轮 可操作性 (1~10)
1.2.5	经纪人运作风险	7.6	0.92	0.12	7.6	0.87	0.11		
1.3.1	裁判员管理风险	7.2	1.08	0.15	6.8	1.33	0.20		
1.3.2	教练员管理风险	6.0	2.05	0.34*	6.0	1.95	0.33*		
1.3.3	高水平后备人才培养风险	7.8	0.98	0.13	7.8	1.26	0.16		
1.4.1	球迷管理风险	6.6	1.50	0.23	6.4	1.49	0.23		
1.4.2	球迷数量减少风险	8.2	0.98	0.12	8.2	0.93	0.11		
2.1.1	赞助商数量减少风险	6.6	1.50	0.23	6.4	1.49	0.23		
2.1.2	赞助资金减少风险	7.6	0.92	0.12	7.4	1.14	0.15		
2.2.1	门票销售风险	7.6	0.92	0.12	7.4	1.14	0.15		
2.2.2	赛事包装风险	7.4	0.80	0.11	7.4	0.76	0.10		
2.2.3	赛事IP销售风险	7.6	0.92	0.12	7.0	1.21	0.17		
2.3.1	资金预算风险	6.2	1.33	0.21	6.6	1.66	0.25*		
2.3.2	利益分配风险	7.4	0.80	0.11	7.6	0.87	0.11		
2.3.3	相关人员工资待遇风险	7.2	1.66	0.23	7.0	1.48	0.21		
3.1.1	固有设施风险	6.6	1.50	0.23	6.6	1.43	0.22		
3.1.2	临时设施风险	7.2	0.60	0.08	7.0	0.85	0.12		
3.1.3	配套设施风险	6.4	1.80	0.28*	6.6	1.87	0.28*		
3.2.1	比赛器材储存、运输风险	6.4	1.80	0.28*	6.2	1.75	0.28*		
3.2.2	媒体转播信号故障风险	6.6	1.50	0.23	6.4	1.49	0.23		
3.2.3	鹰眼、LED等故障风险	8.0	1.00	0.13	8.0	0.95	0.12		
3.3.1	救援交通工具风险	6.8	1.08	0.16	6.8	1.03	0.15		
3.3.2	现场医疗设施风险	6.2	1.33	0.21	6.4	1.72	0.27*		
3.3.3	灭火器及其他设备风险	7.4	0.80	0.11	7.6	0.87	0.11		

续表

序号	指标名称	第一轮						第二轮	
		重要性			可操作性			重要性	可操作性
		均值	标准差	变异系数	均值	标准差	变异系数	(1~10)	(1~10)
4.1.1	环境不可抗拒风险	0.0	0.00	0.00	0.0	0.00	0.00		
4.1.2	市场对排球联赛认可风险	0.0	0.00	0.00	0.0	0.00	0.00		
4.1.3	其他赛事挤压排球生存空间风险	0.0	0.00	0.00	0.0	0.00	0.00		
4.2.1	联赛机构运行机制风险	7.6	0.92	0.12	7.4	1.14	0.15		
4.2.2	奥运会、全运会体制束缚加剧风险	7.6	0.92	0.12	7.6	0.87	0.11		
4.2.3	资源流动机制不畅风险	8.2	0.98	0.12	8.0	1.28	0.16		
4.3.1	相关法律指导思想滞后风险	7.8	0.98	0.13	7.8	0.93	0.12		
4.3.2	相关法律内容不完善风险	7.6	0.92	0.12	7.8	0.93	0.12		
4.3.3	相关法律配套法规不健全风险	6.6	0.80	0.12	6.4	0.87	0.14		
5.1.1	技战术入门困难风险	6.8	0.60	0.09	6.8	0.57	0.08		
5.1.2	场地限制风险	6.6	0.80	0.12	6.4	0.87	0.14		
5.1.3	项目对抗性风险	7.6	0.92	0.12	7.2	1.03	0.14		
5.2.1	联赛竞争失衡风险	8.6	0.80	0.09	8.2	0.93	0.11		
5.2.2	联赛竞技表演水平降低风险	7.6	0.92	0.12	7.6	0.87	0.11		
5.2.3	比赛时间不可控风险	7.6	0.92	0.12	7.6	0.87	0.11		

附录6 中国排球超级联赛运营风险指标权重专家调查表

表1 两两指标重要性判断标准

B_{ij}（B_i与B_j的重要性比值）	B_i与B_j相比	B_{ij}（B_i与B_j的重要性比值）	B_i与B_j相比
1	一样重要	1	一样重要
3	重要一点	1/3	重要性差一点
5	较重要	1/5	重要性差较大
7	重要得多	1/7	重要性差很多
9	极端重要	1/9	重要性差太多

表2 排球联赛运营风险一级指标判断矩阵

指标	A1 人员风险	A2 资金风险	A3 设施风险	A4 环境风险	A5 项目风险
A1 人员风险	1				
A2 资金风险	—	1			
A3 设施风险	—	—	1		
A4 环境风险	—	—	—	1	
A5 项目风险	—	—	—	—	1

表3 A1人员风险的二级指标判断矩阵

指标	B1 内部管理者风险	B2 外部合作者风险	B3 比赛实现者风险	B4 赛事消费者风险
B1 内部管理者风险	1			
B2 外部合作者风险	—	1		
B3 比赛实现者风险	—	—	1	
B4 赛事消费者风险	—	—	—	1

表 4　A2 资金风险的二级指标判断矩阵

指标	B5 资金筹集风险	B6 赛事创收风险	B7 资金管控风险
B5 资金筹集风险	1		
B6 赛事创收风险	—	1	
B7 资金管控风险	—	—	1

表 5　A3 设施风险的二级指标判断矩阵

指标	B8 场馆建筑风险	B9 赛事设施风险	B10 救援设施风险
B8 场馆建筑风险	1		
B9 赛事设施风险	—	1	
B10 救援设施风险	—	—	1

表 6　A4 环境风险的二级指标判断矩阵

指标	B11 营商环境风险	B12 体制环境风险	B13 法制环境风险
B11 营商环境风险	1		
B12 体制环境风险	—	1	
B13 法制环境风险	—	—	1

表 7　A5 项目风险的二级指标判断矩阵

指标	B14 项目特征风险	B15 联赛自身特征风险
B14 项目特征风险	1	
B15 联赛自身特征风险	—	1

表 8　B1 内部管理者风险的三级指标判断矩阵

指标	C1 排球协会决策风险	C2 省市体育局管理风险	C3 志愿者管理风险
C1 排球协会决策风险	1		
C2 省市体育局管理风险	—	1	
C3 志愿者管理风险	—	—	1

表 9　B2 外部合作者风险的三级指标判断矩阵

指标	C4 运营商运营能力风险	C5 赞助商赞助能力风险	C6 媒体支持力度风险	C7 俱乐部商务运营风险	C8 经纪人运作风险
C4 运营商运营能力风险	1				
C5 赞助商赞助能力风险	—	1			
C6 媒体支持力度风险	—	—	1		
C7 俱乐部商务运营风险	—	—	—	1	
C8 经纪人运作风险	—	—	—	—	1

表 10　B3 比赛实现者风险的三级指标判断矩阵

指标	C9 裁判员管理风险	C10 教练员管理风险	C11 后备人才培养风险
C9 裁判员管理风险	1		
C10 教练员管理风险	—	1	
C11 后备人才培养风险	—	—	1

表 11　B4 赛事消费者风险的三级指标判断矩阵

指标	C12 球迷管理风险	C13 球迷数量减少风险
C12 球迷管理风险	1	
C13 球迷数量减少风险	—	1

表 12　B5 资金筹集风险的三级指标判断矩阵

指标	C14 赞助商数量减少风险	C15 赞助资金减少风险
C14 赞助商数量减少风险	1	
C15 赞助资金减少风险	—	1

表 13　B6 赛事创收风险的三级指标判断矩阵

指标	C16 门票销售风险	C17 赛事包装风险	C18 赛事 IP 销售风险
C16 门票销售风险	1		
C17 赛事包装风险	—	1	
C18 赛事 IP 销售风险	—	—	1

表14 *B*7 资金管控风险的三级指标判断矩阵

指标	C19 资金预算风险	C20 利益分配风险	C21 一般人员工资待遇风险
C19 资金预算风险	1		
C20 利益分配风险	—	1	
C21 一般人员工资待遇风险	—	—	1

表15 *B*8 场馆建筑风险的三级指标判断矩阵

指标	C22 固有设施风险	C23 临时设施风险	C24 配套设施风险
C22 固有设施风险	1		
C23 临时设施风险	—	1	
C24 配套设施风险	—	—	1

表16 *B*9 赛事设施风险的三级指标判断矩阵

指标	C25 比赛器材储存、运输风险	C26 媒体转播信号故障风险	C27 鹰眼、LED等故障风险
C25 比赛器材储存、运输风险	1		
C26 媒体转播信号故障风险	—	1	
C27 鹰眼、LED等故障风险	—	—	1

表17 *B*10 救援设施风险的三级指标判断矩阵

指标	C28 救援交通工具风险	C29 现场医疗设施风险	C30 其他设备风险
C28 救援交通工具风险	1		
C29 现场医疗设施风险	—	1	
C30 其他设备风险	—	—	1

表 18　$B11$ 营商环境风险的三级指标判断矩阵

指标	$C31$ 环境不可抗拒风险	$C32$ 市场接受度风险	$C33$ 其他赛事挤压风险
$C31$ 环境不可抗拒风险	1		
$C32$ 市场接受度风险	—	1	
$C33$ 其他赛事挤压风险	—	—	1

表 19　$B12$ 体制环境风险的三级指标判断矩阵

指标	$C34$ 联赛机构运行机制不畅风险	$C35$ 体制束缚加剧风险	$C36$ 俱乐部运行机制不畅风险
$C34$ 联赛机构运行机制不畅风险	1		
$C35$ 体制束缚加剧风险	—	1	
$C36$ 俱乐部运行机制不畅风险	—	—	1

表 20　$B13$ 法制环境风险的三级指标判断矩阵

指标	$C37$ 相关法律指导思想滞后风险	$C38$ 相关法律内容全面性风险	$C39$ 相关法律配套法规适用性风险
$C37$ 相关法律指导思想滞后风险	1		
$C38$ 相关法律内容全面性风险	—	1	
$C39$ 相关法律配套法规适用性风险	—	—	1

表 21　$B14$ 项目特征风险的三级指标判断矩阵

指标	$C40$ 技战术入门困难风险	$C41$ 比赛场地限制风险	$C42$ 项目隔网对抗性风险
$C40$ 技战术入门困难风险	1		
$C41$ 比赛场地限制风险	—	1	
$C42$ 项目隔网对抗性风险	—	—	1

表22　B15联赛自身特征风险的三级指标判断矩阵

指标	C43联赛竞争失衡风险	C44联赛竞技表演水平降低风险	C45比赛时间不可控风险
C43联赛竞争失衡风险	1		
C44联赛竞技表演水平降低风险	—	1	
C45比赛时间不可控风险	—	—	1

附录7　中国排球超级联赛运营风险评估表

表1　五级评判标准量化对应关系

类别	1	2	3	4	5
发生可能性	基本不可能	较不可能	可能发生	很可能发生	肯定发生
结果严重性	几乎没影响	影响较小	影响一般	影响严重	影响很严重
风险可控性	很容易控制	较易控制	控制有难度	控制难度较大	无法控制

表2　三级指标评判

风险指标	可能性（1~5）	严重性（1~5）	可控性（1~5）
C1 排球协会决策风险			
C2 省市体育局管理风险			
C3 志愿者管理风险			
C4 运营商运营能力风险			
C5 赞助商赞助能力风险			
C6 媒体支持力度风险			
C7 俱乐部商务运营风险			
C8 经纪人运作风险			
C9 裁判员管理风险			
C10 教练员管理风险			

续表

风险指标	可能性（1~5）	严重性（1~5）	可控性（1~5）
C_{11} 后备人才培养风险			
C_{12} 球迷管理风险			
C_{13} 球迷数量减少风险			
C_{14} 赞助商数量减少风险			
C_{15} 赞助资金减少风险			
C_{16} 门票销售风险			
C_{17} 赛事包装风险			
C_{18} 赛事IP销售风险			
C_{19} 资金预算风险			
C_{20} 利益分配风险			
C_{21} 一般人员工资待遇风险			
C_{22} 固有设施风险			
C_{23} 临时设施风险			
C_{24} 配套设施风险			
C_{25} 比赛器材储存、运输风险			
C_{26} 媒体转播信号故障风险			
C_{27} 鹰眼、LED等故障风险			
C_{28} 救援交通工具风险			
C_{29} 现场医疗设施风险			
C_{30} 其他设备风险			
C_{31} 环境不可抗拒风险			
C_{32} 市场接受度风险			
C_{33} 其他赛事挤压风险			
C_{34} 联赛机构运行机制不畅风险			
C_{35} 体制束缚加剧风险			
C_{36} 俱乐部运行机制不畅风险			
C_{37} 相关法律指导思想滞后风险			
C_{38} 相关法律内容全面性风险			
C_{39} 相关法律配套法规适用性风险			

续表

风险指标	可能性（1~5）	严重性（1~5）	可控性（1~5）
C40 技战术入门困难风险			
C41 比赛场地限制风险			
C42 项目隔网对抗性风险			
C43 联赛竞争失衡风险			
C44 联赛竞技表演水平降低风险			
C45 比赛时间不可控风险			

附录8　中国排球超级联赛竞争失衡影响因素专家调查问卷

尊敬的专家：

　　您好！

　　鉴于您在排球运动及体育竞赛方面的学识与成就，诚挚地邀请您参加本书的专家调查！首先，非常感谢您能在百忙之中抽出时间来参与这项研究，请允许我对您所付出的辛勤劳动表示最诚挚的谢意！

　　排球联赛的竞争失衡是指联赛各俱乐部之间的竞争实力不平衡，导致比赛结果的不确定性降低，直接影响着排球联赛市场化、职业化发展的现状。本书是为了寻找排球联赛竞争失衡的影响因素，为科学制定排球联赛竞争失衡修正策略提供科学依据。本调查的答案无所谓对错，只要是您的真实意见即可。如您有新的意见或建议请一并提出。

　　由于时间紧迫，请您在7月1日前将填好的问卷返回。为了感谢您的大力支持，在调查结束后我们将向您支付一定的报酬。再次向付出辛勤劳动的您表示万分的感谢，祝您生活愉快，工作顺利！真诚期待您对本书的任何建议与意见。

　　若有垂询，请致电136×××××××

　　　　邮箱：8×××××××@qq.com

2016 级博士生：×××
2019 年 6 月 13 日

请您对以下影响中国排球超级联赛竞争失衡的因素进行评价。

1. 联赛不断扩军，致使俱乐部竞技水平参差不齐，导致竞争失衡。
   A. 完全不同意　　　　B. 不同意　　　　C. 不做评价
   D. 同意　　　　　　　E. 完全同意

2. 商务运营难度大，商家投资热情不高，导致竞争失衡。
   A. 完全不同意　　　　B. 不同意　　　　C. 不做评价
   D. 同意　　　　　　　E. 完全同意

3. 相关法律、制度等保障不健全、不规范，导致竞争失衡。
   A. 完全不同意　　　　B. 不同意　　　　C. 不做评价
   D. 同意　　　　　　　E. 完全同意

4. 运动员转会制度不规范，流动不畅，导致竞争失衡。
   A. 完全不同意　　　　B. 不同意　　　　C. 不做评价
   D. 同意　　　　　　　E. 完全同意

5. 某些省市重全运会、轻联赛，导致竞争失衡。
   A. 完全不同意　　　　B. 不同意　　　　C. 不做评价
   D. 同意　　　　　　　E. 完全同意

6. 排球协会行政干预过多，导致竞争失衡。
   A. 完全不同意　　　　B. 不同意　　　　C. 不做评价
   D. 同意　　　　　　　E. 完全同意

7. 排球联赛利益分配不合理，导致竞争失衡。
   A. 完全不同意　　　　B. 不同意　　　　C. 不做评价
   D. 同意　　　　　　　E. 完全同意

8. 排球联赛比赛规则及赛制不合理，导致竞争失衡。
   A. 完全不同意　　　　B. 不同意　　　　C. 不做评价
   D. 同意　　　　　　　E. 完全同意

9. 各省市体育局对排球联赛的经济支持力度不同，导致竞争失衡。
   A. 完全不同意　　　　B. 不同意　　　　C. 不做评价

D. 同意 E. 完全同意

10. 协会、组委会对竞争失衡不够重视，缺乏相应的干预，导致竞争失衡。

A. 完全不同意 B. 不同意 C. 不做评价
D. 同意 E. 完全同意

11. 俱乐部之间"命运共同体"意识落后，导致竞争失衡。

A. 完全不同意 B. 不同意 C. 不做评价
D. 同意 E. 完全同意

12. 一些俱乐部投机意识明显，过分追求排球"外部"效益，导致竞争失衡。

A. 完全不同意 B. 不同意 C. 不做评价
D. 同意 E. 完全同意

13. 赞助商赞助力度和赞助实力差别巨大，导致竞争失衡。

A. 完全不同意 B. 不同意 C. 不做评价
D. 同意 E. 完全同意

14. 俱乐部高水平后备人才储备存在较大差异，导致竞争失衡。

A. 完全不同意 B. 不同意 C. 不做评价
D. 同意 E. 完全同意

参考文献

Breuer, C., Pawlowski, T., Hovemann, A., 金睿, 2009,《试析欧洲足球冠军联赛中的"竞争平衡"》,《体育科学》第 4 期。

白光, 2014,《中国排球职业化问题探究——以恒大女排的"消失"为视角》,《大连大学学报》第 4 期。

鲍明晓, 2010,《中国职业体育评述》, 人民体育出版社。

陈家起、刘红建, 2012,《国内外体育赛事风险管理研究进展》,《山东体育科技》第 5 期。

陈亮、田麦久, 2011,《多维度项群视野下的中国夏季奥运项目成绩结构与发展演变》,《中国体育科技》第 3 期。

陈亮, 2011,《中、欧男子篮球队交锋过程进攻阶段性分析》,《中国体育科技》第 1 期。

陈小华, 2013,《世界乒坛格局长期失衡状态下竞赛规则改革的方向》,《武汉体育学院学报》第 6 期。

陈贞祥、沈琼、郭张箭, 2019,《2017-2018 年中国排球超级联赛男排总决赛不同位置运动员主动得分技术效果的对比分析》,《安徽体育科技》第 2 期。

楚振国, 2018,《鹰眼挑战系统在排球比赛中的应用及展望研究》, 硕士学位论文, 成都体育学院。

丁辉、高小发, 2011,《对我国全运会赛事风险管理的分析与对策研究》,《广州体育学院学报》第 2 期。

董杰、刘波, 2015,《冬季奥运会的电视转播权: 收益、风险与风险管理》,《北京体育大学学报》第 5 期。

董杰、刘新立，2007，《体育赛事的风险管理研究》，《武汉体育学院学报》第 5 期。

杜彩璐，2019，《"八百流沙极限赛"安全风险管理研究》，硕士学位论文，北京体育大学。

杜丛新等，2018，《中、美、欧职业篮球联赛竞争平衡比较研究》，《西安体育学院学报》第 4 期。

杜宁、李毅钧，2016，《我国排球联赛改革研究》，《体育文化导刊》第 12 期。

段菊芳，2004，《大型体育赛事风险管理》，硕士学位论文，北京体育大学。

樊谦，2012，《我国男排竞技水平与后备人才培养之关联性研究》，硕士学位论文，江西师范大学。

范莉莉、钟秉枢，2016，《社会资本视角下我国职业排球运动员流动策略的研究》，《南京体育学院学报》（社会科学版）第 1 期。

范明志、陈锡尧，2005，《对我国重大体育赛事风险识别的初探》，《体育科研》第 2 期。

付群等，2017，《中国职业排球联赛职业化改革的历史回顾与趋势展望》，《哈尔滨体育学院学报》第 6 期。

高晓波，2007，《大型体育赛事运营的风险来源与防范》，《北京体育大学学报》第 3 期。

龚江泳、常生，2013，《大型体育赛事民商事法律风险控制研究》，《成都体育学院学报》第 11 期。

古松，2012，《新时期中国竞技排球发展战略研究》，博士学位论文，北京体育大学。

何文炯主编，2005，《风险管理》，中国财政经济出版社。

何文胜、张保华、吴元生，2009，《职业体育联盟竞争平衡的测量与分析》，《体育科学》第 12 期。

何星亮，2017，《满足人民日益增长的美好生活需要》，《人民论坛》第 S2 期。

贺英，2017，《中国排球联赛俱乐部主场选择研究》，硕士学位论文，首都体育学院。

侯帅，2011，《外籍球员的引进对中国排球职业化的影响》，硕士学位论文，苏州大学。

黄海峰，2009，《大型体育赛事风险管理研究》，硕士学位论文，武汉体育学院。

惠若琪、储志东，2019，《中国女子排球联赛发展研究》，《体育学研究》第4期。

霍德利，2011，《体育赛事风险评估与应对策略研究》，《天津体育学院学报》第1期。

贾生华、陈宏辉等，2013，《基于利益相关者理论的企业绩效评价》，《科研管理》第4期。

康军、陆阳，2011，《我国排球职业联赛产业发展研究》，《体育文化导刊》第6期。

李国东，2005，《CVA（中国排球协会）联赛品牌打造》，博士学位论文，北京体育大学。

李国东，2010，《从"恒大现象"探讨全国排球联赛的运作模式》，《体育科研》第3期。

李国胜、张文鹏，2005，《关于体育赛事风险管理要素的研究》，《广州体育学院学报》第2期。

李国兴、张锡庆，2015，《CBA与NBA竞争力平衡机制比较研究》，《沈阳体育学院学报》第4期。

李健编著，2019，《风险管理和内部控制理论与实践》，经济科学出版社。

李君如，2017，《我们进入了中国特色社会主义新时代》，《前线》第11期。

李民桂，2016，《中国排球联赛职业化发展道路的经济社会学分析》，《福建体育科技》第3期。

李伟等，2017，《中超和英超足球联赛竞争平衡状况比较》，《体育学刊》第6期。

连道明主编，2016，《中国女排后备力量现状及对策研究报告》，北京体育大学出版社。

梁伟，2019，《改革创新解决痛点发展振兴中国足球》，《中国体育报》9月19日，第2版。

廖鲁颐、刘瑶、李建英,2016,《应用"AHP"法探索影响排球后备人才培养因素的研究》,《北京体育大学学报》第 12 期。

廖彦罡,2015,《北汽排球模式分析》,《体育文化导刊》第 4 期。

刘东波、姜立嘉、吕丹,2009,《大型体育赛事风险管理研究》,《体育文化导刊》第 3 期。

刘东波,2010,《我国承办大型体育赛事风险管理机制研究》,博士学位论文,东北师范大学。

刘飞、龚波,2017,《欧洲 5 大职业足球联赛竞争平衡研究》,《中国体育科技》第 4 期。

刘飞、龚波,2016,《欧洲足球协会联盟财政公平法案对中国足球协会超级联赛的启示》,《体育科学》第 7 期。

刘建、高岩,2011,《体育赛事风险特征及分类研究》,《成都体育学院学报》第 4 期。

刘江、魏琳洁,2016,《高科技的运用对排球比赛裁判员裁判方法的影响》,《体育学刊》第 5 期。

刘清早,2006,《体育赛事运作管理》,人民体育出版社。

刘伟忠,2012,《我国地方政府协同治理研究》,博士学位论文,山东大学。

刘晓丽,2019,《全媒体时代体育赛事危机传播管理研究》,博士学位论文,武汉体育学院。

龙苏江,2010,《大型体育赛事风险分析及风险管理体系的构建》,《体育与科学》第 3 期。

卢乐山、林崇德、王德胜主编,1995,《中国学前教育百科全书(心理发展卷)》,沈阳出版社。

卢文云、熊晓正,2005,《大型体育赛事的风险及风险管理》,《成都体育学院学报》第 5 期。

路东升,2015,《我国田径专业竞技训练风险管理研究》,博士学位论文,北京体育大学。

马亚红,2018,《耗散结构理论视域下全国女排联赛发展模式研究》,硕士学位论文,吉林体育学院。

毛旭艳、霍德利,2019,《北京冬奥会社会风险识别研究》,《体育与科学》

第 4 期。

梅雪雄，2008，《SPSS 在体育统计中的应用》，人民体育出版社。

孟春雷、吴宁，2010，《职业排球的内涵和特征研究》，《北京体育大学学报》第 1 期。

苗磊，2007，《我国排球联赛运动员流动现状与对策研究》，硕士学位论文，华南师范大学。

潘春跃、杨晓宇主编，2012，《运营管理》，清华大学出版社。

潘迎旭、陈建杰，2002，《排球联赛冷清现象原因及对策分析》，《沈阳体育学院学报》第 1 期。

潘迎旭，2014，《全运会排球项目设置探讨》，《体育文化导刊》第 11 期。

潘妤，2015，《基于模糊层次分析法的大型体育赛事风险评估研究》，硕士学位论文，成都体育学院。

蒲毕文、贾宏，2018，《大型体育赛事风险评估的结构方程模型构建及实证研究》，《中国体育科技》第 2 期。

任天平，2015，《我国大型体育赛事风险识别指标体系初探》，《西安体育学院学报》第 4 期。

石磊、时广彬，2017，《马拉松赛事竞赛组织风险与评估研究》，《体育文化导刊》第 12 期。

石岩、牛娜娜，2014，《我国体育领域风险评估方法的比较分析》，《体育与科学》第 5 期。

石岩，2004，《我国优势项目高水平运动员参赛风险的识别、评估与应对》，博士学位论文，北京体育大学。

斯蒂芬·戈德史密斯、威廉·D. 埃格斯，2008，《网络化治理：公共部门的新形态》，孙迎春译，北京大学出版社。

宋韬、周建辉，2015，《中国排球职业化研究》，《体育文化导刊》第 11 期。

苏荣海、牛道恒、张吾龙，2017，《大型体育赛事安全事故风险评估》，《北京师范大学学报》（自然科学版）第 4 期。

苏为华，2005，《综合评价学》，中国市场出版社。

隋盛胜，2016，《2014－2015 全国排球甲级联赛辽宁男排进攻效果分析研究》，硕士学位论文，河北师范大学。

孙宏伟，2016，《中国排球联赛竞技体育人才流动现状研究》，硕士学位论文，福建师范大学。

孙立新编著，2014，《风险管理：原理、方法与应用》，经济管理出版社。

孙庆祝、刘红建、周生旺，2010，《综合集成方法在大型体育赛事风险管理中的应用》，《体育与科学》第 1 期。

孙星、邱菀华、唐葆君，2005，《重大体育赛事风险管理模式探析》，《生产力研究》第 11 期。

谭建湘，1998，《从足球改革看我国竞技体育职业化的发展》，《广州体育学院学报》第 4 期。

汪庆波、李毅钧，2015，《全运会排球比赛组别设置设想》，《体育文化导刊》第 8 期。

汪作朋、张波，2019，《中国排球超级联赛改革研究》，《体育文化导刊》第 8 期。

王璐，2009，《职业体育赛事赞助的风险管理研究》，硕士学位论文，北京体育大学。

王庆伟，2004，《我国职业体育联盟理论研究》，博士学位论文，北京体育大学。

王守恒、叶庆晖主编，2007，《体育赛事管理》，高等教育出版社。

王子朴、汪洋、吕予锋，2007，《论企业风险管理模式在体育赛事风险管理中的运用》，《西安体育学院学报》第 1 期。

魏荣，2018，《职业体育联盟效益维护与发展的因素分析》，《西安体育学院学报》第 6 期。

魏巍，2015，《NBA 联赛竞争平衡制度及对 CBA 发展的启示》，硕士学位论文，沈阳体育学院。

温阳，2012，《大型体育赛事场馆运行风险识别与评估研究》，博士学位论文，上海体育学院。

吴勇、张波，2012，《基于广义离差最小的体育赛事风险评估》，《统计与决策》第 4 期。

肖锋、沈建华，2004，《重大体育赛事风险特点与风险管理初探》，《体育科研》第 6 期。

肖林鹏、叶庆晖编著，2005，《体育赛事项目管理》，北京体育大学出版社。

谢传胜、董达鹏等，2012，《基于层次分析法－距离协调度的低碳电源电网规划协调度评价》，《电网技术》第11期。

谢非编著，2013，《风险管理原理与方法》，重庆大学出版社。

徐成立、杨柳成、王健，2005，《浅谈体育赛事风险及其预防与规避》，《哈尔滨体育学院学报》第5期。

徐卫华、谢军，2010，《厦门国际马拉松赛风险管理研究》，《北京体育大学学报》第2期。

许谨良主编，2015，《风险管理》，中国金融出版社。

许树柏编著，1988，《实用决策方法——层次分析法原理》，天津大学出版社。

闫成栋，2016，《论职业体育俱乐部之间的竞争平衡》，《武汉体育学院学报》第3期。

闫晓飞，2013，《CBA竞争平衡研究》，硕士学位论文，浙江师范大学。

杨成等，2012，《我国商业赛马赛事风险管理体系的构建》，《上海体育学院学报》第1期。

杨升平，2005，《对中国男子职业篮球联赛（CBA）外员使用政策效率性的研究》，硕士学位论文，山西大学。

杨铁黎，2001，《关于职业篮球市场的基本理论和我国职业篮球市场的现状及对策研究》，博士学位论文，北京体育大学。

杨铁黎、李良忠、陈文倩编著，2010，《商业性体育赛事风险管理》，北京体育大学出版社。

杨铁黎主编，2015，《体育产业概论》（第二版），高等教育出版社。

印琳，2013，《2010－2011全国排球联赛江苏女排防守反击系统探析》，硕士学位论文，苏州大学。

苑峰源，2019，《2022年冬奥会短道速滑赛时风险管理研究》，硕士学位论文，北京体育大学。

岳富军，2016，《鹰眼技术在我国排球联赛中应用的必要性及可行性分析》，硕士学位论文，北京体育大学。

张宝钰、张林、王岩，2010，《中国足球超级联赛动态竞争平衡分析》，

《沈阳体育学院学报》第 6 期。

张保华，2013，《职业体育联盟的特性与治理研究》，广东高等教育出版社。

张翠梅、周生旺、孙庆祝，2016，《WSR 系统方法论下体育赛事风险评价指标体系的构建》，《南京体育学院学报》（自然科学版）第 6 期。

张大超、李敏，2009，《国外体育风险管理体系的理论研究》，《体育科学》第 7 期。

张航，2019，《中国网球公开赛的风险管理研究》，硕士学位论文，北京体育大学。

张林，1998，《我国职业体育俱乐部的发展前景》，全国体育发展战略研究会。

张铭鑫等，2016，《中国男子职业篮球联赛赛制流变与竞争平衡性研究》，《中国体育科技》第 2 期。

张森、王家宏，2017，《基于利益相关者视角的大型体育赛事风险管理问题识别》，《首都体育学院学报》第 2 期。

张文健，2015，《职业赛事的现状和改进对策研究》，北京体育大学出版社。

张欣，2013a，《我国排球后备人才可持续发展影响因素及其未来趋势分析》，《武汉体育学院学报》第 12 期。

张欣，2013b，《可持续发展视角下我国排球高水平后备人才基地建设：问题与路径选择》，《山东体育学院学报》第 6 期。

张涌、赵文山等主编，2003，《现代汉语辞海》，中国书籍出版社。

赵峰、孙庆祝，2017，《体育赛事风险指标的构建及模糊综合评价研究》，《吉林体育学院学报》第 3 期。

赵健、王莉，2012，《欧洲五大足球联赛竞争平衡分析及对中超联赛的启示》，《成都体育学院学报》第 9 期。

赵健，2013，《中国足球超级联赛的竞争平衡性分析》，硕士学位论文，北京体育大学。

赵均、许婕，2014，《竞技运动竞争平衡——对竞技运动发展规律认识的一种系统观点》，《中国体育科技》第 6 期。

赵麾，2017，《符号和记忆：女排精神的内涵、特征及价值》，《体育文化导刊》第8期。

郑芳，2010，《职业体育联盟的经济学分析》，博士学位论文，浙江大学。

郑圣杰，2018，《2016－2017中国排球联赛湖北男排小组赛一攻系统效果研究》，硕士学位论文，武汉体育学院。

郑志强，2009，《职业体育的组织形态与制度安排》，中国财政经济出版社。

钟秉枢等，2006，《职业体育——理论与实证》，北京体育大学出版社。

钟秉枢，2017，《开创竞技体育后备人才培养新局面》，《青少年体育》第12期。

周旺成，2008，《大型赛事风险及管理的研究》，博士学位论文，北京体育大学。

朱华桂、吴超，2013，《大型体育赛事风险评估研究——以南京青奥会为例》，《体育与科学》第5期。

朱睿，2012，《中国职业足球联赛中的垄断行为及其法律》，硕士学位论文，华东政法大学。

Appenzeller, H. 2012. *Risk Management in Sport: Issues and Strategies*. Durham, N. C.: Carolina Academic Press.

Aven, T., Vinnem, J. E. 2007. *Risk Management with Applications from the Offshore Petroleum Industry*. Berlin: Springer.

Bahr, R., Reeser, J. C. 2003. "Injuries among World-Class Professional Beach Volleyball Players: The Fédération Internationale de Volleyball Beach Volleyball Injury Study." *American Journal of Sports Medicine* 31 (1): 119–125.

Bernardo, D. 2016. *Risk Analysis and Governance in EU Policy Making and Regulation*. Berlin: Springer.

Boyle, P., Haggerty, K. D. 2012. "Planning for the Worst: Risk, Uncertainty and the Olympic Games." *British Journal of Sociology* 63 (2): 241–259.

Cucinelli, D. 2017. *Bank Credit Risk Management and Risk Culture, Palgrave Macmillan Studies in Banking and Financial Institutions*. Italy: Palgrave

Macmillan, Cham.

Edwards, D. W. 2014. *Risk Management in Trading: Techniques to Drive Profitability of Hedge Funds and Trading Desks*. John Wiley & Sons.

Forbes, S. W. 1997. "Risk Management in International Corporations." *Journal of Risk & Insurance* 44 (2): 341-345.

Fuller, C., Drawer, S. 2004. "The Application of Risk Management in Sport." *Sports Med* 34: 349-356.

Gabriel, C. G., Alina, C. I. 2014. "Research on the Management of Sports Organization." *Procedia Social and Behavioral Sciences* 140: 667-670.

Gallego, V., Berberian, G. 2019. "The 2019 Pan American Games: Communicable Disease Risks and Travel Medicine Advice for Visitors to Peru-Recommendations from the Latin American Society for Travel Medicine." *Travel Medicine and Infectious Disease* 30: 19-24.

George, B. P. 2012. "Risk Management in the Outdoors: A Whole-of-Organization Approach for Education, Sport and Recreation." *Annals of Leisure Research* 15 (3): 310-311.

Greene, M. R., Serbein, O. N. 1983. *Risk Management: Text and Cases*. Reston Pub. Co.

Heffernan, S. M, Kilduff, L. P., Erskine, R. M., et al. 2017. "COL5A1 Gene Variants Previously Associated with Reduced Soft Tissue Injury Risk Are Associated with Elite Athlete Status in Rugby." *BMC Genomics* 18: 29-37.

Hägglund, M., Waldén, M. 2016. "Risk Factors for Acute Knee Injury in Female Youth Football." *Knee Surgery, Sports Traumatology, Arthroscopy* 24 (3): 737-746.

James, L. P., Kelly, V. G., Beckman, E. M. 2014. "Injury Risk Management Plan for Volleyball Athletes." *Sports Medicine* 44 (9): 1185-1195.

Jennings, W., Lodge, M. 2011. "Governing Mega-Events: Tools of Security Risk Management for the FIFA 2006 World Cup in Germany and London 2012 Olympic Games." *Government & Opposition* 46 (2): 192-222.

Keohane, R. O., Nye, J. 1977. *Power and Interdependence: World Politics in*

Transition. Boston, M. A.: Little Brown Company.

Kingsland, M., Wolfenden, L., Rowland, B. C., et al. 2013. "Alcohol Consumption and Sport: A Cross-Sectional Study of Alcohol Management Practices Associated with At-Risk Alcohol Consumption at Community Football Clubs." *BMC Public Health* 13 (1): 1-9.

Kromidha, E., Spence, L. J., Anastasiadis, S., Dore, D. 2019. "A Longitudinal Perspective on Sustainability and Innovation Governmentality: The Case of the Olympic Games as a Mega-Event." *Journal of Management Inquiry* 28 (1): 77-93.

Marcus, K., Jochen, W. 2014. *Value-Oriented Risk Management of Insurance Companies.* Berlin: Springer-Verlag.

Mechler, R., Surminski, S. 2016. *Climate Risk Management, Policy and Governance.* New York: Apress.

Miller, W. 2002. *Political Risk Management in Sports.* Durham, N. C.: Carolina Academic Press.

Nohr, K. M. 2009. *Managing Risk in Sport and Recreation: The Essential Guide for Loss Prevention.* Champaign, IL: Human Kinetics.

Parent, M. M. 2008. "Evolution and Issue Patterns for Major-Sport-Event Organizing Committees and Their Stakeholders." *Journal of Sport Management* 22 (2): 135-164.

Roe, M., Malone, S., Blake, C., et al. 2017. "A Six Stage Operational Framework for Individualizing Injury Risk Management in Sport." *Injury Epidemiology* 4 (1): 1-6.

Rutty, M., Scott, D., Steiger, R. 2015. "Weather Risk Management at the Olympic Winter Games." *Current Issues in Tourism* 18 (10): 931-946.

Schroeder, A., Pennington-Gray, L., Kaplanidou, K., et al. 2013. "Destination Risk Perceptions among U. S. Residents for London as the Host City of the 2012 Summer Olympic Games." *Tourism Management* 38 (1): 107-119.

Shively, D. 2017. "Flood Risk Management in the USA: Implications of National Flood Insurance Program Changes for Social Justice. " *Regional Environmental Change* 17: 1663 – 1672.

Sousa, M. J. , Lima, F. , Martins, J. 2016. "Project Management in 2016 Olympic Games. " In *New Advances in Information Systems and Technologies*, edited by A. Rocha, et al. , pp. 511 – 521. Springer Cham.

Spengler, J. O. , Connaughton, D. , Pittman, A. T. 2005. *Risk Management in Sport and Recreation*. USA: Human Kinetics Publisher, pp. 4 – 6.

Thaler, T. , Hartmann, T. 2016. "Justice and Flood Risk Management: Reflecting on Different Approaches to Distribute and Allocate Flood Risk Management in Europe. " *Natural Hazards* 83 (1): 129 – 147.

Torres, R. P. 2015. *Risk Management in Sports Sponsorship*. Berlin: Springer.

Waltz, K. N. 1979. *Theory of International Politics*. New York: McGraw-Hill Publishing Company.

Wideman, R. M. 1992. "Project and Program Risk Management: A Guide to Managing Project Risks and Opportunities. " Project Management Institute.

Winkler, P. , Langsenlehner, T. , Geyer, E. , et al. 2015. "Clinical Risk Management in Radiotherapy: Published Guidelines and Own Experience. " *Safety in Health* 1 (1): 1.

Worp, H. V. D. , Ark, M. V. , Zwerver, J. , et al. 2012. "Risk Factors for Patellar Tendinopathy in Basketball and Volleyball Players: A Cross-Sectional Survey. " *British Journal of Sports Medicine* 22 (6): 783 – 790.

Xu, M. 2013. *The Exploration of Risk Management Issues for Leisure Sports*. Berlin: Springer.

Yuping, T. 2012. "Research on Safety Management of Mountainous Outdoor Sports. " In *Future Computer, Communication, Control and Automation*, edited by T. Zhang, et al. , pp. 213 – 220. Springer, Berlin, Heidelberg.

Zhang, H. , Li, Y. , Zhang, H. 2019. "Risk Early Warning Safety Model for Sports Events Based on Back Propagation Neural Network Machine Learning. " *Safety Science* 118: 332 – 336.

图书在版编目(CIP)数据

中国排球超级联赛运营风险管理研究 / 张传昌著. -- 北京：社会科学文献出版社，2022.7
ISBN 978-7-5228-0434-7

Ⅰ.①中… Ⅱ.①张… Ⅲ.①排球运动-联赛-运营管理-风险管理-研究-中国 Ⅳ.①G842.735

中国版本图书馆CIP数据核字(2022)第124436号

中国排球超级联赛运营风险管理研究

著　　者 / 张传昌

出 版 人 / 王利民
组稿编辑 / 祝得彬
责任编辑 / 张　萍
文稿编辑 / 陈丽丽
责任印制 / 王京美

出　　版 / 社会科学文献出版社·当代世界出版分社（010）59367004
　　　　　地址：北京市北三环中路甲29号院华龙大厦　邮编：100029
　　　　　网址：www.ssap.com.cn

发　　行 / 社会科学文献出版社（010）59367028
印　　装 / 三河市龙林印务有限公司

规　　格 / 开　本：787mm×1092mm　1/16
　　　　　印　张：15　字　数：240千字
版　　次 / 2022年7月第1版　2022年7月第1次印刷
书　　号 / ISBN 978-7-5228-0434-7
定　　价 / 98.00元

读者服务电话：4008918866

版权所有 翻印必究